本成果受北京高校高精尖学科项目（中国语言文学）支持
北京语言大学出版资金资助

吕梁集

李振杰 编著

学苑出版社

图书在版编目（CIP）数据

吕梁集／李振杰编著．—北京：学苑出版社，2021．5

ISBN 978-7-5077-6188-7

Ⅰ．①吕… Ⅱ．①李… Ⅲ．①文史资料－吕梁 Ⅳ．①K292．53

中国版本图书馆 CIP 数据核字（2021）第 109394 号

责任编辑：战葆红
出版发行：学苑出版社
社　　址：北京市丰台区南方庄 2 号院 1 号楼　100079
网　　址：www.book001.com
电子信箱：xueyuanpress@163.com
销售电话：010-67601101（营销部）　010-67603091（总编室）
印　刷　厂：北京建宏印刷有限公司
开本尺寸：880×1230　1/32
字　　数：280 千字
印　　张：12.25
版　　次：2021 年 7 月北京第 1 版
印　　次：2021 年 7 月北京第 1 次印刷
定　　价：98.00 元

序

徐州东南二十余公里之"吕梁"山,因山脉形似脊骨而得名。山阳脚下流淌着著名的泗水,故而在古运河时代曾经比山西吕梁有名。泗水在古代曾为"禹贡"故道、关中河洛"流到瓜洲古渡头"的古运河和"五省通衢"的京杭大运河的中段,政治、军事、经济、文化地位十分显要。泗水流经徐州地区因海拔落差形成三处险段,一处是徐州城东北的秦梁洪,因秦始皇在此捞鼎而得名;另一处是徐州城正东的百步洪,因上下口距离而得名;再一处就是徐州城东南的吕梁洪,依山而得名,是天下咽喉徐州的东大门。

徐州城因山河形胜、交通势优,自古为兵家必争之地,无论环境如何变迁,制度如何兴替,千百年来始终保持战略襟要的中轴地位,一向被号为险国严邑、金城汤池、南北锁钥、东西咽喉,得失至关王朝兴衰。项羽因彭城为天下之脊,可虎视中原、背依三楚而定都于此。公元前202年初,西楚王都的失陷,致使霸王别姬,自刎乌江,大汉王朝应运而生。1948年12月1日,淮海战役中的徐州城得以解放,使全世界看到新中国诞生的曙光。徐州城因帝王辈出、群英荟萃又是天下闻名的千古龙飞之地,历史上曾经是诸侯国都,西楚王都,刺史、郡守、州牧、知州、知府、道台等军政衙门的驻地,始终都是地方政权统治中心,相关战役军事指挥中心,淮海城乡经济调控中心和文化传播中心。近代以来，津浦、陇海铁路在这个苏鲁豫皖接壤地区的中心城市交汇，南国重镇、北国雄关的地位更加突出。1904年，清末状元张謇在《徐州应建行省议》中奏曰："控淮海之襟喉，兼战守之形便，殖原陆之物产，富士马之资材，其地为古今主客所必争者，莫如徐州。"

吕梁为徐州门户，水陆之要道，南北之命脉。西来的汴水、北来的泗水由徐州折而进入吕梁山区，受山势束缚，山水争雄，形成了庄子所谓"悬水三十仞，流沫四十里"令人叹为观止的吕梁洪。徐州作为四战之地，是防守与进攻的核心。南下、北上、东进、西突，徐州总是绕不过去的地方，而吕梁则又是徐州的肘腋之地。守徐州者，吕梁为其东南锁钥。吕梁在，则徐州固若金汤；吕梁失，则徐州危在旦夕。究其原因，那就是一条泗水沟通着吕梁与徐州，在陆路交通工具不发达的年代，以水路通天下的历朝历代，吕梁洪关乎着国家的前途和命运。

春秋战国期间，吴楚军队多次经吕梁北上争霸，吕梁洪地区为战略要冲。公元前132年，汉武帝元光三年，黄河首次夺泗入淮归海，途经吕梁，泛滥楚国23年。公元69年，东汉明帝永平十二年，王景治汴，吕梁直通中原，受汴渠交通灌溉之利，福泽匪浅。魏晋南北朝期间，南北方军队在此争夺，反复拉锯，吕梁军事地位显赫。公元1077—1079年，苏轼在徐期间，造访吕梁，劝农耕桑，创作了大量的诗文作品，为吕梁留下了宝贵的文化遗产和精神财富。公元1128年，两宋之际建炎二年，杜充为阻金兵南侵，掘黄河堤，以水代兵，从此黄河主流夺泗入淮，滔滔不息的黄河正式经行吕梁，河道愈发凶险。公元1194年，金代明昌五年八月，黄河发生第四次大改道，决阳武故堤，灌封丘而东，挟汴夺泗，遂成定势，由汴渠古道经吕梁历史从此开始。公元1275年，元代至元二十年，大运河贯通了海河、黄河、淮河、长江和钱塘江五大流域，吕梁地当南北咽喉，万舟竞发成为吕梁发展的划时代里程碑。公元1604年，明万历三十二年泇运河开成通航，为避三洪之险，七至八成漕船"避黄行运"，这是治水保漕的一次革命，吕梁虽有所冷落，然西北商贸、漕船空回仍经行于此。公元1851年9月14日，清文宗咸丰元年八月十九日，丰县境内蟠龙集处黄河北大堤决口，主流牵动，正道断流，结束了黄河经行徐州城的历史，吕梁河道遂淤塞。

《史记》载："伯益封于吕。"但是，司马迁并没有对伯益分封的原因及封地方位有详细记载，造成目前全国至少有五个自称是吕国的地方，有一个地望就是今徐州的吕梁。春秋时此地建吕国，天亡后，入宋，成为宋邑。秦始皇统一中国后，推行郡县治，设为吕县。汉沿秦制，设吕县，属刘交的楚国。东汉，吕县属彭城国。三国两晋南北朝，均建置吕县。隋唐，吕县废，地属彭城县。宋始建吕梁洪镇，属彭城。金，吕梁镇，属彭城县。元，设吕梁站。明洪武六年（1373），设吕梁税科局、吕梁洪巡检司、吕梁洪工部分司，吕梁地区舳舻千里，达到鼎盛。开泇后中运河贯通，吕梁有所衰落。清咸丰五年（1855）黄河在兰仪（今河南兰考）铜瓦厢决口北徙，吕梁地区沦为僻壤，吕梁城也随着运河的变迁、黄河的改道，慢慢地远离了人们的视野，在岁月的剥蚀中渐泯于漫漫黄沙之下，地表上再也看不到那座曾经热闹的吕梁城。

中华人民共和国成立后，经过"一定要把淮河治好"、黄河故道治理工程，吕梁地区古运河两岸稻麦飘香，人民安居乐业，逐步迈向康庄。2014年6月22日，中国大运河申遗成功，标志我国对大运河的保护、开发、利用进入一个新阶段。2017年2月下旬，习近平总书记在视察京杭运河通州段治理工程时指出，要古为今用，深入挖掘以大运河为核心的历史文化资源。然而，随着运河研究的深入开展，人们发现吕梁的历史文化资料散失严重，大量的诗词歌赋、文章题辞、文献史料凌乱不堪，若不搜遗补缺，吕梁的运河文化、吕国文化、徐国文化、孔子文化、军事文化、民俗文化、红色文化、名人文化、奇石文化将无从考证。李振杰先生是江苏省徐州市铜山县吕梁风景区人，北京语言大学教授。退休后，先生以浓烈的家国情怀，孜孜不倦，坚持不懈地投入吕梁历史文献的搜集、校勘、标点、注释、整理之中。青灯黄卷，呕心沥血，日积月累，著成《吕梁集》，为运河史料补遗，为地方历史补缺，诚为胜事。

先生1937年出生，1961年毕业于复旦大学中文系，1965年到北京语言学院（今北京语言大学）从事对外汉语教学工作，曾担任北京语言大学汉语学院副院长、来华留学生二系系主任。先后被派到澳大利亚、英国、美国、泰国、尼泊尔等国家的大学教授中文。主要著作与教材有《老舍在伦敦》《先秦两汉人物故事》《中国古典文学作品选读》《徐州历代诗钞》等11部，在《文学评论》《中国文学》《辞书研究》《语言教学与研究》《语文建设通讯》（香港）等刊物发表论文《寒山和他的诗》《台湾新词语管窥》《近十年汉语中新词新义的产生》《从中共早期文献看汉语词汇的演变》等20多篇。耄耋之年，先生功成名就，本当安享晚年，可是因为对家乡"爱得太深太深"，遂有此老有所为的奋发之作。

在《新千年整理全本徐州府志·后记》中我曾写道："月是故乡明""水是家乡美"，在天文、地理学上或许视为不经，然而，在社会环境感知上，在客观事物认同上，却是真实的情绪和合理的倾向。这也许就是俄国作家车尔尼雪夫斯基所言之"美"：一种耳濡目染的亲切的生活之美，一种能够浮想回忆的生活之美，一种能够产生心弦共振的生活之美。这种美感是一种超越政治的特殊偏爱。这种树叶对根的情谊是眷恋家乡的思想基础，是忠于祖国的意识源泉，也是中华儿女万里同心的根本维系。人们不需要像喂鸟一样对孩子讲，你应该具备这种感情。如同小鸟依恋树林一样，人们对祖先生活过的或自己最初成长的地方有这种偏爱，恰是一种与生俱来的历史情结，更是薪火传承的历史责任。

李振杰先生具有国际视野，青壮年都献给了世界文化交流事业，源于对家乡深沉的爱，又回到了原点。然而，随着城市化的历史发展，乡村社会正发生着巨大的变化，传统文化的淡漠，精神家园的荒弃，令先生这种有情有义、有识有志的乡贤焦虑不已。《吕梁集》的告成，不仅是对传承中国古典文献的一份贡献，更是一种执着的乡土情谊和文化坚守的高洁情怀。我衷心祈愿人们都像李振杰先生一样善待自己的祖国，善待自己的家乡，让桑梓的山河增色，让祖国的文化荣光。

与先生一样，每个人都生活在历史的巨大惯性之中。按年齿先生长我一辈，本不该我作序。然而，盛情难却，勉为其窘，权作对先生人格和精神的敬重而已！

赵明奇
2019 年 12 月 18 日

前 言

提起吕梁,一般人都知道山西吕梁,不知徐州市铜山区伊庄镇境内还有一个吕梁,离市中心20余公里。这个吕梁在历史上颇有盛名,史籍多有记载。远在周世,吕梁为吕国的都邑。春秋时期有记载的大小诸侯国有140多个,吕国比较小,存亡时间很短,后为宋邑,汉代为吕县。吕国的主人是谁,范围多大,典籍中都没有留下什么记载。

吕梁具有独特的地理环境,背靠群山,古泗水流经此处,积石为梁,形成激流险滩,称吕梁洪。后来,黄河南迁,夺泗水水道,吕梁又与黄河结缘。

在吕梁的历史上有两位很有名气的人:

一位是大圣人孔子。据《庄子》《列子》等典籍记载,孔子曾到此观水。"悬水三十仞,流沫四十里,鼋鼍鱼鳖之所不能游也。"可见当时水势之浩大、凶猛。吕梁离孔子的家乡曲阜很近,孔子到吕梁大概不止一次。《论语》记载:"子在川上,曰:'逝者如斯夫,不舍昼夜。'"孔子的这句"见道之叹"是在什么地方?据孔子后人考察,也在吕梁,因此在吕梁山上修建一座"观道亭"(亦称川上书院,或称子在川上处),并据孔氏家庙所藏鲁司寇真像刻于石,立于山顶,成为后人膜拜的圣地。今有古村圣人窝,相传孔子带弟子到吕梁观水即驻足此处。

另一位是琴艺高超的雍门周,即典故"雍门鼓琴"中的主人公。雍门周鼓琴能让孟尝君听了增悲流涕,被称为琴师。但从雍门周对孟尝君的说辞看,他不是一般的琴师,而是一个很有政治头脑的人,或许是一个隐士。对他的身世史籍上都没有什么记载,有人说他是齐人,其实是徐州吕梁人,徐州地方志有明确记载,吕梁有雍门村,即雍门周的居处。

吕梁的盛名不只因孔子和雍门周,主要是它所处的地理位置。徐州历来为兵家必争之地,吕梁是徐州的东大门,背山临水,"其汹涌之流可以限敌高平之野,可以屯兵山林之薮,可以伏甲,故韩、彭、吕布之徒皆窃据于此,以固其势,而谢玄堰吕梁之水以利师行之漕"(冯世雍《吕梁洪志》)。历史上的一些重大战事都与吕梁有关。秦汉时期的韩信、彭越曾在这里驻军筑城,人称云梦城、梁王城;三国时期,曹操、吕布在这里留下曹公城、吕布城(亦称吕布固);唐代大将尉迟恭也曾在这里驻军筑城,疏治水道,称尉城。南北朝时期,南朝的宋、陈、梁与北朝的北魏、东魏、北周、北齐在吕梁地区反复争战,长达100多年,留下吕梁戍、下磕戍、磧泉戍等堑垒。历经唐宋元明清,各代也都有战事发生,直到20世纪40年代末的淮海战役,徐东阻击战就在吕梁狼山,有79名解放军战士长眠在这里。

吕梁的盛名还在于是南北通道的喉襟要地。在一段很长历史时期,作为国家经济命脉的漕运都取道吕梁。吕梁地势险恶,行舟极为艰难。古人云:"言天下之险者,在山曰太行,在水曰吕梁",吕梁"扼天地之巨险",水中积石,森列如巨齿,而水为所束,则惊湍迅波,一瞬数里,舟行至此,莫不心惊目眩。从汉唐到明清,历代都对吕梁险滩进行疏浚,修筑很多水利设施,以便漕运。元代在这里开始设置驿站,负责漕运等事务;到了明代,有了更为齐备的管理机构,朝廷直接派遣高官来这里主持漕运事务，专门设立工部分司、巡检司、主簿署等机构。皇帝每年还派遣官员来吕梁祭祀山神，以祈福漕运的畅通无阻。吕梁洪上下约3公里，南到房村渡，水面辽阔，过往的船只"日百千万艘相望"，所用的船工等夫役有一两千人。要保证载运粮食等货物的船只通过吕梁险滩，非常艰难，必须花费巨大的人力、财力。

吕梁也是一处非常优美的旅游胜地。当地高官经常来这里休闲，南来北往的达官巨贾、番客使臣以及文人雅士也多在这里驻足。如苏轼、苏辙、揭傒斯、萨都剌、李东阳、李攀龙、邵大业、鳌图等都留下诗文，或吟咏吕梁之流沫悬水，或感伤古人之遭遇，或叹惜船工之艰辛，或记述吕梁之城垣故垒。这里不仅有各种水利设施，还有庙宇、碑刻、义仓、书院，有游客、商贾。船只云集，车骑往来。元代卢挚曾描述当时的盛景："帆樯往来，车骑杂遝，贾客商妇，廛民市唱，调笑歌舞，舟人渔子，欸乃相答。"（见《神龙庙记》）好一片繁华景象。

历代典籍都有很多对吕梁的记载，明代的冯世雍、王应时（已失传）等都曾编纂过《吕梁洪志》；韩国崔溥的《漂海录》、日本策产周良的《入明记》对吕梁也有具体记述。吕梁留下了丰厚的文化遗产，有大量的诗文、记述，有各种古迹。"吕梁至险""雍门鼓琴"经常出现在历代的诗词、文章、小说、戏剧等文学作品中。这样一个弹丸之地却有如此丰厚的文化遗产是不多见的。

吕梁盛景一直延续到清代咸丰年间，因水路改道北迁，吕梁逐渐式微。世经100多年，沧海桑田，吕梁洪已淤为平川，很多建筑埋于地下，有的在战乱中毁坏，仅剩下残砖碎瓦，所幸文徵明所书"疏凿吕梁洪记"碑及岳飞诗碑等少量文物被保存下来。

今天我们只能从历代典籍中窥见吕梁辉煌的历史文化。

  吕梁的历史变迁直接与我们中华民族的兴衰祸福连在一起，研究我国漕运史、战争史以及运河文化、黄河文化，吕梁都是不可或缺的。随着人民生活水平的提高和对历史文化的重视，吕梁已成为当地的一处旅游热点，每逢节假日这里游客如云，人们聚集在这里欣赏绿水青山，寻觅历史的踪迹。

  吕梁的历史文化遗产中诗歌最为丰富，尤其是元明清三代。往昔无人对这些文化遗产进行过全面挖掘整理；要在浩如烟海的古代典籍中搜寻，非一人之力所能；期待来者能用先进的科学手段，去深入挖掘、整理，必将获得更多的成果。本书仅作抛砖引玉，肯定会有不足和讹误之处，期待专家批评指正。

  江苏师范大学赵明奇教授是研究徐州历史文化的著名学者，在百忙之中审阅了书稿，提出宝贵的修改意见，并欣然为本书写序，对吕梁的历史变迁和现状做了全面论述，弥补了本书的不足。在此深表感谢。同时感谢北京语言大学资助本书出版。

李振杰

2020 年 1 月

编写说明

一、吕梁地区历史上包括吕梁洪、上洪、下洪、房村、悬水村、雍门村、凤凰山以及古迹观道亭、韩信城、云梦城等,诗文等资料皆涉及这些地点。

二、本书汇集了吕梁地区的历史文化资料,分诗类、文类、记述、大事记、古迹、山川六部分。所有资料包括诗、文、古迹等都注明资料出处,并于书后附本书引用的文献目录,以便读者查考。

三、本书收录的诗文主要考虑史料价值,不涉及对作品思想内容及艺术性的评价。

四、历史上涉及吕梁的诗很多,本书所收主要是直接吟咏吕梁的诗篇。有很多诗其全篇主旨并非直接写吕梁,但篇中有描写吕梁的诗句,如"吕梁之水挂飞流,鼋鼍蛟蜃不敢游""吕梁白浪高崔嵬,盘涡转石鸣万雷"等。这类诗酌情收入几首。还有不少诗仅把"吕梁至险""雍门鼓琴"作为典故引入篇中,这类诗本书不收。

五、诗文部分,对作者生平皆有简要介绍,未能查到生平的则注明生平不详,生卒年不清楚的则注明生卒年不详。

六、诗类、文类部分,作品按照朝代和作者出生年排序,作者出生年不详的则按照作者所处的大致年代安排,作者出生年相同的则按照作者姓氏拼音排序。记述部分,文献按照成书时间排序。古迹部分,地点按照地名拼音排序。山川部分,文献按照成书时间排序。

七、为方便一般读者,本书对诗文中的典故及不常用的词语做出注释,生僻及容易误读的字予以注音,重复出现的不再注释,或注明见前某篇注释。

疏凿吕梁洪记碑

岳飞诗碑

目　　录

| 诗　类 | 1 |

行路难三首(其一)　(唐)顾　况 …………………… 1

送赵谏议知徐州　(宋)梅尧臣 …………………… 2

吕　梁　(宋)刘　敞 …………………………………… 3

杂诗二十二首(其二)　(宋)刘　敞 …………………… 4

次韵吕梁仲屯田　(宋)苏　轼 …………………… 5

答吕梁仲屯田　(宋)苏　轼 …………………… 6

吕　梁　(宋)苏　辙 …………………………………… 8

宿泊口　(宋)陈师道 …………………………………… 9

登凤凰山怀子瞻(一本作二首)　(宋)陈师道 ……… 10

曹仁熙画水壁　(宋)晁说之 …………………… 11

送紫岩张先生北伐　(宋)岳　飞 …………………… 12

吕梁洪　(宋)赵公豫 …………………………………… 13

吕梁洪读宣和碑　(宋)汪梦斗 …………………… 14

重题吕梁洪　(宋)汪梦斗 …………………… 15

月夜舟行,晚发吕梁洪下,近更余到双沟　(宋)汪梦斗 … 15

吕　梁　(元)王　恽 …………………………………… 16

吕　梁　(元)王　旭 …………………………………… 17

吕　梁　(元)汪元量 …………………………………… 17

百步洪　(元)鲜于枢 …………………………………… 18

| 吕梁洪　（元）李　凤 …………………………… 19 |
| 吕梁洪　（元）马　臻 …………………………… 20 |
| 宿吕梁寄子素府教　（元）曹伯启 ……………… 21 |
| 吕梁洪　（元）陈　孚 …………………………… 21 |
| 度吕梁洪　（元）贡　奎 ………………………… 24 |
| 吕梁洪　（元）贡　奎 …………………………… 25 |
| 过　洪　（元）萨都剌 …………………………… 26 |
| 过吕梁宿云梦城下，相传汉高祖伪游云梦至此而得韩信，
　　　后人因以名其城，即彭越之故都也，故老犹能历历指
　　　其处，遂与诸公分韵赋诗，予得黄字
　　　（元）揭傒斯 ………………………………… 27 |
| 纪见和李提举韵　（元）揭傒斯 ………………… 29 |
| 丁亥春二月起，自休致入直翰林，夏四月抵京师，六月赴上
　　　京述怀五首(其二)　（元）黄　溍 ………… 30 |
| 黄河行　（元）胡　助 …………………………… 31 |
| 黄　楼　（元）王　艮 …………………………… 32 |
| 吕　梁　（元）马祖常 …………………………… 33 |
| 吕梁洪新水灌河两涯之间舣船无数呈华山隐光雪窗
　　　（元）释梵琦 ………………………………… 34 |
| 过吕梁　（元）林应雷 …………………………… 35 |
| 六月舟次房村　（元）吴　当 …………………… 36 |
| 赠吕梁老兵　（元）贡师泰 ……………………… 36 |
| 吕梁洪　（元末明初）张以宁 …………………… 37 |
| 吕梁洪　（元）傅若金 …………………………… 37 |
| 扬州客舍(之一)　（元）余　阙 ………………… 38 |

吕梁洪 （元末明初）胡 翰	39
过吕梁洪次韵 （元末明初）胡 奎	40
吕 梁 （元）陈 基	42
夜过吕梁 （元）朱 善	43
吕梁洪彭越庙 （元）张 宪	43
夜泊吕梁 （明）蒋主忠	44
吕梁洪 （明）刘 嵩	45
过鸡鸣台 （明）刘 嵩	46
由邳州入房村 （明）刘 嵩	46
吕 梁 在徐州 （明）谢 肃	47
双 庙 在吕梁西崖上祀关 （明）谢 肃	48
韩信城 （明）谢 肃	48
吕梁洪 （明）郑 真	49
吕梁洪 （明）姚广孝	50
过三洪 （明）孙 蕡(fén)	51
过吕梁 （明）孙 蕡	52
吕梁洪 （明）孙 蕡	52
过吕梁洪 （明）瞿 佑	53
吕梁洪 （明）唐之淳	54
吕梁庙 （明）唐之淳	56
韩信城 （明）唐之淳	56
射狼曲 （明）唐之淳	57
金龙祠曲 （明）唐之淳	58
竹枝词 （黄河所见） （明）唐之淳	59
夜过吕梁 （明）胡 俨	59

上吕梁洪　（明）胡　俨 …………………………………… 60
暮上吕梁洪　（明）王　绂(fú) ……………………………… 60
十二月二十四日宿吕梁洪是夕风雪大作赋此以慰岑寂
　　（明）吴　溥 ……………………………………………… 61
过吕梁洪　（明）程　通 …………………………………… 62
吕梁洪　（明）杨士奇 ……………………………………… 62
吕梁洪　（明）黄　淮 ……………………………………… 63
吕梁形势　（明）虞　谦 …………………………………… 64
吕梁洪　（明）叶　聪 ……………………………………… 64
吕梁洪　（明）陈　琏 ……………………………………… 65
房村驿　（明）陈　琏 ……………………………………… 66
吕梁洪　（明）金　实 ……………………………………… 66
自邳州至洪下一路无浅,风日和畅,因而有作
　　（明）金　实 ……………………………………………… 68
赋得吕梁洪送郭佥宪公绪还贵州　（明）余学夔 ………… 68
吕梁洪　（明）曾　棨 ……………………………………… 69
吕梁洪　（明）李时勉 ……………………………………… 70
归次吕梁洪　（明）李　祯 ………………………………… 71
夜过吕梁洪　（明）王　洪 ………………………………… 72
月夜上吕梁洪　（明）陈　循 ……………………………… 73
吕梁洪　（明）孙　瑀 ……………………………………… 73
夜上吕梁洪　（明）薛　瑄 ………………………………… 74
吕梁洪　（明）薛　瑄 ……………………………………… 75
房村霜树　（明）陈　枨 …………………………………… 75
夜泊吕梁闻滩声　（明）吴　节 …………………………… 76

标题	作者	页码
上吕梁洪与同官刘安止连句	(明)吴 节	76
过吕梁洪	(明)刘 溥	78
吕梁洪遇风	(明)李 贤	78
吕梁洪	(明)黎 淳	79
吕梁观澜送张副郎	(明)谢一夔	80
过吕梁	(明)谢士元	80
吕梁洪	(明)文 洪	81
过吕梁	(明)吴 宽	82
徐州吕梁洪	(明)张 泰	82
房村将至吕梁用前韵	(明)庄 昶	83
下吕梁洪	(明)林 光	84
吕梁道中	(明)林 光	84
过吕梁洪遇管洪王主事	(明)程敏政	85
徐州洪	(明)李东阳	86
吕梁洪二十韵	(明)李东阳	87
吕梁阻风奉怀洪都宪年兄	(明)谢 迁	89
吕梁口号	(明)张 吉	90
吕梁洪	(明)夏 鍭	91
宿吕梁有感	(明)储 罐(quán)	92
吕梁观水	(明)顾 清	93
黄家闸搁浅寄吕梁刘水部天祺	(明)顾 清	93
吕梁行	(明)祝允明	94
吕梁滩声	(明)张 旭	95
吕 梁	(明)张 旭	95
夜泊吕梁	(明)王 缜	96

重阳房村驿有感次韵 （明）王缜 …… 96
题吕梁砚 （明）湛若水 …… 97
自房村抵王仲集遇雪 （明）钱琦 …… 98
过吕梁洪 （明）钱琦 …… 98
吕梁独酌淮酒醉作逼久行 （明）徐献忠 …… 99
过吕梁 （明）柴奇 …… 100
吕梁书院 为郭主政赋 （明）陶谐 …… 101
吕梁洪柬温水部 （明）张璧 …… 101
河洪 （明）张璧 …… 102
吕梁吟 （明）张璧 …… 103
过吕梁 （明）边贡 …… 104
吕梁砚 （明）周用 …… 105
溯吕梁洪 （明）程诰 …… 106
吕梁洪 （明）黄云 …… 107
宿房村下 （明）刘玉 …… 108
吕梁洪 （明）陆深 …… 109
吕梁行 （明）陆深 …… 110
过吕梁 （明）李玑 …… 111
下洪 （明）徐祯卿 …… 112
吕梁题陈工部观物亭 （明）严嵩 …… 113
吕梁 （明）殷云霄 …… 114
吕梁行寄碧山张水部 （明）孙承恩 …… 114
房村纪变时遇朱鹤坡 （明）毛伯温 …… 116
萃墨亭歌为徐州洪李主事香作 （明）夏言 …… 117
费公祠 （明）费寀 …… 119

己亥过吕梁谒翁伯考祠 （明）费　宷	120
吕梁祭复庵伯考答冯水部 （明）费　宷	120
吕梁拜复庵伯考像 （明）费　宷	121
三答方思道开州见寄二绝 （明）齐之鸾	121
吕　梁 （明）郑善夫	122
吕梁二首 （明）黄宗明	123
八月十五夜吕梁作 （明）蒋山卿	124
题吕梁砚次韵 （明）张　衮	125
吕梁洪柬郭水部守衡 （明）李　濂	126
吕梁书院　为郭守衡主事赋 （明）李　濂	127
吕　梁 （明）张　治	128
吕梁洪谒关尉祠 （明）张天赋	128
谒吕梁祠关云长庙 （明）张天赋	129
前吕梁篇 （明）邵经邦	130
后吕梁篇 （明）邵经邦	131
石梁行 （明）邵经济	133
过吕梁洪 （明）苏　祐	134
双　洪 （明）苏　祐	135
吕梁洪 （明）廖道南	136
吕梁行赠陈主政 （明）程文德	139
吕梁洪饮水部张碧山聚益亭 （明）程文德	140
过吕梁洪 （明）程文德	141
吕　梁 （明）皇甫汸	141
吕梁洪二首 （明）陆　采	142

徐水部有让求归　即与予同建吕梁洪南闸坝者
　　（明）苏志皋 ·················· 143
洪上口号　（明）王　问 ············ 143
吕梁洪阻风　（明）陈如纶 ·········· 144
吕梁逢二姜子　（明）马一龙 ········ 145
吕梁洪望彭城夜发　（明）马一龙 ···· 145
入天妃庙候升舟上洪呈同行诸君　（明）马一龙 ···· 145
过吕梁洪　（明）黄廷用 ············ 146
舟中杂咏（之一）　（明）吴　鹏 ···· 147
吕梁洪　（明）吴　鹏 ·············· 147
吕梁翁水部留饮　（明）闵如霖 ······ 148
吕梁行　（明）袁　裹 ·············· 148
大洪行　（明）袁　裹 ·············· 150
吕梁洪　（明）冯世雍 ·············· 152
别少山水部至吕梁宿酣始解因忆轩中山石有寄
　　（明）尹　台 ·················· 153
吕梁歌二首　（明）尹　台 ·········· 154
徐州至吕梁述水势大略　（明）归有光 ···· 154
吕梁洪　（明）归有光 ·············· 156
过吕梁赠陈华山水部　（明）董　份 ·· 156
徐沛谣　癸丑作　（明）李先芳 ······ 157
吕梁别纪水部十二韵　（明）李先芳 ·· 158
吕梁题养素轩　（明）王立道 ········ 159
吕梁洪　（明）海　瑞 ·············· 160
过吕梁洪　（明）李时行 ············ 160

过吕梁 （明）李攀龙 …… 161

吕梁王水部见赠□惠方书 （明）周思兼 …… 162

吕　梁 （明）张祥鸢 …… 163

吕梁夜过王水部 （明）林大春 …… 163

题赠栖云洞羽士　洞在凤凰山 （明）宗　臣 …… 164

送王比部之吕梁 （明）宗　臣 …… 165

阻风彭城下洪 （明）王世贞 …… 166

吕　梁 （明）张凤翼 …… 166

河上谣 （明）祝世禄 …… 167

房村道中会尚书潘公治河赋赠 （明）王弘诲 …… 168

吕梁行 （明）王弘诲 …… 169

吕梁道中 （明）饶与龄 …… 170

吕梁洪歌 （明）王伯稠 …… 171

观道亭　亭在凤冠山 （明）王应时 …… 172

吕梁次苏祐 （明）涂　捷 …… 173

过吕梁 （明）区大相 …… 173

夜泊吕城 （明）唐文献 …… 174

吕梁阻风 （明）胡应麟 …… 175

吕梁阻风呈徐使君 （明）胡应麟 …… 176

吕梁遇仲文留饮志别 （明）李三才 …… 176

房村夜宿刘庄谈河事 （明）董其昌 …… 177

吕梁洪 （明）徐　熥(tēng) …… 178

渡黄河 （明）王　衡 …… 178

下吕梁 （明）谢肇淛 …… 179

宿房村 （明）袁宏道 …… 181

黄河即事（其二） （明）查应光 …………………… 182

舟至吕梁洪 二十六日 （明）钟 惺 …………… 182

发彭城（之二） （明）杨嗣昌 …………………… 183

夜渡吕梁将过迪堂呈李大 （明）万寿祺 ……… 183

吕梁洪 （明）许承钦 ……………………………… 184

山行赴吕梁和苏眉声蹋荒原韵 （明）杨 妍 …… 186

孔观楼 （清）方 文 ……………………………… 187

金龙四大王歌 （清）方 文 ……………………… 187

上巳宿房村怀吴八中黄 （清）方 文 …………… 189

渡黄河（四首选一） （清）宋 琬 ……………… 190

黄河舟中 （清）卢 震 …………………………… 190

吕梁洪 （清）丁裕初 ……………………………… 191

吕梁舟中 （清）张仁榘 …………………………… 192

彭城怀古八首（之一） （清）王士禛 …………… 193

雨中渡河望黄楼 （清）王士禛 …………………… 194

吕梁洪 （清）李世洽 ……………………………… 194

访雍门村 （清）曹一士 …………………………… 195

晚渡黄河 （清）厉 鹗 …………………………… 196

吕梁洪 （清）朱秉璋 ……………………………… 197

舟过吕梁 （清）尤 璋 …………………………… 198

房村驿壁见女郎赠兰州太守诗因次其韵 （清）尤 璋 … 198

吕 梁 （清）宋作梅 ……………………………… 199

中 河 （清）钱大昕 ……………………………… 200

彭城杂感（之一） （清）顾宗泰 ………………… 202

吕梁遇雨 （清）鳌 图 …………………………… 202

吕梁石砚旧传与端溪同,而得之者鲜,今获斯石,
　　诗以志之　(清)鳌　图 ………………………… 203
吕梁石砚　(清)鳌　图 ………………………………… 203
吕梁洪　(清)谢元淮 …………………………………… 204
清浪难　(清)郭尚先 …………………………………… 205
雍门村　(清)张念祖 …………………………………… 206
访雍门村作　(清)高成己 ……………………………… 207
雍门村　(清)朱有冯 …………………………………… 207
雍门村　(清)孙运靲(píng) …………………………… 208
赴下洪道中绝句　(清)邱松月 ………………………… 209
彭城舟行　(清)李大霖 ………………………………… 209

文　类 ……………………………………………………… 210
　龙神庙记　(元)卢　挚 ……………………………… 210
　吕梁洪关尉庙碑记　(元)赵孟頫 …………………… 215
　徐州吕梁神庙碑　(元)袁　桷 ……………………… 218
　昭惠灵显真人祠记　(元)曹元用 …………………… 223
　吕梁庆真观记　皇庆二年　(元)吴　善 …………… 226
　祭吕梁洪文　(元)朱德润 …………………………… 230
　吕梁洪新建工部分司记　(明)程敏政 ……………… 231
　吕梁洪修筑堤坝记　(明)李东阳 …………………… 234
　修吕梁洪堤岸记　(明)刘　春 ……………………… 239
　移建吕梁洪关尉庙记　(明)刘　宪 ………………… 242
　青山龙神碑并序　(明)宋　骥 ……………………… 245
　祭吕梁青山龙神文　(明)朱祐樘(孝宗) …………… 248

吕梁洪志序 （明）唐　龙 …………………………………… 249

吕梁洪作垣记 （明）方　豪 ………………………………… 251

吕梁工部分司题名记 （明）李廷相 ………………………… 254

吕梁书院记 （明）舒　芬 …………………………………… 257

川上书院祭田记 （明）张　镗 ……………………………… 260

玉湖砚石记 （明）姚　涞 …………………………………… 262

重建吕梁社仓记 （明）顾　霔 ……………………………… 264

吕梁洪修复堤岸记　嘉靖　（明）李　默 ………………… 267

吕梁洪城垣记 （明）马一龙 ………………………………… 271

疏凿吕梁洪记　文征明书　（明）徐　阶 ………………… 275

疏凿吕梁洪记略 （明）徐　阶 ……………………………… 278

重修石堤记　隆庆　（明）万　恭 ………………………… 281

筑吕梁洪石堤记 （明）王世贞 ……………………………… 285

吕梁洪堤记 （明）余孟麟 …………………………………… 288

重修塔山观道亭记 （清）邵大业 …………………………… 292

吕梁石砚铭 （清）鳌　图 …………………………………… 296

记　述 …………………………………………………………… 298

大事记 …………………………………………………………… 315

古　迹 …………………………………………………………… 324

山　川 …………………………………………………………… 353

参考文献 ………………………………………………………… 357

诗 类

行路难三首（其一） （唐）顾 况

君不见少年头上如云发，少壮如云老如雪。岂知灌顶有醍醐①，能使清凉头不热。吕梁之水挂飞流，鼋鼍蛟蜃②不敢游。少年恃险若平地，独倚长剑凌清秋。行路难，行路难。昔少年，今已老。前朝竹帛③事皆空，日暮牛羊占（一作"古"）城草。（《全唐诗》）

顾况（约725—约814），字逋翁，海盐恒山人（今在浙江海宁境内）。唐肃宗至德二年（757）进士，历官节度判官、著作郎司户参军、饶州司户。后隐居茅山，自号华阳真逸（一说华阳真隐）。后人辑有《华阳集》。

【注释】

①灌顶有醍醐（tí hú）：醍醐，从酥酪中提制出的油。佛家以醍醐喻佛性，醍醐灌顶喻输入智慧，使人彻悟。《大般若涅槃经·圣行品》："譬如从牛出乳，从乳出酪，从酪出生酥，从生酥出熟酥，从熟酥出醍醐。醍醐最上。"

②鼋鼍蛟蜃：泛指水族。鼋鼍（yuán tuó），神话传说中指巨鳖和猪婆龙（扬子鳄）。《国语·晋语九》："鼋鼍鱼鳖，莫不能化。"蛟蜃（jiāo shèn），蛟与蜃。蛟，古代传说中的龙类。蜃，神话传说中的一种海怪，形似大牡蛎（一说是水龙）。

③竹帛：竹简和白绢。古人将史实写在竹简和白绢上，故称历史为竹帛。

送赵谏议知徐州① （宋）梅尧臣

鹿车几两马几匹②，轸建朱幡骑彀弓③。雨过短亭④云断续，莺啼高柳路西东。吕梁水注千寻险，大泽龙归万古空。莫问前朝张仆射⑤，毬⑥场细草绿蒙蒙。（《全宋诗》）

梅尧臣（1002—1060），字圣俞，世称宛陵先生。宣城（今属安徽）人。早年历任州县官属，中年后赐同进士出身，官太常博士、国子监直讲，尚书都官员外郎。有《宛陵先生文集》。

【注释】

①谏议：谏议大夫，官名。赵谏议，指赵希之，康熙《徐州志》本诗题为《送赵希之之官徐州》。知徐州：担任徐州地区行政长官。知，主持、执掌。

②鹿车：用人力推拉的小车。两（liàng），同辆。

③轸（zhěn）建句：指车。朱幡，朱红色的旗帜。彀（gòu）弓：张满弓。

④短亭：古时在城外五里处设短亭，十里处设长亭，以供行人休息用。

⑤张仆射（yè）：指张建封（735—800），字本立，邓州南阳（今河南南阳）人，历官御史大夫、濠寿庐三州都团练观察使、徐泗濠节度使、检校礼部尚书、检校右仆射等。

⑥毬：今作球。这里指马球，唐时俗称波罗球。击马球是当时上层社会风行的一种游戏，人骑马上，用杖击球争胜负。韩愈《汴泗交流赠张仆射》诗："毬惊杖奋合且离，红牛缨绂黄金羁。"

吕 梁 （宋）刘 敞

吕梁信天险，鱼鳖不可游。引棹①出丛石，一縆②用百牛。汹涌含风雷，蜿蜒喷蛟虬③。世自有畏涂④，吾仍耻随流。侧见百仞奔，俯窥千丈幽。自非跂达观⑤，未易宽百忧。夙昔涉老庄，纵心会虚舟⑥。忠信犹足恃⑦，放言礼门⑧由。（《全宋诗》）

刘敞（1019—1068），字原父（或作原甫），新喻（今江西新余）人。庆历六年（1046）进士。历官蔡州通判、太子中允、京东西路安抚使、永兴军路安抚使、集贤院学士，知扬州、郓州等。有《公是集》七十五卷，已佚。后人辑有《公是集》。

【注释】

①棹（zhào）：划船工具，形状如桨。代指船。

②縆（gēng）：大绳索。

③蛟虬（jiāo qiú）：蛟、虬皆为传说中的龙。泛指水族。

④畏涂：同"畏途"。

⑤跂达观：心胸开朗，通达事理。

⑥虚舟：无人驾御的船只。《庄子·山木》："方舟而济于河，有虚船来触舟，虽有惼心之人不怒。"后用于比喻胸怀恬淡旷达。

⑦忠信句：《孔子家语》卷二："孔子问之，曰：'子乎有道术乎，所以能入而出者何也？'丈夫对曰：'始吾之入也，先以忠信，及吾之出也，又从以忠信。忠信措吾躯于波流而吾不敢以用私，所以能入而复出也。'"

⑧礼门：指君子应遵循的礼仪之道。《孟子·万章下》："夫义，路也；礼，门也。惟君子能由是路，出入是门也。"

杂诗二十二首（其二） （宋）刘 敞

雍门妙弦歌①，哀响激人耳。伟哉孟尝君，慷慨泪如水。当生复念死，谁谓悲能已。丝桐信感人，世固乏之子。（《全宋诗》）

【注释】

①雍门：指雍门周。雍门周以琴见孟尝君，使孟尝君增悲流涕。（详见"记述"部分）吕梁有雍门村，《南畿志》卷六十一："雍门在城东南五十里，昔雍门周善琴能使孟尝君悲者居此。"明嘉靖《徐州志》卷四《地理志》："吕梁山，下临二洪……其境有雍门，古雍门周善弹琴，能使孟尝君悲者居此。"

次韵吕梁仲屯田① （宋）苏 轼

雨叶风花日夜稀,一杯相属②竟何时。空虚岂敢酬琼玉③,枯朽犹能出菌芝④。门外吕梁从迅急⑤,胸中云梦自逶迟⑥。待君笔力追灵运⑦,莫负南台⑧九日期。(《苏轼诗集合注》)

苏轼（1037—1101）,字子瞻,号东坡居士。眉山（今属四川）人。嘉祐二年（1057）进士。因反对王安石新法,被贬谪黄州。哲宗时任翰林学士,曾出知杭州、颍州,官至礼部尚书。后又被贬谪惠州、儋州。熙宁十年（1077）四月赴知徐州,元丰二年（1079）三月自徐州移知湖州。

【注释】

①仲屯田：生平不详。屯田,官名,掌管屯田政令。

②属：劝酒。

③琼玉：美玉。比喻美好的诗文。

④菌芝：灵芝,菌类植物,古人以为瑞草。《列子·汤问》："朽壤之上有菌芝者,生于朝,死于晦。"

⑤迅急：水势湍急。

⑥云梦：古代泽名。吕梁有云梦城,相传韩信筑。逶迟：遥远貌。

⑦灵运：南朝宋诗人谢灵运。

⑧南台：戏马台。因在徐州城南,故名。谢灵运有《九日从

宋公戏马台集送孔令诗》。

答吕梁仲屯田 （宋）苏 轼

乱山合沓①围彭门，官居独在悬水村②。居民萧条杂麋鹿③，小市冷落无鸡豚④。黄河西来初不觉，但讶清泗奔流浑⑤。夜闻沙岸鸣瓮盎⑥，晓看雪浪浮鹏鲲⑦。吕梁自古喉吻地⑧，万顷一抹何由吞。坐观入市卷闾井⑨，吏民走尽余王尊⑩。计穷路断欲安适，吟诗破屋愁鸢⑪蹲。岁寒霜重水归壑，但见屋瓦留沙痕。入城相对如梦寐，我亦仅免为鱼鼋⑫。旋呼歌舞杂诙（一作谈）笑⑬，不惜饮醑⑭空瓶盆。念君官舍冰雪冷，新诗美酒聊相温。人生如寄何不乐，任使绛蜡⑮烧黄昏。宣房⑯未筑淮泗满，故道堙灭（一作没）疮痍存⑰。明年劳苦应更甚，我当奋锸先鲵髡⑱。付君万指⑲伐顽石，千锤雷动苍山根。高城如铁洪口决，谈笑却扫看崩奔⑳。农夫掉臂免狼顾㉑，秋谷布野如云屯㉒。还须更置软脚㉓酒，为君击鼓行金樽㉔。（《苏轼诗集合注》）

【注释】

①合沓：重叠。彭门：徐州。

②悬水村：冯世雍《吕梁洪志》："东南则有悬水村。"参见"古迹"部分"悬水村"。

③麋鹿：一种鹿属动物，俗称四不像。

④豚：猪。

⑤浑：大水汹涌。

⑥鸣瓮盎：指水拍沙岸之声如同击打瓮和盎的声音。瓮为一种腹部较大的陶制盛器，盎为腹大口小的瓦制盛器。

⑦鹏鲲：比喻至大之物。《庄子·逍遥游》："北冥有鱼，其名为鲲。鲲之大，不知其几千里也。化而为鸟，其名为鹏。鹏之背，不知其几千里也；怒而飞，其翼若垂天之云。"

⑧喉吻地：险要之地。

⑨闾井：村落；居民聚居之处。

⑩王尊：西汉大臣。《汉书·王尊传》：王尊任东郡（今河南濮阳县南）太守时，黄河水泛滥，河堤危险，居民纷纷奔走，害怕河水决堤。尊亲临河堤，投沉白马，祭祀河神，并以身填堤为誓，住在堤上，祈望保全河堤。吏民数千万人争叩头劝救王尊，尊始终不肯离去。河水终于决堤，吏民皆逃走，只剩下一个官员哭着陪在王尊身边，尊却不动。不久水波慢慢退回。

⑪鸢（yuān）：老鹰。

⑫鼋（yuán）：大鳖，也叫元鱼。

⑬诙笑：戏谑。

⑭釂（jiào）：饮酒尽，干杯。

⑮绛蜡：红烛。

⑯宣房：同宣防。指在河堤上建筑的房屋。汉武帝元光三年（前132年）春，河决顿丘（今河南清丰西南），夏，又决瓠子（在今河南濮阳西南），水注巨野，通淮、泗，泛滥十六郡。元封二年（前109年），使汲仁、郭昌发卒数万人，塞瓠子决河。武帝亲临决河，令群臣将军以下，皆负薪填决河，作《瓠子歌》。功成，于上筑宫，名宣房宫。"于是卒塞瓠子，筑宫其上，名曰宣防宫。"（见《史记·河渠书第七》）

⑰堙灭：埋没。堙，音 yīn。疮痍：创伤，比喻黄河决水造

⑱畚锸（běn chā）：畚，竹筐之类的器具；锸，锹。黥髡（qíng kūn）：黥和髡都是古代的刑罚，黥在面部或额上刺刻符号或文字并涂上墨；髡刑是剃去头发。这里黥髡指受刑的犯人。

⑲万指：指众多役夫。

⑳崩奔：水流奔腾。

㉑掉臂：摇动手臂，表示不顾而去。狼顾：狼害怕被袭击，行走常反顾。比喻人有所畏惧、担忧。《汉书·食货志上》："失时不雨，民且狼顾。"

㉒云屯：如云之聚集。形容秋谷多而茂盛。

㉓软脚：设宴招待远归的人。犹今接风、洗尘。

㉔金樽：对酒杯的美称，亦代指美酒。

吕 梁① （宋）苏 辙

出没悬流虽有道，凭陵②险地本无心。未能与物都无碍，咫尺清泉亦自深。（《苏辙集》）

苏辙（1039—1112），字子由，号颍滨遗老。眉山（今属四川）人。嘉祐二年（1057）进士。历官河南推官、秘书省校书郎、御史中丞、尚书右丞、门下侍郎等。因事得罪朝廷被贬出外，先后官汝州、雷州、筠州等地。有《栾城集》。

【注释】

①吕梁：此诗为《和李公择赴历下道中杂咏十二首》之一。

②凭陵：横行，猖獗。

宿泊口① （宋）陈师道

弱柳经寒色，悬流尽夜声。更②长疑睡少，霜落怯寒生。急急占星度③，摇摇苦舫④倾。风涛兼盗贼，恩重觉身轻。（《后山诗注补笺》）

陈师道（1053—1102），字履常、无己，号后山居士。彭城（今江苏徐州）人。被荐为徐州教授，后任太学博士、秘书省正字等职。常与苏轼、黄庭坚等唱和，为江西诗派的代表作家之一。

【注释】

①泊口：即吕梁洪泊口。吕梁洪"悬水三十仞，流沫四十里。"

②更：古时夜间记时单位，一夜分五更，一更约两小时。这里泛指夜间。

③占星度：即占卜星度。星度，星辰运行的度数。古人认为天上星辰的运行和地上是对应的，通过占星能预测到地上的吉凶祸福。

④舫（fǎng）：船。

登凤凰山①怀子瞻（一本作二首） （宋）陈师道

　　蜿蜒曲龙腹，山间隐楼观。孤高伏龙角，浮图刺云汉②。修林③霜雪余，落叶青红乱。想见洞中人，不知时节换。咳唾落江东④，江东两眼中。举头触浮云，失脚惊飞鸿。逢人自笑谋身拙，坐使红尘生白发。入山便欲弃人间，出山又与松筠⑤别。

　　数篇曾见使君诗，前后登临各一时。妙舞新声难得继，清风明月却相宜。朱阑行遍花间路，看尽当年题壁处。更有何人问使君，青春欲尽花飞去。（后山自注：子瞻云：应问使君何处去，凭花说与春风知。）（《后山诗注补笺》）

【注释】

　　①凤凰山：清顺治《徐州志》：凤凰山有二，一石山稍东，有石刻二凤形，故名。东南五十余里，山有双翼如凤，故名。同治《徐州府志》：塔山旁为凤冠山，一名凤凰山，双峰如凤翅相连，中有栖云洞。从"想见洞中人"看，凤凰山应指此。

　　②浮图：佛，梵语音译。又指塔，此处指寺庙。云汉：高旷的天空。

　　③修林：高大的林木。

　　④咳唾：比喻人的言论。江东：古时指吴中一带地区。

　　⑤松筠：松树和竹子。《礼记·礼器》："其在人也，如竹箭之有筠也，如松柏之有心也。二者居天下之大端矣，故贯四时而不改柯易叶。"后因以"松筠"喻节操坚贞。

曹仁熙画水壁　　（宋）晁说之

夫子在川上①，悠然叹所逝。见逝不见水，身与水不二。天维及地轴②，去矣不可制。日月徒劳劳③，出入丈赤地。莫言此身微，久囿待经济④。或指波涛观，姑在蹄涔⑤内。后人不及门，有口安足议。劣得蒙庄周⑥，动与吕梁会。肇公识前波，不共后波击。庞公桥柱流，奔湍是谁事。熟夸观涛者，八月吴侬戏。瞪目不敢瞬，睫软蛟鼍噬。多谢曹仁熙，笔端落妙意。欲采黿社珠⑦，于此观粲翠。（《全宋诗》）

晁说之（1059—1129），字以道，一字伯以，济州巨野（今山东巨野）人。因慕司马光为人，自号景迂生。元丰五年（1082）进士。历官兖州司法参军、宿州教授，知武安县、无极县及成州，通判鄜州。钦宗时，官著作郎、秘书少监、中书舍人。有《嵩山文集》（又名《景迂生集》）。

【注释】

①夫子句：《论语·子罕》："子在川上，曰：'逝者如斯夫，不舍昼夜。'"后人考察，"川上"即吕梁洪。（见张镗《川上书院祭田记》）

②天维：天的纲维。地轴：古代传说大地有轴。《河海括地象》："昆仑之山，横为地轴。"后用来泛指大地。唐魏征《大明舞》诗"上纽天维，下安地轴。"

③劳劳：辛劳，忙碌。

④经济：经世济民，国家治理。

⑤蹄涔：牛蹄迹中的积水。喻微小。

⑥岁：仅仅。庄子，名周，蒙人。

⑦瞾社珠：相传宋孙觉在瞾社湖边夜坐，忽窗明如昼，循湖求之，见一大珠，其光烛天。当年孙觉登第。

送紫岩张先生北伐① （宋）岳 飞

号令风霆②迅，天声动北陬③。长驱渡河洛④，直捣向燕幽⑤。马蹀阏氏血⑥，旗枭可汗头⑦。归来报明主⑧，恢复旧神州⑨。

岳飞（1103—1142），字鹏举，相州汤阴（今河南安阳市汤阴县）人。南宋抗金名将。北宋末年从军，官至河南、北诸路招讨使，枢密副使。因坚持抗敌，反对议和，为奸相秦桧以"莫须有"的罪名谋害。有《岳武穆集》。

【注释】

①紫岩张先生，即抗金名将张浚（1097—1164），字德远，号紫岩居士，汉州绵竹（今属四川）人，历官侍御史、知枢密院事、川陕宣抚处置使、尚书右仆射等。岳飞的这首诗有明代刻碑立于吕梁凤冠山上。诗碑高2米，宽0.8米，上面题款为"送紫岩张先生北伐"，下款署名为："绍兴五年秋日，岳飞拜"。碑的右下端有两行小字："嘉靖乙未（1535）员外郎张镗重勒；万历

丁丑（1577）主事陈邦彦重立"。

②风霆：疾风暴雷。形容迅速，雷厉风行。

③天声：指宋军的声威。北陬（zōu）：北方的每个角落。

④河洛：泛指黄河、洛水地区。

⑤燕幽：泛指北方金人占领的土地。

⑥蹀（dié）：踏。阏氏（yānzhī），汉时匈奴王妻妾的称号，称母为母阏氏，这里代指金统治者。

⑦这句指把可汗头砍下挂在旗杆上示众。枭（xiāo）：斩首而悬挂起来。可汗（hán）：我国古代突厥、鲜卑、蒙古等族的最高统治者称可汗，这里指金统治者。可汗，也写作"克汉"。

⑧明主：贤明的君主。对君主的尊称。

⑨神州：指全中国。

吕梁洪　（宋）赵公豫

吕梁篱落①走鸡豚，小泊扁舟日已昏。极目黄流②来汴泗，有情明月匝③烟村。堤长柳密巢归鸟，水急风高浪打门。此去彭城知不远，凭今吊古我思存④。（《全宋诗》）

赵公豫（1135—1212），字仲谦，常熟（今属江苏）人。绍兴二十四年（1154）进士。历任仁和、余姚、高邮军、真州、常州等地方官。官至宝谟阁待制。有《燕堂诗稿》。

【注释】

①篱落：篱笆。

②黄流：黄河水。

③匝（zā）：此处指照遍。

④思存：存想，意想所寄托。

吕梁洪读宣和碑① （宋）汪梦斗

水落石多舟去迟，乱河西渡读残碑。三亭二闸②依然在，那得安流似旧时。（《全宋诗》）

汪梦斗，生卒年不详，约生活于南宋景定至元至正年间。字玉南，号杏山，绩溪（今属安徽）人。景定二年（1261）魁江东漕试，授江东制置司干官。咸淳间为史馆编校，以事弃官归。宋亡，不仕。后从事讲学以终。有《北游集》。

【注释】

①宣和碑：《宣和碑》为当年翰林学士宇文粹中撰写，朝散大夫张崇篆书碑额并书写碑文。位于岱庙配天门东侧，碑名为《宣和重修泰岳庙记碑》，宋宣和六年（1124）为重修岱庙而立。碑文追溯泰山祭祀历史，叙述了宋徽宗自从建中靖国元年（1101）登基后至宣和四年21年间"诏命屡降，增治宫宇"的情景。此处或以宣和碑代指吕梁各代留下的碑刻。

②三亭二闸：吕梁古迹中有观道亭、观澜亭、聚益亭、状元

亭等,皆建于明代。二闸:吕梁洪有上洪、下洪,各有闸门。

重题吕梁洪　(宋)汪梦斗

新安江最险,此险越艰难。乱石纷如错,洄流曲若环。危争分寸地,只在折旋间。何似平夷了,轻舟利往还。(《全宋诗》)

月夜舟行,晚发吕梁洪下,　近更余到双沟　(宋)汪梦斗

荧起长庚①落,霁②空秋意宽。(自注:昏时金未落,火已大明。)火躔娄胃③间,金躔心尾④间。水光涵月白,霜气挟风寒。舟取北为近,川流泗最安。雁声重嘹唳⑤,莫是夜将阑⑥。(《全宋诗》)

【注释】

①长庚:即金星。黎明前出现在东方天空,被称为"启明";黄昏后出现在西方天空,被称为"长庚"。

②霁(jì):明朗。

③火躔:火,指火星;躔(chán),运行。娄胃:二十八宿中的娄和胃。古时以天上星辰与地上区域相对,徐州与胃娄星相对。

④心尾:二十八宿中的心和尾。

⑤嘹唳（lì）：形容声音响亮凄清。
⑥阑：尽。

吕　梁　（元）王　恽

吕梁世所畏，往往舟碎破。我来相其冲，说者无乃过。南洪一石埌①，北梁更么磨②。水浅但湍急，欲上船旋磨③，更缘暗石多，重载防右左。舟空人力众，径往彼无那④。岂云水至柔，内极沉溺祸。至人⑤特为名，过者戒微堕。舟行四千里，冒涉锐尽挫。高歌幸无虞，犹呼细茵卧。寄声畏途间，识者当有和。（《全元诗》）

王恽（1227—1304），字仲谋，号秋涧，卫州汲县（今属河南）人。历官监察御史、翰林修撰、翰林待制、山东东西道提刑按察副使、福建闽海道提刑按察使、翰林学士。有《秋涧先生大全集》。

【注释】

①石埌（làng）：大石块。
②么磨：(yāo mó) 同"幺麽"，细小（指石块）。
③旋磨：指船在水流中旋转，行驶困难。
④无那：无奈，无可奈何。杜甫《奉寄高常侍》诗："汶上相逢年颇多，飞腾无那故人何！"
⑤至人：指思想或道德修养达到很高境界的人。《庄子·逍

遥游》:"至人无己,神人无功,圣人无名。"

吕 梁 (元)王 旭

波涛相望控黄流,万古行舟到此愁。声斗雷霆终日险,寒生风雨四时秋。路当南北通行处,地接徐邳两界头。我识古人疏凿意,建瓴奔水要停留。(《全元诗》)

王旭,生卒年不详,约公元1264年前后在世。字景初,号兰轩,东平(今属山东)人。早年家贫,一生未入仕,曾到县学主持讲席。以文章名于时,与同郡王构、永年王盘并称"三王"。有《兰轩集》。

吕 梁 (元)汪元量

吕梁三十仞①,县水②莫知源。雨歇山如沃③,波狂岸欲翻。黄云扑古塞,青草织平原。最是关情处,秋霜一夜猿。(《全元诗》)

汪元量(1241—1317后),字大有,号水云,亦自号水云子、楚狂、江南倦客。钱塘(今浙江杭州)人。咸淳(1265—1274)进士。南宋度宗时以善琴供奉宫掖。恭帝德祐二年(1276)临安陷,随三宫入燕,留大都,侍奉帝后。后为道士,游走江南,暗中结交抗元志士，鼓动反元，图谋恢复宋室江山。晚年退居杭州，为道士以终。有《水云集》《湖山类稿》。

【注释】

①三十仞：《庄子·达生》："孔子观于吕梁，县水三十仞，流沫四十里，鼋鼍鱼鳖之所不能游也。"仞：古代长度单位，八尺为一仞，一说七尺。

②县水：悬水。县：同"悬"，为"悬"的古字。

③沃：浇灌，洗刷。

百步洪 （元）鲜于枢

滟滪三蜀险①，吕梁天下壮。我昔过彭门②，舍舟步青嶂③。酾酒④神龙祠。凛乎不敢响。间关⑤一叶下，号呼百人放。篙师稍失律⑥，身入鱼肠葬。至今仆夫辈，言之气辄丧。危哉石梁洪，势与吕梁抗。一石截中流，两山束惊浪。雷霆怒轰訇⑦，鱼龙气栗怆⑧。轻船泛顺风，大舰必秋浪。我行有期程，稽留速官谤⑨。惭愧双白鸥，飘然凌滉漾⑩。（《全元诗》）

鲜于枢（1246—1302），字伯机，号西溪子、直寄老（或"道"）人、虎林隐吏、困学民等。渔阳郡（今北京附近）人。生于汴梁（今河南开封），先后寓居扬州、杭州。历官浙东宣慰司经历、江浙行省都事、太常典簿。喜古鼎彝器，善诗书。晚年闭门谢客，筑一室，名曰"困学之斋"。为元代著名书法家。有

《困学斋诗集》《困学斋杂录》。

【注释】

①滟滪：即滟滪堆，长江三峡瞿塘峡中的险滩。三蜀：汉初设置的行政区划，包括蜀郡、广汉郡、犍郡，合称三蜀。这里泛指四川一带地区。

②彭门：徐州。徐州古为大彭氏国。

③青嶂：绿色似屏障的山峰。

④酾酒：斟酒。酾，音shī，又shāi。

⑤间关：道路崎岖难行。

⑥失律：失误，没掌握撑船的要领。

⑦轰訇（hōnghōng）：亦作"轰哄"，形容声音巨大而嘈杂。

⑧栗怆（chuàng）：畏惧而悲伤。

⑨稽留：停留。官谤：因居官不称职（这里指迟到官府）而受到责难。

⑩凌：迎着，顶着。滉漾：指浮动的水。

吕梁洪　（元）李　凤

洪波汹汹鼓鼙①声，怪石棱棱②剑戟明。源涤九川③思夏禹，水悬千仞信庄生④。（《全元诗》）

李凤（1254—1317），字翔卿，一字舜仪，号西林。大名东明（今属山东）人。历官国子助教、临朐主簿。有《西林集》。

【注释】

①鼙（pí）：古代行军中用的小鼓。

②棱棱（léngléng）：指石头高高低低，棱角突出。

③源涤：指涤除泉源使其畅流无阻。九川：九条大河。《书·益稷》："予决九川，距四海，浚畎浍距川。"《书·禹贡》："九山刊旅，九川涤源，九泽既陂，四海会同。"

④水悬句：见前汪元量《吕梁》注释。

吕梁洪　（元）马　臻

万里长风送短篷①，乱流初下吕梁洪。篙师点过锋铓石②，一片欢声落日中。（《全元诗》）

马臻（1254—?），字志道，别号虚中、紫霞道士。钱塘（浙江杭州）人。南宋亡，出家为道士。少慕陶贞白之为人，着道士服，隐于西湖之滨。后游燕京，交结名流。有《霞外集》。

【注释】

①短篷：小船。

②篙师：撑船的熟手。锋铓：锐利。

宿吕梁寄子素府教　（元）曹伯启

舟泊吕梁下，心驰天地间。澹烟新店舍，斜月旧河山。苦债无终极，衰年度险艰。梦中孙与子，相戒制斑斓①。（《全元诗》）

曹伯启（1255—1333），字士开，砀山（今属安徽）人。历官兰溪主簿、常州路推官、河南行省都事、台州路治中、西台御史、司农丞、南台治书侍御史等。有《曹文贞公诗集》。

【注释】

①斑斓：指孝养父母。《北堂书钞·孝子传》：老莱子年七十，父母尚在，因常服斑衣，为婴儿戏以娱父母。后因以斑斓指孝养父母。

吕梁洪　（元）陈　孚

沂泗之水来鲁邦①，平沙千里流淙淙②。忽逢吕梁万石矼③，势与石斗不肯降。半天卷起千尺泷④，怒声日夜相摐撞⑤。有如万骑腾骊駹⑥，左挟贲获右羿逄⑦。恶若哮虎鼎可扛，踊櫐跃矢横矛鏦⑧。风云蛇鸟万旌幢⑨，大呼击碎龙文杠。死战不肯留空羫⑩，我生事业在北窗⑪。蒙庄一卷映秋釭⑫，每羡老叟何其蠢。忠信出入言非哤⑬，及此更觉心悾悾⑭。西风吹衣衣茸龙⑮，茅店沽来酒盈缸。篙人赠我尺鲤双，扣舷而歌和枳椌⑯。问禹何故留此坌⑰，何当理我小艕艘⑱。东浮溟海西岷江⑲，沛然一口吸老庞⑳，要使后土安鸿庞㉑。（《全元诗》）

陈孚（1259—1309），字刚中，号笏斋。台州临海（今浙江临海县）人。初被荐为翰林国史院编修官，摄礼部郎中，随吏部尚书梁肃出使安南。使还，任翰林待制、建德路总管府治中等职。大德七年（1303），奉使宣抚循行诸道，时台州大旱，地方官不法蛀民，孚秉公予以查办治罪，使官府发仓赈饥。有《观光集》《交州集》。

【注释】

①沂泗：沂水和泗水。沂水，今称沂河，发源于今山东沂源县；泗水发源于今山东泗水县。

②淙淙（cóng cóng）：流水声。

③矼（gāng）：石岗。

④泷（lóng）：急流。

⑤摏撞：碰撞。摏，音chōng。

⑥骊（lí）：黑色的马。騤（máng）：面额白色的马，也指青色马。

⑦贲获：孟贲（bēn）和乌获，皆古代的勇士。羿逢（páng）：羿和逢；羿为古代神话传说中唐尧时善射者；逢，即逢蒙，也是古代善射者，又叫逢门。《孟子·离娄下》："逢蒙学射于羿，尽羿之道，思天下惟羿为愈己，于是杀羿。"

⑧槊（shuò）：古代兵器，即长矛。矢：箭。鏦（cōng）：

短矛。

⑨旌幢（zhuàng）：泛指旗帜。幢，覆挂在车船上的帷幔。

⑩空羟（qiāng）：指尸体。

⑪北窗：指生活清闲自适。晋陶潜《与子俨等疏》："见树木交荫，时鸟变声，亦复欢然有喜。尝言五六月中北窗下卧，遇凉风暂至，自谓是羲皇上人。"

⑫釭（gāng）：油灯。

⑬哤（máng）：言语杂乱，胡说。

⑭悾悾（kōng kōng）：空虚貌。《论语·泰伯》："狂而不直，侗而不愿，悾悾而不信，吾不知之矣。"

⑮茸氄（róng méng）：即氄茸，杂乱貌。

⑯柷椌（zhù qiāng）：打击乐器名。柷又名椌，柷、椌是同物异名。

⑰埲（běng）：山冈。

⑱艕艭（páng shuāng）：泛指船。艕，古代吴船名。艭，一种小船。

⑲溟海：神话中的海。岷江：水名，在四川省中部。

⑳沛然：迅疾貌。老庞：指庞大之物。

㉑后土：土地神，亦指大地。鸿庞：即庞鸿（亦称庞洪），古人以天体未形成前宇宙浑然一体的状态为庞鸿。汉张衡《灵宪》："故道志之言云，有物浑成，先天地生，其气体固未可得而形，其磒速固未可得而纪也。如是者又永久焉，斯谓庞鸿。"

度吕梁洪　　（元）贡　奎

朝发下邳山①，黄流溯迢遥②。吕梁开险关，悬河倾奔号。南通广越疆③，琛贡④来千艘。连樯⑤驻其下，祈赛声啁嘈⑥。冈环岸势侧，庙奠⑦岩阴高。横滩绝东注⑧，乱石不可篙⑨。嶙峋布戈戟⑩，屈曲蟠虬蛟⑪。湍飞稍旁激，盘涡散惊涛。修缆⑫危一线，千钧泛鸿毛。凌虚独凝睇⑬，屹若登云霄。寒云暗腥蛰⑭，落日摇金鳌⑮。我老才气薄，搜吟愧前豪⑯。神京⑰望何极，轻帆竞群飘⑱。（《全元诗》）

贡奎（1269—1329），字仲章，宣城（今安徽宣城）人。历官太常奉礼郎、翰林文字兼国史编修、儒林提举、翰林待制、集贤直学士等。善诗，有《云林诗集》。

【注释】

①下邳：即今江苏邳州。

②黄流：黄河水。溯：逆流而上。迢遥：遥远。

③南通广越疆：指徐州当南北交通枢纽，南可达广东江南一带。

④琛贡：指向朝廷进贡的宝物。琛，珍宝。

⑤连樯：聚集的船只。樯：桅杆，这里代指帆船。

⑥祈赛：指农村祈祷五谷丰登的聚饮欢乐活动。啁嘈（zhōu cáo），声音嘈杂。

⑦庙奠：庙堂祭奠之处。

⑧横滩句：沙滩挡住了东去的流水。

⑨篙：这里用作动词，意指因乱石太多无法用篙撑船。

⑩嶙峋（lín xún）：山岩林立峻峭或重叠突兀貌。全句指峻峭林立的乱石像似排列的各种尖锐兵器。戈、戟：皆为古代兵器。

⑪蟠虬蛟：指水流曲曲弯弯，如虬蛟盘绕。

⑫修缆：长的缆绳。

⑬凌虚：升到空际。凝睇（dì）：注视。

⑭蛰：指冬天藏伏起来的动物。

⑮金鳌（áo）：金色的大鳌。鳌：传说中海里的大龟或大鳖。此处用金鳌比喻金黄色的落日。

⑯前豪：从前的文豪。

⑰神京：帝都。

⑱群飘：翻滚飘荡的水浪。

吕梁洪 （元）贡 奎

吕梁二洪①何年开，水声十里闻奔雷。断崖白沙如裂璧，乱石忽起生莓苔。下有蛟龙潜遁波浪吼，上有神鬼呵护风云哀。危篙撑折才进寸，缆力稍解②船头回。吴江蜀道未足畏，对此心胆为之摧。云是禹功③疏凿通地利，分决河水东南来。唐人削险遗故迹④，一时英雄安在哉！我欲镌诗记其事，西山月落空徘徊。（《全元诗》）

【注释】

①吕梁二洪：吕梁洪有上下二洪。明嘉靖《徐州志·地理志上》：吕梁山，下临二洪。清同治《徐州府志》：吕梁有上下二洪，相距凡七里，水中巨石齿列，波涛汹涌，号为至险。唐宋疏凿遗迹，并与徐洪同。

②解：古同"懈"，松弛、懈怠。

③禹功：指大禹疏凿黄河水道之功。《吕氏春秋·卷二十一爱类》："昔上古龙门未开，吕梁未发，河出孟门，大溢逆流，无有丘陵沃衍、平原高阜，尽皆灭之，名曰鸿水。禹于是疏河决江，为彭蠡之障，干东土，所活者千八百国，此禹之功也，勤劳为民，无苦乎禹者矣。"

④唐人句：指唐朝尉迟恭疏凿吕梁水道。明正统《彭城志》："尉城去东南六十里，唐尉迟恭开吕梁二洪，因筑是城，以居民洪上。"明嘉靖《徐州志·地理志上》：吕梁洪，唐尉迟恭尝疏凿以杀其势，有尉城遗址。

过 洪① （元）萨都剌

奔流激长川，百折怒未已。长年与水争，退尺进才咫。艰哉力舟子，可以悟至理②。（《全元诗》）

萨都剌（1272或1305—1355），字天锡，号直斋，西域答失蛮氏。泰定四年（1327）进士，授应奉翰林文字。历官江南诸道行御史台掾吏、燕南廉访司照磨、福建闽海道廉访司知事、河北廉访司经历、河南江北道经历、襄阳知县、翰林应奉、江浙行中书省郎中、江南诸道行台侍御史、淮西江北道廉访司经历等。晚年寓居武林，常游历山水。有《雁门集》。

【注释】

①洪：徐州有百步洪、秦梁洪、吕梁洪。
②至理：最精深的道理。

过吕梁宿云梦城①下，相传汉高祖伪游云梦至此而得韩信，后人因以名其城，即彭越之故都也，故老犹能历历指其处，遂与诸公分韵赋诗，予得黄字 （元）揭傒斯

九城②如连环，城城郁相当。长河贯其中，限以偃蹇③横之吕梁。至大元年④秋九月，扁舟自此于武皇⑤。崩波雷浪震天地，千里飒飙⑥吹秋霜。群山下赴如奔马，乱石飞渡如驱羊。东西鱼贯牵百丈，进寸退尺奋且僵。齐声唱和争抑扬，观者胆掉神为伤。岂知重来悉游憩，但见一叶浮天光。长风吹起不遗力，倏忽⑦迁转迷四方。暮投云梦城下宿，登高四顾增慨慷。老翁长揖为予说，汉祖此致韩齐王⑧。梁王彭越亦都此，遗踪隐隐犹可详。忆昔英雄起丰沛，四方龙战玄以黄⑨。颠嬴蹶项继虞夏⑩，建历四百何恢张⑪。惟天设险为国防，万古只为争战场。连城一已平，桑麦何茫茫，吕梁之险真康庄。（《全元诗》）

揭傒斯（1274—1344），字曼硕，号贞文，龙兴富州（今江西丰城）人。历官翰林国史院编修官、应奉翰林文字、奎章阁授经郎、翰林待制、集贤学士等。曾参加编撰辽、金、宋三史。与虞集、杨载、范梈被称为"元诗四大家"，又与虞集、柳贯、黄溍并称"儒林四杰"。有《文安集》。

【注释】

①云梦城：《读史方舆纪要》卷二十九："吕梁洪上有二城，一曰云梦，一曰梁王，土人谓云梦即韩信，梁王则彭越。又洪西岸有尉迟城，唐尉迟敬德督徐州尝凿吕梁洪，因筑此城。今吕梁城，中河分司驻焉。"

②九城：相聚一起的几座城。九（jiū），通"鸠"，聚合。

③偃蹇（yǎn jiǎn）：指地势艰险，水流困难。

④至大：元武宗孛儿只斤·海山的年号，元年即1308年。

⑤武皇：指元武宗孛儿只斤·海山。此处代指武宗所居之地京都。

⑥飒飁（sà tà）：同"飒沓"。大风迅疾貌。

⑦倏忽：顷刻。指极短的时间。

⑧韩齐王：指韩信。刘邦用张良计，使韩信、彭越发兵会于垓下，击败项羽。《史记·项羽本纪》："（汉王）乃发使者，告韩信、彭越曰：'并力击楚。楚破，自陈以东傅海与齐王；睢阳以北至谷城与彭相国。'"

⑨玄以黄：玄黄，原指天地的颜色。玄为天色，黄为地色。此处指流血染泥土，成青黄混合之色（据高亨解）。《易·坤》："龙战于野，其血玄黄。"

⑩颠嬴馘项：指消灭秦国，斩首项羽。秦为嬴姓。馘（guó），古代战争中割取敌人的左耳以计数献功称馘。虞夏：指虞舜和夏禹。

⑪建历：制定历法，此处指汉朝的建立。西汉、东汉共四百年。恢张：扩展、张大。

纪见和李提举①韵　　（元）揭傒斯

犹瞻吴楚郊，已过邳②徐州。扬帆涉吕梁，千里惟平畴③。桑枣青如山，极目烟霞稠。前途问行客，往事询老叟。上船自欢呼，下船自歌讴。谁怜村野人，茅茨④大如舟。连年困水旱，蚕麦两不收。今麦虽渐熟，或可宽穷愁。复恐死旦夕，不得待有秋。死者委⑤道路，生者仍漂流。天道良好乖，谁贻抚字羞⑥。赈恤国有典⑦，荒政古所修⑧。陈诗纪所经，讵足补远猷⑨。（《全元诗》）

【注释】

①提举：官名，主管专门事务，如"医学提举""宝钞提举""盐课提举"等。

②邳：邳州。

③平畴：平坦的田野。

④茅茨：茅屋。

⑤委：丢弃。

⑥贻：赠给，留下；抚，抚恤。此句的意思是谁让抚恤蒙受羞耻，即抚恤的事没有做好。

⑦赈恤：赈济抚恤。典：典章、法规。
⑧荒政：救济饥荒的法令制度。修：编写制定。
⑨讵足：怎么能足够。讵，音 jù。远猷：远大的谋略。

丁亥春二月起，自休致入直翰林，夏四月抵京师，六月赴上京述怀五首（其二）①

（元）黄 溍

扬帆越江淮，河水来活活②。吕梁扼其冲，石芒殊峭拔③。溯河柂忽摧，度洪缆遽绝。前途总安流，风劲桅复折。兼旬涉险艰，脱命争毫发。行行薄畿甸④，值此正阳月⑤。（《全元诗》）

黄溍（1277－1357），字晋卿。婺州义乌（今浙江省义乌市）人，延祐二年（1315）进士，授台州宁海县丞，历官两浙都转运盐使、诸暨判官、翰林直学士、侍讲学士等。有《黄学士文集》。

【注释】
①丁亥：即至正七年（1347）。休致：官吏年老去职。这里指辞职，时黄溍因母病，守孝在家。入直：指到朝内任职。翰林：官名，即翰林学士。京师：京都。上京：地名。原为辽代都城，遗址在内蒙古自治区巴林左旗林东镇南。
②活活（guō guō）：水流声。
③石芒：山石的尖端。峭拔：峻峭突出。
④薄：接近。畿甸：京都周围。
⑤正阳月：农历四月。

黄河行 （元）胡 助

黄河之水贯九州①，发源西至昆仑丘②。浑浑深大江海势，浩浩迅驶东南流。厥初疏凿导末派③，想见浮泛穷荒幽④。狂澜滔空或鲸驾，先民几度为鱼忧。万古不平吕梁险，老天永畀⑤行旅愁。人生固非金石寿，一清可待逾千秋。溯沿⑥北上聊濯足，欲照白发知无由。维舟彭城古岸下，慨然兴感登黄楼。千载英雄春梦破，一朝富贵秋云浮。眼明遗文尚可读，敛衽⑦前辈清风修。向来河清美金颂，岂知乃徽⑧今日休。冠带充朝文物盛⑨，桑麻蔽野人烟稠。太平一统古未有，观光万里今重游。快哉风帆日行远，不将机事惊沙鸥⑩。丈夫出处⑪自有志，安得局束⑫山中留。（《全元诗》）

胡助（1278—1355），字履信，一字古愚，号纯白道人。东阳（今属浙江）人。年三十始举茂才，授建康路儒学学录。历官美化书院山长、温州路儒学教授，两度为翰林国史院编修官，参修宋、辽、金三史；多次出任地方乡试考官。有《纯白斋类稿》。

【注释】

①九州：中国古代设置的九个区域。《尚书·禹贡》：九州为冀、豫、雍、扬、兖、徐、梁、青、荆。其他典籍略有不同。后来九州泛指中国。

②昆仑丘：即昆仑山。《水经注·河水一》："昆仑墟在西北，三成为昆仑丘。""河出昆山，伏流地中万三千里，禹导而通之，出积石山。"

③末派：水的支流。

④荒幽：荒僻边远之地。

⑤畀（bì）：使。

⑥溯沿：逆流而上。

⑦敛衽：提起衣襟夹于带间，表示敬意。

⑧徽：指过去的业绩。

⑨冠带：帽子与腰带，借指官吏。文物：礼乐制度。

⑩机事：指机诈之心。《列子·黄帝篇》："海上之人有好沤鸟者，每旦之海上，从沤鸟游。沤鸟之至者，百住而不止。其父曰：'吾闻沤鸟皆从汝游，汝取来，吾玩之。'明日之海上，沤鸟舞而不下者也。"

⑪出处：进退。《易·系辞上》："君子之道，或出或处。"

⑫局束：即拘束。

黄 楼 （元）王 艮

山河壮丽雄三楚①，人物风流忆二苏②。自古必争形胜③地，当年曾屈霸王图④。吕梁东下波涛险，芒砀⑤西来岛屿孤。试上黄楼酹⑥明月，百金取酒未为迂⑦。（《全元诗》）

王 艮（1278—1348），字止善，绍兴诸暨人，历官庐州录事判官、峡州路总管府知事、建德县尹、江浙行省检校官、江西行省左右司员外郎、淮东道宣慰副使等。后辞官归居，名所居"止止斋"，自号鹦游子。

【注释】

①三楚：地名。今从黄淮至湖南一带，古时有西楚、东楚、南楚之分。又有称江陵为南楚，吴为东楚，彭城为西楚。后用以泛指湘、鄂一带。

②二苏：苏轼、苏辙。

③形胜：地势优越便利，风景优美。

④当年句：指项羽都彭城，自称西楚霸王，最后为刘邦所败。

⑤芒砀：芒山与砀山，在今安徽砀山县东南，与河南永城县接界。当年刘邦送徒骊山途中逃匿，即藏于芒砀山泽岩石之间。汴水经砀山到彭城注泗水。

⑥酹（lèi）：用酒浇在地上，表示祭奠。

⑦迂：迂腐。

吕　梁　（元）马祖常

天府①河流北，徐方禹迹难②。青山开石峡，白日看风湍③。星宿④光芒合，坤维⑤脉络蟠。吴船⑥牵百丈，酾酒酹阴官⑦。（《全元诗》）

马祖常(1279—1338),字伯庸,光州(今属河南潢川)人。延祐二年(1315)进士。世为雍古部(今新疆),居净州天山。其高祖为金凤翔兵马判官,子孙因以马为姓。父润,为漳州路总管府事,家光州。历官翰林待制、太子左赞善、兼翰林直学士、治书侍御史、礼部尚书、江南行台中丞、御史中丞等。后辞官居光州。有《石田集》。

【注释】

①天府:指土地肥沃、物产丰富、地形险要的地区。

②徐方:徐州;禹迹,大禹去过的地方,此指吕梁。

③风湍:风生湍流。

④星宿(xiù):泛指列星。

⑤坤维:大地。《晋书·后妃传序》:"德均载物,比大坤维。"

⑥吴船:泛指南方来的船只。

⑦阴官:水神。

吕梁洪新水灌河两涯之间舣船无数呈华山隐光雪窗 (元)释梵琦

戏马台西山郁葱,行人愁水又愁风。初升海甸三竿日,稳过徐州百步洪。富贵由来论力命,神仙不必较穷通。灵槎①去与银河接,莫犯牵牛织女宫。(《全元诗》)

释梵琦(1296—1370),字楚石,小字昙曜,晚号西斋老人。象山(今属浙江)人。俗姓朱,九岁入海盐天宁寺,十六岁于杭州昭庆寺受具足戒。历住杭州报国、嘉兴本觉等寺。有《北游诗》《天台三圣诗集和韵》《西斋净土诗》等。

【注释】

①灵槎:亦作"灵查""浮槎"。指能乘往天河的船筏。典出晋张华《博物志》卷十:"旧说云天河与海通,近世有人居海渚者,年年八月有浮槎去来,不失期,人有奇志,立飞阁于槎上,多赍粮,乘槎而去。十余日中,犹观星月日辰,自后芒芒忽忽,亦不觉昼夜……"

过吕梁　　(元)林应雷

飞流东下急于梭,开辟功成禹凿多。一派长河天上落,片时轻舸峡中过。金龙庙①在香如雾,铁马声来雪作波。已喜此身离险地,半帆斜日听渔歌。(《全元诗》)

林应雷,生卒年不详,字子发,号江山。黄岩(今属浙江)人。曾任慈利县儒学训导、温州路瑞安教谕。

【注释】

①金龙庙:冯世雍《吕梁洪志》:"天妃庙、金龙庙皆水神也,亦祀之。"清乾隆《徐州府志》卷八载:金龙庙在房村。

六月舟次房村　　（元）吴　当

红日荒荒①落，黄河滚滚流。客行当盛夏，水宿②似清秋。市远人烟少，村平树色稠。遥山青数点，明日过徐州。（《学言诗稿》）

吴当（1297—1361），字伯尚，抚州崇仁（今江西崇仁县）人。历官国子助教、翰林修撰、翰林待制、礼部员外郎、监察御史、礼部郎中、翰林直学士、江西肃政廉访使。有《学言稿》。

【注释】

①荒荒：形容太阳落下时黯淡迷茫的景色。
②水宿：指在舟中或水边过夜。

赠吕梁老兵　　（元）贡师泰

二十年前福建兵，鬓丝垂领眼俱昏。一瓢乞食黄河岸，犹遣儿孙应户门。（《全元诗》）

贡师泰（1298—1362），字泰甫，号玩斋，宣城（今属安徽）人。以国子生中浙江乡试，授从士郎、太和州判官。历官翰林待制、国子司业、监察御史、侍郎、礼部尚书、户部尚书等。有

《玩斋集》《玩斋集拾遗》。

吕梁洪 （元末明初）张以宁

禹凿犹存滟滪根，彼苍设险壮彭门。山形奔过黄河怒，水气阴来白日昏。贾客经营随雁集，舟人祭祀识龙尊。时平四渎①无波浪，笑指青帘②买酒樽。（《翠屏集卷二》）

张以宁（1301—1370），字志道，先世固始（今河南省固始县）人，宋南渡迁徙古田（今福建古田县），家翠屏山下，因号翠屏山人。在元，泰定四年（1327）进士，官至翰林侍读学士。入明，复授侍讲学士，奉使安南三年。工诗，有《翠屏集》。

【注释】
①四渎：古称长江、黄河、淮河、济水为四渎。
②青帘：指酒店。旧时酒店门口挂的幌子，多用青布制成，故称。

吕梁洪 （元）傅若金

巨石中流伏，盘涡尽日旋。善游因土俗①，近住有人烟。险或过三峡，深疑及九渊②。轻舟脱鱼腹，锦缆③得徐牵。（《全元诗》）

傅若金（1303—1342），初字汝砺，后改与砺。江西新喻（今江西新余）人。少贫，以编席为生。后发愤读书，授业于同郡范梈。曾以参佐出使安南（今越南），归后授广州教授。工诗。有《傅与砺诗文集》。

【注释】

①善游句：指《庄子·达生》篇中所述善游者。孔子观于吕梁，"见一丈夫游之……数百步而出，被发行歌而游于塘下。"

②九渊：水的最深处。

③锦缆：锦制之缆绳，精美的缆绳。唐杜甫《城西陂泛舟》诗："春风自信牙樯动，迟日徐看锦缆牵。"

扬州客舍（之一） （元）余阙

船头浇酒祀神龙，手掷金钱撒水中。百尺楼船双夹橹，唱歌齐上吕梁洪。（《元诗体要》《宋金元明四朝诗》）

余阙（1303—1358），字廷心，一字天心，生于庐州，先世为唐兀人。元统元年（1333）进士，授同知泗州。历官应奉翰林文字、刑部主事、翰林院修撰、监察御史、礼部员外郎、淮西宣慰副使、都元帅府佥事等。有《青阳集》。

吕梁洪① （元末明初）胡 翰

　　河水趋山东，四旷无险塞。吕梁扼其冲，凛②若万强敌。水势与石斗，终古怒未息。舟行龈腭间③，众挽不余力。进始逾跬步④，退忽落千尺。长年起相语，兹土神所职。登祠奉嘉荐⑤，拜跪陈下臆。船头勇牵缆，樯表高挂席。好风东南来，送我天北极⑥（州县志作"阙"）。叱驭诚足钦⑦，垂堂邃且恤⑧。昔闻庄叟⑨言，有山在离石⑩。悬水三十仞，鱼鳖皆辟易⑪。孰嚸⑫天地性，遂拯生民溺。鸿飞九州野，吾愿观禹迹。（《胡仲子集卷十》）

　　胡翰（1307—1381），字仲子，一字仲申，金华（今浙江金华市）人。元时，或劝之仕，不应。遭天下大乱，避地南华山，著书自适。明初为衢州教授，曾参与修《元史》。有《胡仲子文集》《长山先生诗集》。

【注释】

①吕梁洪：民国《铜山县志》误题为"百步洪"。

②凛：指水势地形之险要，令人畏惧。

③龈腭间：喻指非常狭窄的地方。龈：齿根肉。腭：分隔口腔和鼻腔的组织。

④逾：越过。跬（kuǐ）步：半步。

⑤嘉荐：芳香的祭品。

⑥北极：此指帝王的宫禁，也指朝廷。

⑦叱驭句：指因公忘险，奋不顾身。事见《汉书·王尊传》：王尊，汉涿郡高阳（今属河北省）人，字子赣。历任官职。就任益州刺史至邛崃九折阪，知前益州刺史王阳至此畏险不敢前进，问吏曰："此非王阳所畏道邪！"吏对曰："是。"尊叱其驭曰："驱之！王阳为孝子，王尊为忠臣。"参见前苏轼《答吕梁仲屯田》诗注"王尊"注释。

⑧垂堂：堂屋檐下。因檐瓦落下可能伤人，比喻危险的境地。古谚语："千金之子，坐不垂堂。"遽：畏惧。恤：担忧。

⑨庄叟：庄子。

⑩离石：山西地名。山西亦有吕梁洪。《水经注》卷三："其水西流，历于吕梁之山，而为吕梁洪。……司马彪曰：吕梁在离石县西。"这里作者认为庄子描写的吕梁洪在山西。

⑪辟易：退避；惊恐而逃。

⑫隳（huī）：毁坏。

过吕梁洪次韵　　（元末明初）胡　奎

吕梁自从开辟来，中有崩崖转石之惊雷。不知何年鬼斧凿，一水怒触龙门开。故人张帆涉幽险①，月出船头金滟滟②。重瞳③霸气已丘墟，百谷安流会江汉。徐州城外山重重，戏马台上生悲风。古来豪杰俱寂寞，但见水光云影涵冲融④。还酹波神一杯酒，三弄琼箫吹龙友⑤。秋风吹梦过江南，总是离亭折杨柳⑥。芦花霜白雁秪更⑦，天鸡啼罢东方明。棹郎捩舵⑧唱歌去，众中谁解吴歈⑨声。人生壮志在万里，大鹏簸荡东溟水⑩。蓬莱石上有金

鳌⑪,手把丝纶⑫共谁理。(《胡奎诗集》)

胡奎(约1309—1381,一说1335—1409),字虚白,号斗南老人,海宁(今属浙江)人。洪武六年(1373)以儒学征至京师,永乐初征为宁王府教授。有《斗南先生诗集》。今人徐永明有注解点校本《胡奎诗集》。

【注释】

① 幽险:隐蔽的险处。
② 金滟滟:月光照耀下闪动的水波貌。
③ 重瞳:双眸子。这里指项羽,传说项羽为双眸子。
④ 涵冲融:指云影浸沉在闪动的水波中。
⑤ 三弄:有古乐曲《梅花三弄》。琼箫:玉箫,对箫的美称。
⑥ 离亭:即驿亭。古时在城外道旁建亭供人休息或送行告别。宋徐昌图《临江仙》词:"饮散离亭西去,浮生长恨飘蓬。"折杨柳:古乐曲名,其词多伤春惜别之情。
⑦ 雁秖:雁字。群雁飞行时常排成"一"或"人"字形,故称。秖:音 zhī 或 dī。更:经过。
⑧ 棹郎:船夫。捩舵:拨转船舵,指行船。捩(liè):转动。杜甫《清明》诗:"金镫下山红日晚,牙樯捩舵青楼远。"
⑨ 吴歈(yú):吴歌。
⑩ 大鹏:指鲲鹏。《庄子·逍遥游》:"北冥有鱼,其名为鲲。鲲之大不知其几千里也。化而为鸟,其名为鹏。鹏之背,不知其几千里也;怒而飞,其翼若垂天之云。"东溟:东海。
⑪ 蓬莱:指东海中的蓬莱山,神话传说为仙人所居。金鳌:

神话中海里金色巨龟。唐王建《宫词》之一:"蓬莱正殿压金鳌,红日初生碧海涛。"

⑫丝纶:钓丝。宋张先《满庭芳》词:"金钩细,丝纶慢卷,牵动一潭星。"

吕 梁 (元)陈 基

扁舟又向吕梁归,浩荡中流看翠微①。浊浪满河冰乱走,黄云垂地雪交飞。奉身误叱王尊驭②,涉世频沾阮籍衣③。日莫④不须吹短笛,沙鸥犹恐未忘机⑤。(《全元诗》)

陈基(1314—1370),字敬初,临海(今浙江临海)人。历官经延检讨、枢密院都事、浙江行省郎中、学士院学士。有《夷白斋稿》三十五卷,《外集》一卷。

【注释】

①翠微:轻淡青绿的山色。

②王尊驭:详见前胡翰《吕梁洪》诗"叱驭句"注释。

③阮籍:晋陈留尉氏人,字嗣宗,曾任步兵校尉。籍任性放达,不拘礼教,纵酒谈玄,常露头散发,裸袒箕踞。在所著《大人先生传》中,极力讥讽遵循礼教的君子,称"君子之处域内,何异夫虱之处裤中乎!"

④莫:同"暮"。

⑤沙鸥句:忘机,忘却机诈之心。详见前胡助《黄河行》诗

注释。

夜过吕梁 （元）朱 善

驿程①何太急，夜过吕梁洪。开辟愁真宰②，疏通念圣功③。风云连鸟道，星月照龙宫。碣石④知何处，岿然碧海中。（《全元诗》）

朱善（1314—1385），字备万，号一斋。丰城（今属江西）人。入明，洪武初授南昌教授，洪武八年廷对第一，授翰林修撰。官文渊阁大学士。有《朱一斋先生文集》。

【注释】
①驿程：驿道的行程，即路程。
②真宰：指天。天为万物的主宰，故称真宰。《庄子·齐物论》："若有真宰，而特不得其朕。"
③圣功：圣贤之功绩。此指大禹治水疏通河道之功。
④碣石：古代山名，在河北昌黎西北。《书·禹贡》："夹右碣石，入于海。"又"太行、恒山至于碣石，入于海。"

吕梁洪彭越庙① （元）张 宪

黄河东南奔，吕梁屹相向。萧萧彭王庙，凄然据其上。空山藐秋色,衰草蔚长望。荒烟薄残阳,柔橹②破寒浪。彭王古壮士,志节素豪宕③。徒成百战功,不获寸土葬。哀哉虎兕躯④,竟作杯中酱。可怜黄金甲,彩绘泥土像。伫想忠壮魂,阴风几悲怅。忱来不忍去,驻马更凄怆⑤。(《全元诗》)

张宪,生卒年不详,字思廉,号玉笥生。山阴(今绍兴)人。曾为张士诚所招,任太尉府参谋、枢密院都事。元亡后,变姓名,寄食杭州报国寺以殁。有《玉笥集》。

【注释】

①彭越庙:彭越,汉初诸侯王,刘邦夺得天下的功臣,被封为梁王。汉朝建立后,因被告发谋反而被刘邦杀害。明正统《彭城志》:梁王城去城东南六十里,汉高帝封彭越为梁王,因城北以居,其城现存。又:梁王墓去城东南六十里。旧志云:汉封彭越为梁王,既死而葬于此。

②柔橹:轻轻摇橹。

③豪宕:胸怀开阔,有气魄。

④虎兕躯:指身体强壮有力。兕(sì):犀牛。

⑤凄怆(qī chuàng):凄惨悲伤。

夜泊吕梁　(明) 蒋主忠

古木苍苍暝色昏,石梁悬水讶雷奔。凤城此去遥千里,客梦何由到故园。(《慎斋集》)

蒋主忠，生卒年不详。字存恕，仪真人，后迁到句容。一生布衣，未入仕途。为"景泰十才子"之一。有《慎斋集》。

吕梁洪　（明）刘　嵩

飞瀑过双碛①，横梁亘②一洲。时清自失险，石出更安流。客棹依洄洑③，人家带坌丘④。为谁含怨怒，呜咽下邳州。（《槎翁诗集》）

刘嵩（1321—1381），字子高，初名楚，号槎翁，泰和（今江西泰和县）人。元至正十六年（1356）举人，明洪武三年（1370）举经明行修科，授兵部职方司郎中，历官北平按察司副使、礼部侍郎、吏部尚书、国子司业。有《槎翁集》《职方集》等。

【注释】

①碛（qì）：沙石积成的浅滩。

②亘（gèn）：横贯。

③棹（zhào）：船桨，这里用作动词，指划船。洄洑（huífú），湍急盘旋的流水。

④坌丘：小土丘。坌，音bèn。

过鸡鸣台　　（明）刘　嵩

鸡鸣台①下水禽啼，韩信城②边雪满堤。千里行人愁夜半，一船明月过河西。（《槎翁诗集》）

【注释】

①鸡鸣台：即留侯台。位于徐州城东子房山上。传说张良在此作楚歌以散项羽兵，山上有子房祠。清同治《徐州府志·山川考》："城东三里为子房山，一名鸡鸣山。县志云：张良吹箫散兵处。"

②韩信城：在吕梁洪上。详见前揭侯斯《过吕梁宿云梦城下》诗注释。

由邳州入房村①　　（明）刘　嵩

沙薄霜干草不深，萧萧榆柳冷无阴。村园门巷皆鸡犬，比似江南少竹林。

其二

层水②两岸戏龙鳞，先放河心一道春。借问驲船③行得未，南京杨柳待归人。（《槎翁诗集》）

【注释】

①邳州：今江苏邳州。房村：地名，在徐州东南七十里，今

为铜山区房村镇。古时为驿站。冯世雍《吕梁洪志》："南则房村，客舟辏集，居民富庶，亦乐土也。……房村驿在洪南，永乐十三年建。"

②层水：波浪起伏流动的河水。

③驲船：驿站用的车船。以船为主要交通工具的驿站称水驿。驲：音rì，古代驿站专用的车，也指驿马。

吕 梁 在徐州 （明）谢 肃

野旷天低山踊跃，吕梁横截大河奔。涛声动地雷霆震，石状罗崖士马屯。济险有怀扶砥柱①，凌虚无梦入龙门②。长风若与星槎③便，终溯昆仑④万里源。（《密庵集》卷三）

谢肃（1332—1385），字原功，浙江上虞人。元至正末，张士诚据吴，谢肃曾入见献偃兵息民之策。明初，隐于乡里。洪武十九年（1386），通过明经科考试，授福建按察司佥事，后以事下狱死。有《密庵集》十卷。

【注释】

①砥柱：山名，位于河南三门峡以东黄河急流中，形象如柱。因治理河道，山已炸毁。

②龙门：指黄河峡谷中的龙门，位于山西省河津市西北。今称禹门口。

③星槎：往来于天河的木筏。神话传说天河与海相通，汉代

曾有人乘槎到天河，遇见牛郎织女。亦泛指舟船。

④昆仑：山名。《水经注》："昆仑墟在西北，河水出其东北隅。"

双　庙　在吕梁西崖上祀关　（明）谢　肃

山盘河激吕梁崇，遗庙西崖祀两公①。义勇寿亭扶汉社，勋劳鄂国佐唐宗。吴兴兼载丽牲石②，徐土长存治水功。乞我安流上洪去，满帆萧飒更南风。（《密庵集》卷三）

【注释】

①两公：指关羽和尉迟恭。关羽：字云长，河东解县（山西运城）人，封汉寿亭侯。尉迟恭：字敬德，唐代名将，封鄂国公。清乾隆《徐州府志》卷八："关尉神庙，在吕梁洪上，祀汉关侯、唐鄂国公尉迟敬德，元皇庆间建。赵孟𫖯撰碑。"

②吴兴：指赵孟𫖯。参见前郑真《吕梁洪》诗注释。丽牲石：指古代祭祀时系所用牲口的石碑。《礼记·祭义》："祭之日，君牵牲，穆答君，卿大夫序从。既入庙门，丽于碑。"丽：系，拴。丽牲石也借指碑石。

韩信城① （明）谢　肃

淮流浩荡楚原平，叹息英雄不再生。天日可明归汉志，风云犹似下齐兵。千年城郭名空在，百战山河姓几更。还酹将军一杯

酒,黄鹂碧草不胜情。(《密庵集》卷三)

【注释】

①韩信城:亦称云梦城。详见前揭侯斯《过吕梁宿云梦城下》诗注释。

吕梁洪① (明) 郑 真

大河西北来,飞淙相喷薄②。岩崖刀剑攒,神功伟疏凿。舟师③力挽絙,顾步恐前却。夷然脱险艰,呼酒倾醽醁④。中原疆土深,尘沙蔼冥漠⑤。冈峦相经亘,隐隐若城郭。清风何飒然,翩翩下双鹤。

峩峩吕梁山,形胜跨千里。乱石激奔流,纷纷浪花起。眷兹南北冲⑥,舟来纷若蚁。仓皇卜安危,樽俎设牲醴⑦。神灵古名将,盛德百世祀。精诚一念通,惠然锡福祉。共惟吴兴公⑧,卓哉古良史。文章千载传,矢言⑨同此水。(《荥阳外史集》)

郑真(约1332或1322—1383),字千之,号荥阳外史。鄞县(今属浙江)人。洪武五年(1372,一说洪武四年)乡试第一名(解元),次年赴京候选,授临淮县儒学教谕。后改授江西广信府儒学教授。有《荥阳外史集》。

【注释】

①《荥阳外史集·出使录》:"(洪武七年五月)廿九日五更

到房村驿,一百二十里,早饭过吕梁洪,登岸读赵吴兴所著吕梁庙碑,其神盖关羽尉迟敬德云。午后抵徐州,州判黄文博出迓,跨蹇入城,宿察院西房。"

②飞淙:指瀑布。喷薄:汹涌激荡。

③舟师:船家,船工。

④凿落:以镌镂金银为饰的酒盏。

⑤蔼:笼罩。冥漠:隐约,模糊。

⑥眷:回头看,回顾。冲:要道。

⑦樽俎:古代盛酒肉的器皿;樽以盛酒,俎以盛肉。牲醴:指祭祀用的牲畜和甜酒。

⑧吴兴公:指赵孟頫(1254—1322),字子昂,号松雪,松雪道人。吴兴(今浙江湖州)人。赵孟頫为吕梁关尉神庙撰写碑文《吕梁洪关尉神庙碑记》。

⑨矢言:正直之言。《宋书·刘怀肃传》:"情不违顺,屡进矢言。"

吕梁洪 (明)姚广孝

吕梁之险昔耳闻,谁料老来今眼见。岸旁乱石抻狼牙,滩下奔流飞羽箭。百步冲开散烟雾,千夫噪动惊凫雁。连行巨舰若蚁接,众挽长绳驾牛牵。莫将来往等寻常,须信安危争一线。惯经壮士亦神慑,乍见鄙夫宜胆颤。马驰蜀栈未足称,龙透禹门方可羡。此生此险不再逢,过眼流光如掣电。(《逃虚子诗集》)

姚广孝(1335—1418),幼名天僖,法名道衍,字斯道,又字独暗,号独庵老人、逃虚子。长洲(今江苏苏州)人。年轻时在苏州妙智庵出家为僧,精通三教。后为朱棣的主要谋士。成祖继位后,官僧录司左善世、太子少师,被称为"黑衣宰相"。后任《永乐大典》和《明太祖实录》最高编撰官。

过三洪[①]　(明)孙　蕡(fén)

官舟已落三洪口,犹在飞流澒涌[②]间。放棹忽闻过乱石,开窗始觉慰愁颜。云连雪浪瞿塘峡,树隐青泥古剑关[③]。谩有微吟追太白,此身疑谪夜郎还[④]。(《西庵集》卷九)

孙蕡(1338—1393,一说1334—1389),字仲衍,号西庵,广东南海平步(今顺德平步)人。洪武三年(1370)举于乡,被举荐为官。历官工部织染局使、长虹县主簿、翰林典籍、平原主簿、苏州经历。因受党祸牵连被杀。有《西庵集》。

【注释】

①三洪:徐州有百步洪、秦梁洪、吕梁洪三处激流险滩。吕梁有吕梁洪、上洪、下洪。

②澒涌:水势广阔汹涌。澒,音hòng。

③青泥:即青泥岭,在甘肃省徽县南、陕西省略阳县西北。地势险要,悬崖万仞,上多云雨,古为入蜀之要地。李白《蜀道难》:"青泥何盘盘,百步九折萦岩峦。"剑关:剑门关,即今剑门关镇,位于四川剑阁县北部。

④夜郎：古时有夜郎国，后有夜郎郡、县，约在今贵州省境内。李白曾被判罪流放夜郎。

过吕梁　　（明）孙　蕡

　　二月三月寒尚饶，上洪下洪春雪消。奔霆出地星火裂，吼浪落石鼋鼍骄。神官雾底苍水佩，帝子①云中丹凤箫。灵风为我送归棹，故国越海天迢迢。

　　彭城三月风未和，吕梁雪消春水多。浊雾蟠空作飞雨，崩涛薄岸为漩涡。蛟人②珠佩影明灭，龙女金支光荡摩③。故山云物几时见，迁客④此地长经过。（《西庵集》卷九）

【注释】

　　①帝子：泛指仙人。

　　②蛟人：神话传说居于海底的人，同"鲛人"。晋张华《博物志》："南海水有鲛人，水居如鱼，不废织绩，其眼能泣珠。"

　　③龙女：龙王女儿。金支：一种黄金饰品。杜甫《渼陂行》："湘妃汉女出歌舞，金支翠旗光有无。"荡摩：相切摩而变化。元好问《涌金亭示同游诸君》诗："山阳十月未摇落，翠蕤云旌相荡摩。"

　　④迁客：指遭贬斥放逐之人。

吕梁洪　　（明）孙　蕡

　　惊涛触石雪潺潺，五月河风尚作寒。问讯南来荆楚客，官船

几日到淮安。(《西庵集》卷九)

过吕梁洪   (明) 瞿 佑

吕梁天下险,遗迹尚多艰。水出高原上,舟行乱石间。冈峦开峻峡,湍浪蹙长湾①。赖有龙祠②在,安然送度关。(《瞿佑全集校注·乐全诗集》)

瞿佑(1341—1427),字宗吉,号存斋。钱塘(今浙江杭州)人,一说山阳(今江苏淮安)人,历官仁和训导、浙江临安教谕、河南宜阳训导、周王府长史。永乐年间,因作诗获罪,谪戍保安(今河北怀柔一带)十年。后官复原职,于内阁办事。晚年归居故里,专心著述。有《剪灯新话》《香台集》《咏物诗》《乐全稿》《乐府遗音》等。

【注释】

①湍浪:急速的水浪。蹙(cù):收缩、减缩;蹙长湾,湍流将长湾行船时间缩短了,意指水流迅急。

②龙祠:指神龙庙。清道光《铜山县志》:"吕梁洪神庙有二,一在上洪,旧称河平王;明永乐初建,宣德十年知州杨秘重修。一在下洪,旧称神龙;元皇庆年间建,明天顺初重修。"

吕梁洪　（明）唐之淳

　　三月上吕梁，春旱水未驶。水中半白石，错出犬牙锐。其流本闲暇①，急束若有恃②。乍疑云汉③泻，星斗湿流丽④。又疑沧海涛，喷射巨鳌背。轰轰万雷撞，佶佶⑤千兵势。为河作户限⑥，匪⑦一乃再至。上洪急且纡⑧，下洪峻而厉⑨。舟航抵其下，一叶舞云际。跻攀仅分寸，失手寻丈⑩外。累累⑪腰巨絙，牛喘仆夫瘁⑫。已涉未足欢，欲下心反悸。胡然造次顷⑬，号叫乞神惠。遂令愚无知，谄祭及非类⑭。方今幅员广，南北一衣带。梯航⑮极山海，珠玉兼象贝⑯。设官使居守，人畜数十辈。蛟鼍革冥顽⑰，行旅释凝滞。人心既有依，天险不足畏。缅思⑱黄河源，远自昆仑致。万里不能休，朝宗⑲实天意。向非神禹功，后世亦奚赖。到今疏凿处，历历犹可记。河竭功不忘，圣人等天地。（《唐愚士诗》）

　　唐之淳（1350—1401），字愚士，以字行，山阴（今浙江绍兴）人。建文朝官侍读预修书事。工诗文，善笔札。有《怀古集》。

【注释】

　　①闲暇：此指水流平缓。

　　②急束句：指凭借险峻的地形水流变得急湍。冯世雍《吕梁洪志》："洪石森列如巨齿，而水为所束，则惊湍迅波，一瞬数

里,舟逆流而上者则以尺寸计。"

③云汉:银河。

④流丽:流畅而华美。

⑤佶佶(jí jí):形容声势大。

⑥户限:门槛,喻指护河堤。

⑦匪:同"非"。

⑧纡:曲折。

⑨厉:严厉,险恶。

⑩寻丈:泛指八尺到一丈之间的长度。《管子·明法》:"有寻丈之数者,不可差以长短。"寻:古代长度单位,八尺叫一寻。

⑪累累:行列分明貌。此指一条一条的巨絙。

⑫瘁:劳累,疲惫。

⑬胡然:顷刻之间。造次:慌忙,仓促。顷:通"倾",倾斜。

⑭谄祭:媚神的祭祀。非类,指不该被祭祀的鬼神之类。

⑮梯航:梯与船,为登山渡水的工具,即指水陆交通。

⑯象贝:象山出的贝母。

⑰蛟鼍:(jiāo tuó),指水中凶猛的鳄类动物。革冥顽:革除愚昧顽固的东西。

⑱缅思:遥想。

⑲朝宗:比喻小水注入大水,江河流入大海。

吕梁庙[1]　　（明）唐之淳

吕梁庙中何所祠，汉有关侯唐尉迟。二公生世本英特[2]，死亦令人俎豆[3]之。当其二主[4]兴家国，秦王即是刘玄德[5]。寿亭不遇鄂公遇，事在天为岂人力。黄河之流声彻天，二公庙食[6]千万年。不知何年创祠屋，临风为取荒碑读。（《唐愚士诗》）

【注释】

①吕梁庙：见前谢肃《双庙》诗注释。

②英特：才智杰出的人。

③俎豆（zǔ dòu）：俎和豆都是祭祀用的器具，引申为祭祀和崇奉。

④二主：指刘备和李世民。

⑤秦王：指李世民，唐朝建立初期，封秦王。刘玄德，即刘备，字玄德。

⑥庙食：死后立庙，受人奉祀，享受祭飨。

韩信城[1]　　（明）唐之淳

雉堞[2]平来事已休，淡烟芳草一荒丘。蒯生[3]不作忠君计，吕氏[4]方为少主忧。烹犬[5]有时应自喜，缚鸡无力岂长谋。泗河两岸离离[6]石，留与行人系晚舟。（《唐愚士诗》）

【注释】

①韩信城：详见前揭侯斯《过吕梁宿云梦城下》诗注释。

②雉堞：泛指城墙。

③蒯生：即蒯通，汉范阳人，以善辩著名。曾劝韩信叛汉，韩信不用，乃佯狂遁去，混于巫觋中。（事见《史记·淮阴侯列传》）

④吕氏：吕后。韩信趁刘邦在外，计袭吕后、太子，事败露，吕后与相国萧何谋，将韩信斩于长乐宫钟室。（事见《史记·淮阴侯列传》）

⑤烹犬：刘邦用计将韩信抓捕。韩信此时感叹说："果若人言，'狡兔死，良狗亨；高鸟尽，良弓藏；敌国破，谋臣亡。'天下已定，我固当亨。"（见《史记·淮阴侯列传》）

⑥离离：清晰明亮貌。李白《扶风豪士歌》："抚长剑，一扬眉，清水白石何离离。"

射狼曲　（明）唐之淳

甲士重重旗簇簇①，一色晴原春草绿。将军小队出峄阳②，健如飞鹰不可当。马人传令弓人受，骖弓③在前箭在后。士雄马肥弓力强，胆落北山双白狼。吕梁洪边鼓声起，毛血斓斑狼堕水。（《唐愚士诗》）

【注释】

①甲士：披甲的战士，泛指士兵。簇簇：旗帜众多貌。

②峄阳：峄山南面。《禹贡·徐州》"厥贡惟土五色，羽畎夏翟，峄阳孤桐，泗滨浮磬，淮夷玭珠暨鱼"。

③骍弓（xīng gōng）：调和后呈弯状的弓。《诗·小雅·角弓》："骍骍角弓，翩其反矣。"

金龙祠①曲　　（明）唐之淳

金龙祠前春草绿，金龙祠中人簇簇②。上洪人祝上无滩，下洪人祝下平安。龙语不传环珓③喜，牛马轻便舟楫利。龙君绣幡④赤羽旗，龙女朱冠金凤衣。愿龙顺人人不怨，行人归来赛龙愿。（《唐愚士诗》）

【注释】

①金龙祠：即金龙四大王庙。民国《铜山县志》："金龙四大王庙一在北门外堤上，一在河东岸，一在房村。"

②簇簇：此指人多拥挤貌。

③环珓（jiào）：用以占卜的器具。用玉做成蚌壳状，或以竹木制之。两片可分合，掷于地，观其俯仰，以占吉凶。

④绣幡：绣有彩色和花纹的旗子。幡：一种长条形旗帜，亦泛指旗帜。

竹枝词 （黄河所见）　　（明）唐之淳

春来日日起狂风，不分南北与西东。行客怕风兼怕水，几时上得吕梁洪。

金龙王庙在河干①，刲羊②烧酒上杯盘。乞得好风行半月，归来庙下赛衣冠。（《唐愚士诗》）

【注释】

①河干：河边。

②刲羊（kuī yáng）：杀羊。

夜过吕梁　　（明）胡俨

乱石奔流处，扁舟正急操。月斜滩影落，风劲鼓声高。客枕惊残梦，乡心悚怒涛。但令无险阻，来往不辞劳。（《颐庵文选》卷下）

胡俨（1361—1443），字若思，江西南昌人。洪武年间举人，授华亭教谕。历官桐城知县、翰林检讨、左庶子、国子监祭酒等。有《颐庵集》三十卷。

上吕梁洪 （明）胡 俨

乱石穿空叠浪惊，乌犍①百丈上洪轻。扁舟载雨西风急，试问徐州一日程。

细雨斜风拂画船②，船头怪石起苍烟。仰看白浪排空下，始信河流远自天。（《颐庵文选》卷下）

【注释】

①乌犍：水牛，（唐）唐彦谦《越城待旦》诗："清溪白石村村有，五尺乌犍托此生。"亦指阉过的公牛。常泛指耕牛。陆游《独立思故山》诗："青箬买来冲雨钓，乌犍租得及时耕。"

②画船：装饰华美的船。

暮上吕梁洪 （明）王 绂（fú）

黄河从西来，万里走浊浑。吕梁乃故道，势若逸马奔。我来趋王程①，至此日已昏。挽夫②识予意，驾牛乘夜喧。滩回石乱斗，水与船相吞。攀援③一失势，转眼不可存。巨缆虽云牢，怀畏时自扪。须臾际安流，稍觉宁心魂。因之劳其勤，斗米代双樽④。汝劳勿复道，吾侪⑤赖君恩。（《王舍人诗集》卷一）

王　绂（一作芾，又作黻）（1362—1416），字孟端，后以字行。号友石,别号鳌里,又号九龙山人、青城山人。无锡(今江苏无锡)人。永乐初以善画荐,供事文渊阁,拜中书舍人。

【注释】

①趋王程:赶路到京城去。王,指天子,此处指天子所在之地京城。
②挽夫:拉纤的人。
③攀援:此指逆流而上。
④樽:酒器;杯酒。代指酒。
⑤吾侪(wú chái):我辈;我们这类人。

十二月二十四日宿吕梁洪是夕风雪大作赋此以慰岑寂① (明)吴 溥

洪河风雪浩漫天,客里逢春倍惘然。白首为郎过六郡,忧心报国愿千年。醉题诗草仍须改,坐看灯花讵忍眠。料得闺中小儿女,焚香日日卜归船。(《石仓历代诗选》《江西诗征》)

吴溥(1363—1426),字德润,号古厓,江西崇仁县人。建文二年(1400)进士,授翰林院编修。历官翰林院修撰、国子司业、《永乐大典》副总裁。善诗,有《古崖诗集》,选入《石仓历代诗选》。

【注释】

①岑寂:寂静、寂寞,孤独清冷。

过吕梁洪　　(明) 程　通

舟过梁洪信险哉,中流屹若势崔嵬。狂澜震荡翻三级,怒气奔腾鼓万雷。姒禹①施功遗迹在,卢公②有记古碑颓。人间奇险应如此,不特瞿唐滟滪堆③。(《贞白遗稿》)

程通(1364—1403)字彦亨,斋名贞白。安徽绩溪人。洪武二十三年(1390)举人,授辽府纪善,进左长史。有《贞白遗稿》。

【注释】

①姒禹:大禹,姓姒,名禹,为古部落夏后氏的领袖。
②卢公:元代卢挚有《神龙庙记》。见《文类》部分。
③滟滪堆:俗称燕窝石,古代又名犹豫石。位于长江瞿塘峡口,因航运障碍,于1958年冬炸除。

吕梁洪　　(明) 杨士奇

吕梁洪,截流巉岩①立巨石,森若虎豹蹲欹侧②,洪波中射势怒激,鸣声喧豗③万鼓击。自昔疏凿出神力,侧身望之皆辟易,蜀江瞿塘险莫敌,百丈牵船载牛轭④,棹夫操篙捷贯的⑤。君不见北来南去皆安流,未若人心不可测。(《东里诗集》卷一)

杨士奇（1365—1444），名寓，以字行，泰和（今江西吉安县）人。曾做塾师多年，被荐入翰林，充编纂官，修《太祖实录》。历官左中允、左谕德、左春坊大学士、礼部侍郎兼华盖殿大学士。有《东里全集》。

【注释】

①巉岩（chán yán）：高而险的山岩。
②欹侧（qī cè）：倾斜，歪斜。
③喧豗（xuān huī）：指轰响声。
④牛轭（è）：套在牛颈上的曲木。
⑤棹夫：船夫。贯的：原意为射中靶心，这里指从险狭处顺利通过。

吕梁洪　（明）黄　淮

崭崭①乱石矗戈矛，挟束②狂澜撼地浮。疏凿尚存神禹迹，万年不共水东流。（《省愆集》卷下）

黄淮（1366—1449），字宗豫，号介庵，浙江永嘉（现属温州市）人。洪武三十年（1397）进士，授中书舍人。历官翰林院侍读、左庶子兼侍读、右春坊大学士、通政使兼武英殿大学士、少保、户部尚书兼武英殿大学士。有《黄文简公介庵集》。

【注释】

①崭崭（zhǎn zhǎn）：高峻貌。

②挟束：指阻挡、约束（水流）。

吕梁形势　　（明）虞　谦

崩崖乱石如人立，喷壑飞涛作雨声。气接江淮烟树绿，势连齐鲁暮云青。（《玉雪斋诗集》）

虞谦（1366—1427），字伯益，金坛人，历官刑部郎中、杭州知府、大理寺少卿、右副都御史。有《玉雪斋诗集》。

吕梁洪　　（明）叶　聪

西风将客棹①，飞度吕梁洪。地迥云垂野，天低雪满篷。山从丰沛下，水向泗淮②通。疏凿诚非易，怀哉大禹功。（民国《铜山县志》《明诗综》）

叶聪，生卒年不详，字文明，永嘉（今属浙江）人，曾官翰林院编修。有《九斗山人集》，已佚。存诗四首。

【注释】

①棹：划船拨水用的工具。这里用作动词，指划船。

②泗淮：泗水、淮河。

吕梁洪　（明）陈　琏

吕梁天下险，巫峡可并称。伊昔黄河与清泗，合为一水通郡城。才出百丈洪，荡潏①无时停。旋涡回洑几十里，古潭渟滀②秋泓澄。两山夹其中，乱石高峥嵘。不知何年鬼斧凿，中流崀崿③无由平。狂澜泻长鈌，奔迸犹建瓴。珠跳霏霏洒冬雪，震响隐隐疑雷霆。奔流不可遏，势欲穷沧溟。乃知此水神莫测，终日常带鱼龙腥。昨从北京回，扁舟弄清泠。兹晨偶经此，快我览古情。举杯酹青山，放歌濯尘缨。缅思尉迟公④，修理费经营。摩挲赵子碑⑤，感慨岁月更。矧⑥今天子圣，德化溢八纮⑦。雨旸喜时若⑧，海岳俱效灵。龙门三峡已安妥，近岁又报黄河清。吕梁虽云险，孰怀履险惊。何当磨崖⑨颂圣德，上与日月同光晶。（《琴轩集》）

陈琏（1369—1454），广东东莞人，字廷器，别号琴轩。洪武二十三年（1390）举人，历官桂林府教授、国子监助教、四川按察使，南京国子祭酒、南京礼部侍郎。知许州、滁州、扬州。有《琴轩集》《归田稿》。

【注释】

①荡潏（dàng yù）：水涌腾起伏貌。

②渟滀（tíng chù）：水汇聚貌。

③崟崿（ěn è）：水中有棱角的石头。

④尉迟公：唐代名将尉迟敬德。

⑤赵子碑：指元代赵孟頫所书《吕梁洪关尉庙碑记》。

⑥矧（shěn）：况且。

⑦八纮（hóng）：八方极远之地，泛指天下。

⑧雨旸（yáng）：雨天和晴天。时若：四时和顺。白居易《为宰相贺雨表》："则天地气和，风雨时若。"

⑨磨崖：指把文字直接书刻在山崖石壁上。

房村驿 （明）陈 琏

馆舍最清幽，沙头暂舣舟。鸟归烟外树，人上水边楼。白浪长淮雨，黄花九月秋。醉来歌慷慨，此地惯曾游。（《琴轩集》）

吕梁洪 （明）金 实

淮甸①如掌平，千里望绵邈。忽见吕梁山，连延起郭郭②。堤防汶泗流③，尽使归大壑。崩洪神剑断，乱石鬼斧凿。隘处仅容舸④，怒激长喷薄。万缆日牵磨，龃龉类追琢⑤。乃知城门轨，不以两马削⑥。我来当夏初，正值泉脉涸。廉铦攒戟矛⑦，嵚崟⑧露断腭。折行乱涧洑，逆挽凌荦确⑨。齐呼众力相，一唱万口诺。耳咽唇吻燥，目眩心胆落。履危幸无恙，即夷宁不乐。晚入篷底坐，举觞恣欢谑⑩。因之纪长谣，畏途不可数。（《觉非斋文集》）

金实（1371—1439），字用诚，开化（今浙江开化市）人。曾参与修《太祖实录》《永乐大典》，被选为东宫讲官。历官翰林院典籍、左春坊左司直、卫府左长史。为仁宗、宣宗、英宗三代皇帝之师。有《金实文集》。

【注释】

①淮甸：指今淮河下游流域的皖北、苏北一带地区。

②郛郭：屏障。

③汶泗流：汶水（汶河）、泗水。汶水亦在山东境内，流入黄河。

④舠（dāo）：小船。

⑤龃龉（jǔ yǔ）：比喻参差不齐。追琢：雕刻。

⑥城门轨：城门的车辙。这两句的意思是：城门的车辙不仅仅因两匹马的车力就加深。《孟子·尽心下》："城门之轨，两马之力与？"

⑦廉铦（lián xiān）：锋利，此处指锋利的水中石。攒（cuán）：聚集。

⑧谽谺（hān xiā）：山石险峻貌。

⑨凌：逼近。荦确（luò què）：怪石嶙峋。

⑩觞（shāng）：古代酒器。恣（zì）：尽情，纵情。欢谑：欢笑戏谑。

自邳州至洪下一路无浅,风日和畅,因而有作

(明)金 实

清和天气晓融融①,浅处都过隘处通。挨拶②喜于非类远,笑谈乐于故人同。鸥凫自信忘机事③,花柳想看有笑容。分付④舟人齐整缆,顺风牵上吕梁洪。(《觉非斋文集》)

【注释】

①晓融融:明亮的样子。
②挨拶(āi zā):人聚集、结合,形容人群拥挤。
③忘机事:见胡助《黄河行》诗注释。
④分付:同"吩咐"。唐方干《尚书新创敌楼》诗之二:"直须分付丹青手,画出旌幢绕谪仙。"

赋得吕梁洪送郭佥宪公绪①还贵州 (明)余学夔

何年疏凿辟长洪,汴泗交流注此中。石峻每疑天设险,浪高应是地生雄。喜临戏马犹瞻北,舟过房村却望东。按节黔南归路远,停桡暂洗五花骢。(《北轩集》)

余学夔(1372—1444),字一夔,号北轩,江西泰和县人。永乐二年(1404)进士,授庶吉士,官翰林检讨、侍讲学士,预

修《永乐大典》为副总裁。有《北轩集》。

【注释】

①郭公绪：江西泰和县人，永乐十年（1412）进士。历官陕西、浙江、贵州佥事。佥宪，为佥都御史的美称。

吕梁洪① （明）曾棨

洪流昔怀襄②，区域信茫昧③。斯民靡宁居④，婴此昏垫害⑤。神哉夏先后⑥，敷理乘四载。吕梁塞其冲，滔天亦横溃。巨灵⑦劈山骨，地轴为之碎。两岸束惊湍，咫尺亦何隘。怒霆斗铿訇⑧，飞瀑泻澎湃。沛然⑨向东注，下与百川会。造化有设险，惟此乃其最。扁舟溯奔流，涉历今已再。水师身手捷，径渡良足快。缅怀胼胝劳⑩，遗迹远犹在。伟哉疏凿功，万世终永赖。（《西墅集》卷六）

曾棨（1372—1432），字子棨，永丰（今江西永丰县）人。永乐二年（1404）进士，授翰林修撰。历官侍讲、侍读学士、左春坊大学士、詹事府少詹事。有《西墅集》《巢睫集》。

【注释】

①本诗依《西墅集》，州县志本题为"百步洪"，字句增减各有差异。

②怀襄："怀山襄陵"的简称。怀：包围；襄：上升至高处；

陵：大土山。大水包围山岳，漫过丘陵。形容水势大。《史记·夏本纪》："当帝尧之时，鸿水滔天，浩浩怀山襄陵，下民其忧。"

③茫昧：幽暗不明，暗无天日。

④斯民：指这些遭受水灾的百姓。靡宁居：逃散而无安定的住所。

⑤婴：遭受。昏垫：深陷洪水之中，迷惘无所适从。

⑥这几句指夏禹治水情况。《史记·夏本纪》："禹伤先人父鲧功之不成受诛，乃劳身焦思，居外十三年，过家门不敢入……陆行乘车，水行乘船，泥行乘撬，山行乘檋（jú）。左准绳，右规矩，载四时，以开九州，通九道，陂九泽，度九山。"

⑦巨灵：古代神话中擘开华山的河神。干宝《搜神记》：二华之山，本一山也，当河，河水过之而曲行；河神巨灵，以手擘开其上，以足蹈离其下，中分为两，以利河流。

⑧怒霆：指瀑布湍流相击发出巨大的声响。铿訇（kēng hōng）：形容声音洪亮。

⑨沛然：水流盛大貌。

⑩胼胝（pián zhī）：因辛苦劳动而手掌脚底磨出了趼子。

吕梁洪　　（明）李时勉

岸欹欲合连津石①，水激遥翻倒海波。淳朴独怜民俗在，凿疏漫说禹功多。（明嘉靖《徐州志》卷四）

李时勉（1374—1450），名懋，以字行，号古廉，安福（江西吉安安福）人。永乐二年（1404）进士，选庶吉士，进学文渊阁，参与修《太祖实录》。历官刑部主事、翰林侍读学士、祭酒。有《古廉集》。

【注释】

①攲（qī）：倾斜。津石：渡口的石头。

归次①吕梁洪　　（明）李　祯

吕梁洪水激冲波，桂楫兰桡②此处多。去日少年归日老，人生能得几回过。（《运甓漫稿》卷六）

李祯（1376—1452），字昌祺，一字维卿，以字行世，号侨庵、白衣山人、运甓居士，庐陵（今江西吉安）人。永乐二年（1404，一说元年）进士，选翰林院庶吉士，曾参与修撰《永乐大典》。历官礼部郎中、广西布政使、河南布政使。有《运甓漫稿》《容膝轩草》《侨庵诗余》《剪灯余话》。

【注释】

①次：临时住宿。
②桂楫兰桡（ráo）：形容船漂亮名贵。楫和桡皆指划船的桨，此处代指船只。

夜过吕梁洪　　（明）王　洪

大河西来走长洪,建水①直下青云中。巨石扼之势转雄,惊雷喷雪入半空。跳波倒射天回风,剑戟下拥河伯②宫。怪灵百出鳌与虫,睢盱崄巇不可冲③。一发失手没汝踪,蹇④予挂席来自东。修绳掣空亘长虹,忽若快鹘⑤凌高峰。俯弄皓月纷玲珑,放歌落水惊鱼龙。余响杳逐南飞鸿,人生沿洄⑥不可穷。昔雄其谁楚重瞳,衹今断石霜飞蓬。便须一饮三百钟,醉看斗杓⑦卧孤篷,回首海日光曈昽⑧。（《毅斋集》卷四）

王洪（1380—1420）,字希范,钱塘（今杭州）人,洪武三十年（1397）进士,初授行人,寻擢吏科给事中。成祖时以荐入翰林检讨。历官修撰、侍讲、永乐大典副总裁官。闽中十才子之一。有《毅斋诗文集》。

【注释】

①建水：顺流而下。

②河伯：河神。

③睢盱（suī xū）：仰视貌。崄巇（xiǎn xī）：险峻崎岖。

④蹇（jiǎn）：语助词。

⑤快鹘（gǔ）：敏捷的鸷鸟。鹘,一种猛禽。

⑥沿洄：沿,顺流而下；洄,逆流而上。这里沿洄喻人的进退祸福。

⑦斗杓（biāo）：即北斗柄。北斗七星，四星像斗，三星像杓。杓，即柄。

⑧曈昽（tóng lóng）：日初出渐明貌。

月夜上吕梁洪　（明）陈　循

正值舟行俭①，宵分②未敢眠。歌声洪下起，缆影月中牵。峭石阴藏剑，飞涛乱入舡③。何时逢坦易，行李④得安然。（《芳洲诗集》卷四）

陈　循（1385—1464），字德遵，号芳洲，太和（今江西太和县）人。永乐十三年（1415）进士，授翰林修撰。历官户部右侍郎、户部尚书、太子少保、文渊阁及华盖殿大学士等。有《芳洲集》。

【注释】

①舟行俭：舟行水路狭窄。

②宵分：夜半。

③舡（xiāng，又 chuán）：同"船"。

④行李：出行，往来。

吕梁洪　（明）孙　瑀

驿程经涉吕梁洪，疏凿犹怀大禹功。水手惯扶舟上下，官牛

力挽路西东。奔湍触石雷声振,绝岸依山地势雄。欲假巨灵平此险,任渠来往一帆风。(《岁寒集下》)

孙瑀(约1388—1474),字原贞,江西德兴人。永乐十三年(1415)进士,授礼部主事,历官郎中、河南右参政、浙江布政使、兵部左侍郎、兵部尚书。卒时83岁。有《岁寒集》。

夜上吕梁洪　　(明) 薛　瑄

水村夜寥寥①,秋月流空白②。牵舟上吕梁,逆浪涌寒雪。愧彼役夫劳,当此滩水涩③。忆我四方游,江湖饱涉越④。祗召(亦作诏)⑤复兹行,恩重知才劣。矢心复何如,长洪石如铁。(《敬轩文集》卷五)

薛瑄(1389—1464),字德温,河津(今山西河津县)人。永乐十九年(1421)进士,授御史。历官大理寺少卿、礼部右侍郎兼翰林学士。有《敬轩文集》《薛文清全集》。

【注释】

①寥寥:空旷寂静。

②空白:天空。

③涩:水行不畅。

④涉越:到处奔波。

⑤祗(zhī):敬辞,表示恭敬。召:召唤。诏:皇帝的命令。

二字在这里意思都可以。

吕梁洪　（明）薛　瑄

长洪几折奔流急,乱石两崖还叠重。被发行游浑不见①,往来舟楫自匆匆。(《敬轩文集》卷五)

【注释】
①被发行游:出自《庄子·达生》"被发行歌而游于塘下"之句。

房村霜树　（明）陈　桱

房村山绕吕梁洪,驿树迎霜望渐空。浓翠不遮僧寺月,疏枝犹拂酒旗风。叶飞片片长河上,影落萧萧夕照中。到此推篷吟眺久,遥知宋玉赋偏工。(《石仓历代诗选》)

陈桱(1394—1440),字叔刚,号纲斋,闽县(今属福建省)人。永乐十九年(1421)进士,历官监察御史、经筵讲官、侍读。

夜泊吕梁闻滩声 　　（明）吴　节

薄暮响淙淙，通宵迥不同。自天来万马，入地撼群龙。势急排山雨，声号倒岸风。晨星问渔父，云是吕梁洪。(《吴竹坡先生诗集》)

吴节（1397—1481），字兴俭，号竹坡，安福（今江西安福县）人。宣德五年（1430）进士，授编修，历官侍讲、南京国子监祭酒，太常寺卿兼侍读学士。有《吴竹坡文集》。

上吕梁洪与同官刘安止连句 　　（明）吴　节

吕梁真天险，厥初难具说。曾闻太古初，有龙作妖孽。堑山堙水洪，据此立巢穴。磨牙张利吻，取物恣饕餮[①]。上感天地怒，奋起运宝玦[②]。敕召六丁神[③]，仗剑尽诛戮[④]。化为川石梗，终古流觥觫[⑤]。或为象吐牙，或犹马骙駃[⑥]。或雄如蹲虎，或锐如跛鳖。或髞角峥嵘，或犹齿齚齧。或班如抽笋，或黑如屈铁[⑦]。万状不可名，一一皆诡谲。自从三皇来，疏凿劳圣哲。去其尤剿魁[⑧]，余者咸琐屑。岂期千载后，又复生巑岏[⑨]。来帆与去柂[⑩]，至此畏据拮。回漩生浪花，撞击起涛雪。片时罢樅中，乃有千万折。既资神明扶，亦藉牛马拽。绳缏失坚牢，窗艣[⑪]尽倾裂。我初上神京，见此即叶舌[⑫]。彷徨心匪宁，遇食随哽咽。潜从确硞[⑬]

行,时以双眼瞥。但愿此心存,焉用镪与铩⑭。欣然得涯岸,如获脱鬼国。侧闻先达云,遇险须戒切。升高恐颠踬⑮,泛远防覆溺。蹇⑯予历仕途,流浪逐南北。于今三十载,几度走蹩躠⑰。兹辰又重经,蓬鬓已萧瑟。此行拟陈词,乞身养愚拙。天恩倘休放,便取巾车⑱拭。归为山泽癯⑲,永断江湖迹。(《吴竹坡先生诗集》)

【注释】

①饕餮(tāo tiè):一种凶恶贪食的野兽。比喻贪婪、好吃之徒。

②宝玦:玦(jué)为半环形有缺口的佩玉,古代常用以赠人表示决绝。宝玦在这里指镇压、制服妖物的工具。

③六丁神:指道教中的六丁(丁卯、丁巳、丁未、丁酉、丁亥、丁丑)阴神,为天帝所役使。

④诛臧:诛杀妖物。

⑤脆卼(niè wù):不安定。

⑥騠駃(tí jué):良马名。

⑦屈铁:突出的铁块。

⑧屴崱(lì zè):形容山峰或岩石高耸突出。

⑨巀嶪(jié yè):高耸貌。

⑩柁(duò):古同"舵"。

⑪窗䑳(zhā):窗的上檐。

⑫吐舌:因惊惧而缩舌。

⑬确硌(què gè):此指坚硬凸出的石头。

⑭镪(qiǎng):钱币。铩(lüè):古代重量单位,合旧制六

又三分之二两。这里锱、铢都指钱币。

⑮颠踬（diān zhì）：倒仆；下跌。

⑯蹇（jiǎn）：困苦；不顺。

⑰蟞蟀（bié xiè 又 bié sǎ）：尽心用力貌。

⑱巾车：指有帷幕的车子。

⑲山泽癯（qú）：居住山泽之间而变得清瘦。宋刘敞《哭艺堂汤先生》："深衣褒带山泽癯，经史百家罗府库。"

过吕梁洪　　（明）刘　溥

半空悬溜隔云开，十里春雪动地来。两岸石头皆无色，不知谁是补天材。（《草窗集》）

刘溥，生卒年不详，约1436年前后在世。字原博，一作元博，号草窗，长洲（今江苏苏州）人。明代太医，工诗。有《草窗集》。为"景泰十才子"之一。

吕梁洪遇风　　（明）李　贤

客程过吕梁，大风折桅子①。洪涛冲舟横，一命轻如纸。牵攀泊崖下，相顾战而泚②。人生百年间，出处不相似。老樗③卧空山，流槎行万里。劳逸何不同，分固当如此。展席坐篷窗，须臾风亦止。（《古穰文集》）

李贤(1408—1467),字原德,邓州(今河南邓县)人。宣德八年(1433)进士。历官兵部右侍郎、户部右侍郎、吏部侍郎、吏部尚书,翰林学士、入直文渊阁、少保、华盖殿大学士、知经筵事。奉敕编《明一统志》。有《古穰集》。

【注释】

①桅子:桅杆。

②泚(cǐ):出汗。

③樗(chū):臭椿。

吕梁洪　(明)黎　淳

天地设险阻,石林森剑峰。越昔匪凭神禹智①,谁其修治令疏通。胼胝手足谅有据,玉石简牒②谁能穷。圣泽咸言万世赖,乃今无庙酬勋庸③。我生千载下,慨古伤前功。载观齐楚霸,一扩云梦胸。清风偃波④引双棹,长天杳渺飞晴鸿。(明嘉靖《徐州志》卷四)

黎淳(1423—1492),字太朴,号朴庵。华容(今湖南省华容县)人。天顺元年(1457)进士,授翰林院修撰。历官左庶子、少詹事、吏部左侍郎、南京工部尚书、礼部尚书等。曾参与修撰《大明一统志》。有《龙峰集》《明试录》《黎文僖公集》等。

【注释】

①越昔：跨越过去；远古。

②玉石简牒：此指记录历史的碑刻、书籍等。

③勋庸：功勋。

④偃波：平静的波浪。

吕梁观澜送张副郎　　（明）谢一夔

吕梁疏凿势峥嵘，骇浪奔湍吼怒鲸。峭石江心排剑戟，狂风眼底碎瑶琼。萦纡好是回波浪，震荡时惊拔树声。君去推蓬应有感，不妨于此濯尘缨。（《谢文庄集》）

谢一夔（1425—1488），字大韶，号约斋，江西安义县人。天顺四年（1460）进士，授翰林修撰。历官左春坊左谕德、翰林学士、礼部右侍郎、工部尚书。有《谢文庄集》。

过吕梁　　（明）谢士元

扁舟泛泛过房村，滚滚河流势欲奔。疏凿尚传神禹绩，往来偏荷圣君恩。上洪舟楫牛牵缆，卖酒人家瓦作樽。才具济川俄顷事[①]，晚来沉醉傲诗魂。（《咏古诗集》）

谢士元（1425—1494），字仲仁，号约庵，晚更号拙庵。长乐（今属福建）人。景泰五年（1454）进士，授户部主事。历官建昌知府、广信知府、四川右参政、右布政使、右副都御史。有《咏古诗集》。

【注释】

①济川：渡河。喻辅佐帝王。《书·说命上》："爰立作相，王置诸其左右。命之曰：'朝夕纳诲，以辅台德。若金，用汝作砺；若济巨川，用汝作舟楫。'"俄顷：片刻，短时间。

吕梁洪　（明）文　洪

经旬病体怕支风①，兀坐②蓬窗若梦中。慌忽③耳边奔万马，扁舟横渡吕梁洪。（《文涞水诗》）

文洪（1426—1479），字功大，号希素，长洲（今苏州）人。成化八年（1472）举人，官涞水县教谕。有《括囊诗稿》《文涞水文集》。

【注释】

①支风：被风吹。

②兀坐：独自端坐。

③慌忽：同"恍惚"。

过吕梁　（明）吴　宽

力尽千艘势若倾，隐然门限①入彭城。汉封岱岳②分来脉，禹凿梁山拟旧名③。高岸茅茨④民舍隐，绕滩风雨客心惊。平生亦爱王阳语⑤，壮岁难辞险处行。（《家藏集》卷六）

吴宽（1435—1504），字原博，号匏庵，长洲（今江苏苏州）人。成化八年（1472）进士，授修撰。历官左庶子、少詹事、吏部侍郎、礼部尚书。有《匏庵集》《家藏集》。

【注释】

①门限：门槛。此指吕梁洪地势险要，如进入徐州的门槛。

②汉封岱岳：指汉代皇帝到泰山封禅（祭拜天地）。岱岳：泰山的别称。来脉：来龙去脉，指山的走势和去向。

③禹凿句：指徐州吕梁之名是比拟山西的吕梁洪而来。参见胡翰《吕梁洪》诗注释。

④茅茨：茅屋，简陋的房屋。

⑤王阳语：详见前胡翰《吕梁洪》诗"叱驭句"注释。

徐州吕梁洪　（明）张　泰

巨灵①劈断大山根，一派洪流浩劫存。万虎啸风摇动轴，六

龙驱雨过雷门。冯夷②窟宅愁波漏,水帝銮舆向海奔。人力易穷天险在,英雄回首合销魂。(《沧州诗集》)

张泰(1436—1480),字亨父,号沧州。太仓(今属苏州)人。天顺八年(1464)进士,授检讨,迁修撰。有《沧州集》。

【注释】
①巨灵:见前曾棨《吕梁洪》诗注释。
②冯夷:即河伯,神话中的黄河水神。

房村将至吕梁用前韵　　(明)庄 昶

漭泱①无穷放此怀,人间着处②有高台。病随山水还欹枕,老愧风花又过淮。几句自家真意思,满船书册古尘埃。云山圈出洪头路,一幅分明太极③开。(《庄定山集》卷五)

庄昶(1437—1499),字孔旸,号木斋,晚号活水翁,学者称定山先生。江浦孝义(今南京浦口)人。成化二年(1466)进士,改庶吉士,后授翰林院检讨。因忤逆朝廷被贬桂阳州判官,寻改南京行人司副。归隐定山二十余年,弘治间,起为南京吏部郎中。有《庄定山集》。

【注释】
①漭泱(mǎng yāng):形容水广阔无际。

②着处：到处，随处。
③太极：指云和山组成如太极图一样的景色。

下吕梁洪　（明）林　光

闪闪奔流一线斜，横波沈石乱如牙。凭谁寄语操舟子，出入艰危莫浪夸。电走星驰亦骇人，点篙移柁捷如神。细看水手争长技，坐我安流自在身。（《南川冰蘖集》）

林光（1439—1519），字缉熙，号南川，晚年更号南翁。广东东莞人，成化元年（1465）举人。历官平湖教谕、兖州府儒学教授、严州府儒学教授、国子监博士、襄府左长史。有《晦翁学验》（今佚）、《南川冰蘖集》。

吕梁道中　（明）林　光

淮酒腾腾欺量浅，肩舆①忽忽入冬深。聊将此日冲寒意，偿却平生愿仕心。桑枣人间频数九，轮蹄风土浪披襟。丈夫知遇非容易，懒向行边出素琴②。（《南川冰蘖集》）

【注释】
①肩舆：由人抬着走的代步工具。
②素琴：不加装饰的琴。《礼记·丧服四制》："祥之日，鼓

素琴,告民有终也,以节制者也。"《晋书·陶潜传》:"性不解音声,而畜素琴一张,弦徽不具,每朋酒之会,则抚而和之,曰:但识琴中趣,何劳弦上声!"

过吕梁洪遇管洪王主事 (明)程敏政

山形四面合,水道一支通。乱石东西岸,惊涛上下洪①。懋迁②充国用,疏凿仰神功。使馆劳晨爨③,征帆快午风。(《篁墩集》)

程敏政(1446—1499),字克勤,南直隶徽州府(今安徽黄山市)人,后居歙县篁墩,时人称为程篁墩。成化二年(1466)进士,授编修。历官少詹事兼侍读学士、礼部右侍郎。能诗文。有《篁墩集》。

【注释】

①上下洪:即上洪和下洪。

②懋迁:贸易。懋,通"贸"。《书·益稷》:"懋迁有无化居。"

③使馆:提供官员旅途食宿的房舍。晨爨(cuàn):早晨烧火做饭,亦指早餐。

徐州洪① （明）李东阳

山根槎牙②石插水，蹲螭③斗虎隆隆起。胥涛鲸浪④中崔巍，百步九折势不回。欸⑤如万马乘风来，奔雷跛电逐恍惚⑥，夸父⑦不得相追陪。是时旱涸尚如此，何况泛溢凌空颓⑧。州中徐人作齐语⑨，指画喧呼若风雨。一夫麾旗百人拒，瞬息风帆不知处。南人欢笑北人惧，予亦为之发双竖。吁嗟⑩此险天下雄，形势怪诡⑪谁能穷。长流淤浊不盈丈，岂有神物藏其中。但见巨石如蟠龙，大书刻自东坡翁⑫。笔力险绝如此洪，似觉造化争奇工。我生好古来幸早，三月水落波涛空。复闻百里有吕梁，洪波巨石相昂藏⑬。世间夷险⑭无定所，此地何独非康庄。人生一身须周防，百年行止思垂堂⑮；岂不愧彼千金郎，呜呼！岂不愧彼千金郎。

李东阳（1447—1516），字宾之，号西涯，茶陵（今湖南茶陵县）人。天顺八年（1464）进士，选庶吉士，授编修。历官太常少卿、太子少保、礼部尚书兼文渊阁大学士、少傅加太子太傅等。有《怀麓堂集》。

【注释】

①徐州洪：即百步洪。

②槎牙：错杂不齐貌。

③螭（chī）：传说中的一种无角龙。

④胥涛鲸浪：指汹涌的浪涛。传说春秋时伍子胥为吴王所

杀，尸投浙江，成为涛神，后人因称浙江潮为"胥涛"。也泛指巨大的浪涛。鲸浪：巨浪。

⑤欻（xū）：迅速。

⑥奔雷跋电：雷声滚滚，电光闪耀。恍惚：迷离，难以捉摸。

⑦夸父：古代神话中的人物，善于奔跑。

⑧凌空颓：指水浪冲到高空又崩落下来。

⑨齐语：齐国语。徐州古时属楚国。此二句出自"楚人学齐语"典故。《孟子·滕文公下》："孟子谓戴不胜曰：……'有楚大夫于此，欲其子之齐语也，则使齐人傅诸？使楚人傅诸？'曰'使齐人傅之。'曰'一齐人傅之，众楚人咻之，虽日挞而求其齐也，不可得矣。"咻：喧哗。

⑩吁嗟（xū jiē）：表示感叹。

⑪怪诡：奇异多变。

⑫大书句：指苏轼书石刻"郡守苏轼山人张天骥诗僧道潜月中游"。

⑬昂藏：指山水险峻。

⑭夷险：平坦险恶。

⑮垂堂：见前胡翰《吕梁洪》诗注释。

吕梁洪二十韵① （明）李东阳

吕梁天下奇，涛石动森硙②。槎牙引微路，镗鞳③堕深响。周回百里间，大地无寸壤。天开与鬼凿，兹事真惚恍。江淮实襟带，幽蓟乃喉吭④。人云百步险，此地兼倍两。冬干苦焦涸⑤，夏潦愁泱瀁⑥。凭高瞥而下，跬步⑦不得上。光阴在瞬息，性命寄篙桨。驰驱费千夫，雇直縻万镪⑧。北人骇奔湃⑨，欲语舌已强⑩。宁甘车马劳，未倦风尘⑪想。南人惯舟楫，触险生技痒⑫。置身当中流，舟与水争长。吾生好奇胜，寓目堪一赏。心神昼轩豁⑬，毛骨秋飒爽⑭。远游向湘汉，旧路说畴囊⑮。朅⑯从南郡来，王事分鞅掌⑰。平生忠信心，利涉⑱随所往。高歌溯天风，壮志方慨慷。

【注释】

①（《怀麓堂集》卷九十三）州县志版与怀麓堂集版语句差别较大，此据怀麓堂集版。

②森硠（chuǎng）：频繁的摩擦撞击。

③镗鞳（tāng tà）：拟声词，指钟鼓声。苏轼《石钟山记》："窾坎镗鞳之声。"

④幽蓟：幽州、蓟州。喉吭：咽喉，比喻形势险要之地。

⑤焦涸：特别干枯。

⑥潦（lǎo）：大雨。泱瀁：同㳌瀁，水势浩大貌。

⑦跬步：半步。跬，音kuǐ。

⑧雇直：雇佣人的费用、代价。縻：耗费。

⑨奔湃：奔腾的波浪。

⑩舌已强：舌头已经僵硬，说不出话，形容十分惊惧。强（jiàng）：僵硬，不柔和。

⑪风尘：比喻旅途的艰辛劳累。

⑫技痒：擅长某种技艺，急欲表现。

⑬轩豁：开朗。

⑭飒爽：精神焕发。杜甫《画鹘行》："高堂见生鹘，飒爽动秋骨。"

⑮畴囊：以往，从前。

⑯朅（hé）：何。通"曷"。

⑰王事：王命令差遣的公事。鞅掌：烦劳、忙碌。

⑱利涉：顺利渡河。杜甫《八哀诗·故司徒李公光弼》："扶颠永萧条，未济失利涉。"

吕梁阻风奉怀洪都宪①年兄　（明）谢　迁

望中云树两驰情，风雨连朝阻客程。使介远烦都宪节，交期不负岁寒盟。吕梁自昔开天险，禹贡②如今赖地平。明日相逢成一笑，波涛过眼未须惊。（《归田稿》）

谢迁（1449—1528），字于乔，号木斋，浙江余姚县人。成化十一年（1475）进士，授修撰，历官左庶子、少詹事兼侍讲学士、太子少保、兵部尚书兼东阁大学士、礼部尚书兼武英殿大学士、户部尚书等。有《归田稿》《湖山唱和诗》。

【注释】

①都宪：都察院、都御史的别称。

②禹贡：禹贡是《尚书》中的一篇，记述各地山川、地形、土壤、物产等情况。

吕梁口号 （明）张 吉

缊袍①立断石梁阴，一水滔滔亘古今。澒洞大声轰地籁②，悠扬流沫荡人心。诗听伯子③声声乐，路觅宣尼④寸寸金。岂是腐儒崖堑少，孤琴随处得知音。（《古城集》）

张吉（1451—1518），字克修，号翼斋，又号默庵、怡窝，晚号古城。江西余干人。成化十七年（1481）进士，授工部主事。历官景东通判、广东肇庆同知、梧州知府、河南参政、广西参政、贵州左布政使。有《古城集》。

【注释】

①缊袍（yùn páo）：以乱麻为絮的袍子。古时为贫者所服。

②澒洞（hòng dòng）：水势汹涌。苏轼《庐山二胜·栖贤三峡桥》诗："空蒙烟霭间，澒洞金石奏。"地籁：指风吹各种空窍所发出的声音。《庄子·齐物论》："子游曰：'地籁则众窍是已'。"

③伯子：即伯牙，古代善弹琴者。

④宣尼：即孔子。西汉平帝元始元年（1）追谥孔子为褒成宣尼公，后因称孔子为宣尼。

吕梁洪　（明）夏鍭

我来游侠窟，水陆二千上。岂无渺小涛，局蹙①无气象。约束尚由人，安能更跌宕。砰磅②置食时，转首已吞丧。前行叹徐方，一水极高壮。鹊河③几时顷，鳌轴④几时抗。无乃偶支离，水石不想让。风雷损威疾，鱼鸟失方向。连山久踟蹰，云日互惆怅。悬舻发穹落⑤，祷险脱半饷。止顺费长牵，赞逆⑥累寸榜。浮枯折万篙，沉断口百丈。神鬼谢无功，乾坤结不放。窥管得雄观，濯足一超旷。（《夏赤城先生文集》卷五）

夏鍭（1455—1537），字德树，晚号赤城。天台（今浙江天台）人。成化二十三年（1487）进士，弘治四年（1491）赴阙受教职。因得罪宦官被下狱治罪，后称病还乡。孝宗时被诏入京，官南京大理寺评事。晚年还乡家居。有《赤城集》。

【注释】

①局蹙：局促。

②砰磅（pēng bàng）：形容水流激荡声。清钱谦益《游黄山记》之二："喷薄巨石，水声砰磅。"

③鹊河：银河。民间传说天上织女七夕渡银河与牛郎相会，喜鹊填河成桥，故称。

④鳌轴：指大龟的腿。神话传说古时天塌地陷，洪水泛滥成灾，女娲便炼出五色石补青天，斩大龟的四腿以为顶天柱，使洪

水得到治理。《淮南子·览冥训》:"女蜗炼五色石以补苍天,断鳌足以立四极。"

⑤舻(lú):船。穹落:天空,高空。

⑥赞逆:帮助逆水而行。榜(bàng),船桨,代指船,亦指划船。

宿吕梁有感　(明)储　巏(quán)

赤日夤缘①宿吕梁,黄茅转盼失前冈。百年身世如秦赘②,一发功名愧楚狂③。投老④计应吾土好,怀人情与暮云长。梦回多少关心处,清镜朝来有鬓霜。(《柴墟文集》卷五)

储巏(1457—1513),字静夫,号柴墟,泰州(今江苏泰州)人。成化二十年(1484)进士,授南京考功主事。历官郎中、太仆少卿、左佥都御史、户部侍郎等。有《柴墟集》《駧野集》。

【注释】

①夤缘(yín yuán):攀缘上行。

②秦赘:赘婿。《汉书·贾谊传》:"故秦人家富子壮则出分,家贫子壮则出赘。"后因称赘婿为"秦赘"。

③一发:比喻极微小、极微茫。楚狂:楚人,姓陆名通,字接舆。昭王时,政令无常,乃披发佯狂不仕,时人谓之楚狂。后用为狂士的通称。《论语·微子》:"楚狂接舆歌而过孔子曰:'凤兮凤兮!何德之衰?往者不可谏,来者犹可追。已而,已而!今

之从政者殆而!'"杜甫《遣闷》:"倚着如秦赘,过逢类楚狂。"

④投老:到老,临老。

吕梁观水　　(明) 顾　清

奔流形道体,绝壁见神功。去去吾休也,危途一梦中。(《东江家藏集》)

顾清(1460—1528),字士廉,江南华亭人,弘治六年(1493)进士,授编修。历官南京兵部员外郎、礼部员外郎、南京礼部尚书。有《东江家藏集》。

黄家闸搁浅寄吕梁刘水部天祺　　(明) 顾　清

吕梁天下险,我行今已三。旱气烁汴泗,上源日以廉[1]。悬流飞沫不复旧,但见两涯乱石熊虎交巉岩。水衡使者[2]今刘彝,人力到处天工回。漕纲万艘连夜发,谈笑对客仍尊罍[3]。官居花竹尤清艳,别后梦魂犹仿佛。北河连夕空系舟,悔不为君三日留。(《东江家藏集》)

【注释】

①廉:少。苏轼《与李方叔书》:"深愿足下为礼义君子,不愿足下丰于才而廉于德也。"

②水衡使者：指掌管水利的官员。刘彝（1017—1086）字执中，今福建长乐县人。北宋著名水利专家。

③尊罍（zūn léi）：泛指酒器。

吕梁行　（明）祝允明

吕梁悬水三十仞，于今汹涌乃安流。禹平水土通九州①，当此徐兖间②，罔水③破山始行舟。仲尼逢至人④，其言载庄周。尔来二千年，高者乃夷衡者揪⑤。鱼虾鱼鳖不可过，飞鸟临之回翔不能留。嗟尔东西南北之人，胡为此中游。到京忘家，归家忘京，不知此险死生隔。其中为心喉⑥，痛人皆化为至夫⑦，吁嗟呼！孔庄之叹空悠悠。（《怀星堂集》）

祝允明（1460—1526），字希哲，长洲（今江苏苏州）人。因天生右手多一骈指，故自号枝山，又号枝指生。弘治五年（1492）中举，此后屡试不第。曾官惠州兴宁知县、应天府通判。精书画，有《怀星堂集》。

【注释】

①九州：泛指全中国。详见前胡助《黄河行》诗注释。

②徐兖：指古徐州和兖州。

③罔水：无水。《尚书·益稷》："罔昼夜额额，罔水行舟。朋淫于家，用殄厥世。"

④仲尼二句：见《庄子·达生》所述"孔子观于吕梁"事。

⑤夷：平坦。衡，通"横"，指阻挡。揪：意指除掉。
⑥心喉：喻要害之地，关键之处。
⑦痡人：疲劳不堪者。痡，音 pū。至夫：至人。

吕梁滩声　（明）张　旭

双溪南会一高洪，洪上湍声下半空。背水三军挝战鼓，入林万木撼秋风。中华天地原无异，神禹山陵大有□。明日不须桃浪暖，风雷一夜起蟠龙。（《梅岩小稿》卷九）

张旭，生卒年不详，约 1487 前后在世。字廷曙，号阳堂主人，休宁（今安徽休宁）人，成化十年（1474）举人，历官孝丰、伊阳、高明三县知县。有《梅岩小稿》。

吕　梁　（明）张　旭

仿佛当年凿五丁，试磨苔藓看碑铭。若非神禹排淮泗，应使彭城一洞庭。水势远通千里绿，山形高失数峰青。雷声震地随波下，醉似山翁亦唤醒。（《梅岩小稿》卷十一）

夜泊吕梁 （明）王 缜

吕梁天下险,舟楫我来频。明月忽过客,青山成故人。雁知寒节信,梅漏来年春。旅宿今如此,归心似转轮。(《梧山集》)

王缜(1462—1523),字文哲,广东东莞人。弘治六年(1493)进士,选庶吉士,授兵科给事中。历官礼科右给事中、工科都给事中、云南左参政、福建左布政使、右副都御史、南京户部尚书等。有《梧山集》。

重阳房村驿有感次韵 （明）王 缜

九日龙山路正通,登临高兴古今同。谁知古驿山河外,独傍荒村风雨中。空忆黄花需白酒①,愁看渔火对江枫②。自怜底事常为客,天北天南西复东。(《梧山集》)

【注释】

①黄花需白酒:苏轼《九日黄楼作》:"黄花白酒无人问,日暮归来洗靴袜。"黄花:指菊花。

②愁看句:唐张继《枫桥夜泊》:"月落乌啼霜满天,江枫渔火对愁眠。"

题吕梁砚① （明）湛若水

张君②惠我浆水砚，烟水微茫云一片。又如月色照梅梢，夜色光芒月不见。一干两干干青天，栾拳③根着万千年。学文须学石间秀，美在奎④中人得传。（道光《铜山县志》卷二十一）

湛若水（1466—1560），字符明，号甘泉，增城（今广东省增城县）人。弘治十八年（1505）进士，选庶吉士，授翰林院编修。历官南京国子监祭酒，礼部侍郎，南京礼、吏、兵三部尚书。有《湛甘泉集》等。

【注释】

①吕梁砚：又名玉湖砚、浆水砚、吕梁贡砚。产于徐州市东南六十里吕梁山。

②张君：指张镗。张镗为浙江余姚人，曾任吕梁洪工部分司主事，其间得吕梁石制砚，可与端砚、歙砚比美，后用故乡玉湖名砚。

③栾拳：盘结缠绕貌。

④奎：奎宿星，二十八宿之一。因奎宿诸星排列形似"文"字，古人认为主文章和文运。这里指文人学士。

自房村抵王仲集遇雪 （明）钱 琦

平原驱一骑，千里朔风生。冷压征衣①重，光添落月明。层云低野树，孤雁下寒城。不是山阴道，那堪访戴行②。（《钱临江先生集》卷二）

钱琦（1467—1542），字公良，一字临江，浙江海盐人。正德三年（1508）进士。历官盱眙知县、临江府知府、按巡御史、思南知县。有《东畬集》《钱临江先生集》。

【注释】

①征衣：旅人之衣。唐岑参《南楼送卫凭》诗："应须乘月去，且为解征衣。"

②访戴行：这两句指王子猷雪夜访戴安道的故事。《世说新语·任诞》："王子猷居山阴，夜大雪，眠觉，开室，命酌酒。四望皎然，因起彷徨，咏左思《招隐诗》。忽忆戴安道，时戴在剡，即便夜乘小舟就之。经宿方至，造门不前而返。人问其故，王曰：'吾本乘兴而行，兴尽而返，何必见戴？'"

过吕梁洪 （明）钱 琦

徐方巨险惟吕梁，白石齿齿声汤汤①。蛟龙夜吼风雨怒，凫雁昼伏波涛狂。黄帽②溯湍骇无色，红船出硖歌鸣榔。临深往往

自为戒,翻③来蹈此摧肝肠。(《钱临江集》卷二)

【注释】

①齿齿:排列如齿状。韩愈《柳州罗池庙碑》:"桂树团团兮白石齿齿。"汤汤(shāng shāng):水势浩大、水流急湍貌。此处指大水湍流声。

②黄帽:船夫戴的黄色帽子,指船夫。《史记·佞幸列传》:"以濯船为黄头郎",裴骃集解引晋徐广曰:"着黄帽也。"亦借指船,宋范成大《雪霁独登南楼》诗:"青帘闪闪千家静,黄帽亭亭一水横。"

③翻:副词,反而。

吕梁独酌淮酒醉作逼久行 (明)徐献忠

逼久逼久何逼久,秋风一月催行客。披衣夜看吕梁水,啮破千山万山石。断崖倒峡不可支,急雨惊雷下飘忽。平生磊落不平气,到此不觉生颜色。吁嘻长啸作鲸吼,唤起神龙对吟席。昨朝丈人①送我酒,淮阴市上千家有。黄金美色照人面,放怀便合倾三斗。囊中不必问青钱②,一醉何须问几千。且判十年报明主,慷慨移家向酒边。(《长谷集》卷二)

徐献忠(1469—1545,一说1483—1559),字伯臣,号长谷,华亭(今上海松江)人。嘉靖四年(1525)举人,授奉化知县。寻弃官寓居吴兴,以文章气节名,辑《唐百家诗》,有《长谷集》

《吴兴掌故集》。

【注释】

①丈人：老人。《论语·微子》："子路从而后，遇丈人以杖荷蓧。"

②青钱：青铜所铸之钱，即铜钱。杜甫《北邻》诗："青钱买野竹，白帻岸江皋。"

过吕梁　　（明）柴　奇

吕梁南下日将晡①，悬水从今是坦途。沉灶万家投极浦②，枯杨几树噪饥乌。（《黼庵遗稿》卷二）

柴奇（1470—1542），字德美，昆山人。正德六年（1511）进士，授吏科给事中。历官南京光禄寺少卿、应天府尹。有《黼庵遗稿》十卷。

【注释】

①晡（bū）：黄昏。
②沉灶：炉灶沉没水中，指水患严重。极浦：遥远的水滨。

吕梁书院 为郭主政赋①　（明）陶　谐

卿校初开领缙绅，吕梁民物合还淳。《孝经》日月中天揭，小学②波流此派真。共羡文翁能化俗，谁言水部秖③知津。夜深灯火沿川上，比屋书声听水神。（《南川漫游稿·南川集》卷二）

陶谐（1474—1546），字世和，号南川，浙江会稽（今绍兴）人。弘治九年（1496）进士，选庶吉士，授工科给事中。历官江西佥事、河南管河副使、河南左、右布政使、右副都御史、兵部右侍郎、兵部左侍郎等。有《南川漫游稿》《陶庄敏集》。

【注释】

①郭主政：即郭持平。详见舒芬《吕梁书院记》。

②小学：古代儿童入学，教授六艺，故礼、乐、射、御、书、数都称小学。文字训诂也叫小学。

③秖（zhī）：同"只"。

吕梁洪柬温水部①　（明）张　璧

吕梁之上开双洪②，颓波③走石横当中。宣父临观感长叹④，唐臣疏凿垂大功⑤。千艘万舸⑥势何险，青春玄冬⑦声转雄。我逢秋涨忽来往，十里迥若浮长空。（《阳峰家藏集》卷十二）

张璧(1474—1545),字崇象,号阳峰,湖广石首(今属湖北省)人。正德六年(1511)进士,授翰林院编修。官至礼部尚书、东阁大学士。有《阳峰家藏集》。

【注释】

①柬:用作动词,意指诗赠给某人。

②双洪:吕梁洪有上下二洪,相距凡七里。

③颓波:向下奔流的水波。

④宣父:对孔子的尊称。本句指孔子吕梁观水之叹。《论语·子罕》:"子在川上,曰:'逝者如斯夫!不舍昼夜。'"这里的"川上"指泗水流经的吕梁洪。

⑤唐臣:指尉迟恭。清乾隆《徐州府志》卷八:"尉城在城东南吕梁山下,唐尉迟恭开吕梁二洪,因筑城以居,今有尉公庙。"

⑥舸(gě):泛指船。

⑦青春玄冬:古代以四方为四季之位,东方春位,其色青,故称春天为"青春"。北方冬位,其色黑,"玄"为黑色,故称冬天为"玄冬"。

河 洪 (明)张 璧

山径愁倾久①,河洪叹阻修②。石多妨走马,沙浅泥行舟。黄菊花开晚,丹枫落叶稠。双洪还北望,万舸在东头。(《阳峰家藏集》卷十二)

【注释】

①倾久：指山路陡峭而长。

②阻修：指水上行程艰难而远。

吕梁吟　（明）张　璧

予叨留省，蒙召北上，乃逾淮入桃宿，水浅胶舟，舟行孔涩。及行过吕梁，见两岸石堤水闸牢密，水安流受约束，予舟牵挽而上，瞬息宁止。讯诸道路，往年司马王公以旗中丞郭公持平受命治河，乃檄管河官筹分经理，乃今漕卒估人往来颂称，词若画一。伟哉乎！厥功茂矣。予跃然喜授笔作吕梁吟，俾勒石河上。

赫赫京辅①，瀔瀔漕河②。吕梁崇耸，水道逶迤③。往漕河决，阻厄行艖④。天子诏使，力挽颓波。水部分宪⑤，萃石⑥星罗。两岸砻甃⑦，双闸嵯峨⑧。遂令河水，积有盘涡。受我约束，堙坝功多。漕舻贾楫⑨，坐颂行歌。陈词纪盛，传永弗磨。（《阳峰家藏集》卷二十二）

【注释】

①赫赫：显赫盛大。京辅，京城及其所辖的附近地区。

②瀔瀔（hào hào）：同"浩浩"。漕河：水运交通。

③逶迤（wēi yí）：蜿蜒曲折。

④阻厄：阻隔险要。艖（chā）：小船；泛指船。

⑤水部分宪：水部的下属机构或官员。

⑥辇石：用车运的石头。

⑦砻甃（lóng zhòu）：修堤用的砖石；亦指用砖石砌堤岸。

⑧嵯峨（cuó é）：高耸貌。

⑨漕舻贾楫：来往运送货物的船只。楫（jí）：划船用具，代指船。

过吕梁　（明）边　贡

一

解缆洪流树，侵星①过吕梁。风云犹帝里②，山水即吾乡。砚拂③秋岚湿，衣沾晓露凉。长年④欣暑退，伊轧⑤棹歌长。

二

泽国新秋爽，玄云起北溟。衣冠逢水部，风雨谢山灵。雅意堪留滞，清词足典刑⑥。夕舟兼晓楊，谈坐忆蒲汀⑦。（《边华泉全集》）

边贡（1476—1532），字庭实，因家居华泉附近，自号华泉子。历城（今山东济南）人。弘治九年（1496）进士，授太常博士。历官兵科给事中、太常丞、知府、提学副使、南京太常寺少卿、刑部右侍郎、户部尚书等。有诗名，为明代文学"前七子"之一。有《边华泉全集》。

【注释】

①侵星：指拂晓。南朝宋鲍照《上浔阳还都道中》诗："侵

星赴早路,毕景逐前俦。"

②帝里:即帝都,京都。

③砚拂:指早上起来洗刷砚台,擦拭书桌。陆游《晨起》诗:"洗砚拂书几,一笑惬幽情。"

④长年:老年人。刘向《说苑·贵德》:"景公游于寿宫,睹长年负薪而有饥色,公悲之,喟然叹曰:'令吏养之。'"长,读 zhǎng。

⑤伊轧:象声词。船桨发出的声响。

⑥典刑:同"典型"。

⑦蒲汀:即李蒲汀,明代官员。边贡有《元日次蒲汀二首》。

吕梁砚　(明)周　用

赤手凿吕梁,终日何所得。铿然触金椎,有物不盈尺。提携谢沙泥,磨砻①出坚白。深渊云含姿,微晕月载魄。倏②惊蛟龙藏,那许虾蟆食。敢忘肤寸功③,试以输子墨④。几席一朝飨⑤,光价百倍直。文章托体裁,出处怀感激。谁能毁圭角⑥,终久仗挥斥⑦。为吾语山灵⑧,廊庙⑨须柱石。(《周恭肃公集》卷一)

周用(1476—1547),字行之,号伯川,吴江(今江苏吴江)人。弘治十五年(1502)进士,授行人。历官南京兵科给事中、福建按察使、河南右布政使、南京工部、刑部尚书、太子少保等。曾以工部尚书总督河道。善书法、绘事,喜为诗。有《周恭肃集》。

【注释】

①磨砻（mó lóng）：磨治。

②倏（shū）：忽然。

③肤寸功：微小的功力。肤寸，古长度单位，一指宽为寸，四指宽为肤。

④子墨：为扬雄作品中虚构的人名。后借指文章、文辞；亦泛指文士。《汉书·扬雄传下》："故藉翰林以为主人，子墨为客卿以风。"

⑤几席：筵席。饷（xiǎng）：用酒食招待客人。

⑥圭角：圭的棱角，犹言锋铓。

⑦挥斥：奔放的才气。

⑧山灵：山神。

⑨廊庙：原指殿下屋和太庙，后代指朝廷。

溯吕梁洪　　（明）程　诰

混淆注攒石①，天地险斯设。春没迷溯沿，夜激讶鸣咽。蟠龙喜蛰藏，浮鸥畏牵掣。当年尉迟恭②，持斧此铲截。渭汴疏上游，淮海尾闾③泄。遂令千载后，往来竞帆楫。（《霞城集》卷七）

程诰，生卒年不详，约1497年前后在世，字自邑，歙县人。生平好游，多以诗记之。有《霞城集》。

【注释】

①混淆：混杂不清，此指水流迷茫貌。攒石（cuán shí）：杂乱聚集的石头。

②尉迟恭：见贡奎《吕梁洪》诗注释。

③尾闾：古代传说中海水所归之处，现多用来指江河的下游。

吕梁洪　（明）黄　云

沄沄①泗水通洪流，立石如待姑容舟。舟人警肃溯滚沸，毕力撑拄回万牛。群山两相俨夹束，石根钩连维地轴。无乃其下通海屋②，古砺今磨石角蠢。禹功导凿垂不刊，奇伟得尽平生观。前参白虹卧饮涧，赤蹶巨灵③晴暴滩。突然岛屿久中据，巨浸稽天流不去。丛生草树凝苍寒，恐是神丘有神御。我舟平贴神送之，去意快适掀吟髭。冯河④无悔念圣训，可入不信庄周辞⑤。（《黄丹岩先生集》卷四）

黄云，生卒年不详。字应龙，号丹岩。昆山（今属江苏）人。弘治中以岁贡授瑞州府学训导。活跃于正德、嘉靖年间，多与沈周、文征明等往来酬唱，文章、书法皆为时所重。有《丹岩集》。卒年七十二。

【注释】

①沄沄（yún yún）：水流汹涌貌。

②海屋：传说中的海上仙屋。"海屋添筹"故事称："尝有三

老人相遇，或问之年。……一人曰：'海水变桑田时，吾辄下一筹，尔来吾筹已满十间屋。'"

③蹑（niè）：踩，踏；这里指足。巨灵：神话传说中劈开华山的河神。

④冯河（píng hé）：徒步涉水渡河。引申为有勇无谋、冒险行动。

⑤庄周辞：指《庄子·达生》篇记述孔子吕梁观水事。

宿房村下　　（明）刘　玉

历历数长亭①，舟行晚未停。归云衣叠嶂②，落雁字寒汀③。古渡稀闻棹④，孤村远见灯。壮怀惭旅洎⑤，禁漏⑥忆晨兴。（《执斋先生文集》卷四）

刘玉，生卒年不详。字咸栗，万安（今江西万安）人。弘治九年（1496）进士，授知辉县。历官福建副使、大理少卿、副都御史、刑部侍郎。有《执斋集》二十卷。

【注释】

①历历：路程漫长。长亭：古时在大道旁五里设一短亭，十里设一长亭，为行人休息和饯别处。

②叠嶂：重叠的山峰。

③字：栖息。汀：水边陆地，小洲。

④棹（zhào）：船桨。这里指划船的声音，即船行。

⑤旅洎（jì）：旅途暂住，同"旅泊"；喻人生。《依楞严究

竟事忏卷上》"复次忏悔人处无常苦空,世间俱是旅泊幻化。"

⑥禁漏:即宫漏。此指漏刻发出的声响。漏,古时的计时器。唐刘禹锡《阙下待传点呈诸同舍》:"禁漏晨钟声欲绝,旌旗组绶影相交。"

吕梁洪　(明) 陆　深

青山夭矫①如渴龙,堕地直走河流东。岸崩谷应气犹怒,其下必有鼋鼍宫。舟人估客②尽回首,篙师舵手俱神工。人言大险亦大胜,如此江山须画中。宣尼南游鬼物出③,伯禹东导神灵通④。天地何心世多故,刘项曹吕⑤皆豪雄。圣皇恃德不恃险,万里衽席⑥歌同风。我来其间正初夏,片帆遥映斜阳红。风幡前麾影接岸⑦,水槛下视波连空。肩舆十里据高坐,始信静处观无穷。(《俨山集》卷二)

陆深(1477—1544),初名荣,字子渊,号俨山。南直隶松江府(今上海)人。弘治十八年(1505)进士,授编修,遭刘瑾忌,改南京主事。历官国子监司业、祭酒、充经筵讲官、山西提学副使、浙江提学副使、四川左布政使、太常卿兼侍读学士、詹事府詹事等。有《俨山集》《南巡日录》《史通会要》《玉堂漫笔》等。

【注释】

①夭矫:屈伸自如貌。指山峦高高低低,如龙舞动。

②估客:商人。

③宣尼:孔子。详见前张吉《吕梁口号》诗注释。"南游"事见《庄子·达生》篇。

④伯禹:夏禹。《书·舜典》:"伯禹作司空。"孔颖达疏引贾逵曰:"伯,爵也。禹代鲧为崇伯,入为天子司空,以其伯爵,故称伯禹。"晋郭璞《江赋》:"骇黄龙之负舟,识伯禹之仰嗟。"此句指大禹疏导黄河,使水流入东海。

⑤刘项曹吕:指刘邦、项羽、曹操、吕布。

⑥衽席:此处指宴席,座席。《礼记·坊记》:"衽席之上,让而坐下,民犹犯贵。"

⑦风幡:风中的旗幡。麾:指飘动。

吕梁行　(明)陆　深

君不见吕梁之水天下奇,奔腾轰濩①无停时。飞冰走雪耀日色,龙吟鲸吼啼蛟螭②。恍如鳌足③昨夜折,银河倒倾忙骤驰。又如天鼓落下界,神丁六甲④相追随。舟人伏枕不敢睡,稚子未解惊满颐。黄河源自星宿海⑤,千里万里归天池⑥。济川⑦以南数十水,汇同㴌会⑧来于斯。蓄受既富发泄盛,俯视此理良无疑。不信请看田道间,夜来春雨今朝泥。(《俨山续集》)

【注释】

①轰濩(huò):浪涛冲击声。

②蛟螭(chī):这里泛指水族。蛟和螭都是古代传说中的

龙，螭为无角龙。

③鳌足：鳌（áo）：大龟。鳌足，大龟的腿。详见前夏鍭《吕梁洪》诗注释。

④神丁六甲：神丁、六甲皆神话中天神的使者。

⑤星宿海：地名，在青海省玛多县，位于黄河源头地区，东与扎陵湖相邻，西与黄河源流玛曲相接。

⑥天池：指大海。

⑦济川：即济水，古四渎之一，发源于河南王屋山，东流至山东，与黄河并流入海。

⑧潀会：小水流入大水。潀，音cóng。

过吕梁　（明）李　玑

曲折天留险，崚嶒①石拥地。惊一山拆地，汴并四川来。激瀑飞晴雪，惊涛响暗雷。危樯忻②夜泊，呼酒放颜开。（《西野先生遗稿》）

李玑（1479—1566），字邦在，号西野，江西丰城人。嘉靖十四年（1535）进士，授翰林院庶吉士，历官编修、吏部侍郎、礼部尚书。有《西野遗稿》。

【注释】

①崚嶒（léng céng）：高耸突兀。

②危樯：高的桅杆，代指帆船。忻（xīn），喜悦，欢欣。

下 洪 （明）徐祯卿

徐州城北玉山浮①，平江庙②前洪水流。烟花漠漠堪荡桨，溪石棱棱③难放舟。巴峡忽惊犹在眼，黄河稳注不须忧。北帆欲上愁仍蹇④，力挽万钧回十牛。（《徐祯卿全集编年校注》）

徐祯卿（1479—1511），字昌谷（一字昌国），吴县（今江苏苏州）人，祖籍常熟，后迁居吴县。弘治十八年（1505）进士，授大理左寺副。正德五年（1510）贬为国子监博士。被誉为"吴中诗冠"，江南四大才子之一。有《徐祯卿全集》。

【注释】

①玉山浮：喻洪水浪涛汹涌貌。苏轼《放闸》诗："玉山纷破碎，阵马急侵陵。"

②平江庙：即平江伯陈瑄恭襄侯祠。陈瑄（1365—1433），直隶合肥（今属安徽）人，字彦纯。明代军事将领，水利专家，明清漕运制度的确立者。早年曾参与平定西南的战争，历官成都右卫指挥同知、四川行都司都指挥同知、右军都督佥事，因功被封平江伯，世袭指挥使。永乐元年充总兵官，总督海运。卒于官，追封平江侯，赠太保，谥恭襄。明嘉靖《徐州志》卷八："恭襄侯祠：在河东水次，祠平江恭襄侯陈瑄。侯有功漕运，故祠之。成化十八年，知州和鸾、指挥使苏宽、千户刘显以总漕平江伯陈锐规划鼎建。"清同治《徐州府志》："明宣德初，以漕舟艰阻，

陈瑄议于旧河凿渠深二丈，阔五丈以行舟。七年，复凿渠并置闸。既而湍险如故。"

③棱棱（léng léng）：形容溪石突兀耸立。韩偓《南亭》诗："松瘦石棱棱，山光溪淀淀。"

④蹇（jiǎn）：艰阻，不顺利。

吕梁题陈工部观物亭① （明）严 嵩

风叶飘摇秋意深，古墙幽竹自成林。闭门吏散焚香坐，谁识亭中静者心。（《钤山堂集》卷五）

严嵩（1480—1567），字惟中，号勉庵、介溪、分宜等。江西分宜人。弘治十八年（1505）进士，改庶吉士。历官吏部左侍郎、礼部尚书兼翰林学士、吏部尚书、太子太保、少傅兼太子太师、少师、谨身殿大学士等。为中国历史上著名的权臣。

【注释】

①陈工部：即陈伯度。时为吕梁洪工部分司主事。工部为封建时代中央官署名，掌管各项工程、工匠、屯田、水利、交通等政令，为六部之一，长官为工部尚书，有时别称冬官、冬曹、大司空等。观物亭：明方豪《吕梁洪作垣记》："余公干江南，及吕梁洪阻风，工部陈君伯度拿舟冒风波溯洪直诣予舟，延至观物亭，礼意周至。"

吕　梁　（明）殷云霄

吕梁之道石齿齿，中有波涛声沸腾。浅濑讵堪蛟龙住，远客翻疑神鬼凭。进帆扬子渺烟雾，听潮钱塘来风霆。何如小艇石川去，曲肱凉月明芳汀。（《石川集》）

殷云霄（1480—1516），字近夫，号石川，寿张（今山东省阳谷县）人。弘治十八年（1505）进士。历官南直隶靖江县县令、浙江青田县令、南京工科给事中。有《石川集》。

吕梁行寄碧山张水部[①]　（明）孙承恩

长河北来势汹汹，吕梁洪头石砻[②]踪。奔冲荡啮自悍激，到此哪能不神悚。一从禹王开凿勤，万年常睹圣功存。回涛障澜自今古，鼎鼎森列雄乾坤。平原汗漫川靡靡[③]，疏涤臣劳亦堪记。神都翼翼俨天下，驿传侯荒总经此。我明朝贡通万邦，舳舻[④]千里遥相望。天马[⑤]已闻自西域，明珠复见来炎方[⑥]。天马明珠自珍异，常赋由来重邦计。吴盐越米时经行，贾舶商舟日来去。什百[⑦]牵挽劳夫丁，一唱千和无停声。顷刻波涛不相若，舟中往往呼神灵。我来正值淮水溢，浊流浑浑盘涡折。春撞震荡驱万牛，舟行溯流论丈尺。炎风吹日烟埃黄，舟人舵师汗流浆。却望兹洪若天堑，使我未到心忧惶。岂知及兹水平缓，渊沦无复嵯峨见。

故人相候慰行役,令我寂寞开笑脸。无风助我吹征帆,日落已见徐州山。安流几折复湍急,愁看孤舟偃⑧当侧。人生忧喜准莫拟,始信从来行路难。(《文简集》)

孙承恩(1481—1561,一说1485—1565),字贞甫(父),号毅斋,松江(今属上海市)人。正德六年(1511)进士,授编修,历官太子少保、礼部尚书兼翰林学士,掌詹事府。有《文简集》。

【注释】

①水部:古时掌管水利的政府部门,水利部门的官员也称水部。

②石砻(lóng):大石块。

③汗漫:广大,漫无边际貌。靡靡:此指流水滚滚不绝貌。

④舳舻(zhú lú):指首尾衔接的船只。舳,指船尾;舻,指船头。

⑤天马:指大宛马。《史记·大宛传》:"初,天子发书《易》,云'神马当从西北来'。得乌孙马好,名曰'天马'。及得大宛汗血马,益壮,更名乌孙马曰'西极',名大宛马曰'天马'云。"

⑥炎方:泛指南方炎热地区。

⑦什百:十倍百倍。《孟子·滕文公上》:"夫物之不齐,物之情也。或相倍蓰,或相什百,或相千万。"

⑧偃(yǎn):此指船只停泊。

房村纪变时遇朱鹤坡　　（明）毛伯温

　　黑风吹沙从西来，黑云拖雨平地㧢①。野阴昏烁电四作，绕空霹雳轰惊雷。划如蛟龙崩崖壑，岂但貙兕②吼丛薄③。黄河浊浪势山摧，砰腾疑倒天河落。故人杯酒招我论，忽遭此变愁颠翻。掀篷破窗处处湿，坐立无所皆惊喧。舟人冒雨加长缆，岸头高柳折将半。倾危不但樯楫忧，沦没还兴闾井④叹。皇天岂乃吾民憎，连年灾异何频仍。天门九重阍者守⑤，万口叫号徒呟嚾⑥。叹声忽听儿童语，天霁波平堪回橹。感此但愿风雨时，无灾寸地收禾黍。（《东塘集》卷三）

　　毛伯温（1482—1545），字汝厉，号东塘，江西吉水人。正德三年（1508）进士。历官河南道监察御史、大理寺丞、工部尚书、兵部尚书、右都御史、太子太保等。有《毛襄懋集》《东塘集》。

【注释】

　　①㧢（huī）：撞击。
　　②貙兕（chū sì）：貙为一种猛兽，行似狸而较大，有的认为是云豹。兕，属犀牛一类。
　　③丛薄：丛生的草木。《淮南子·俶真训》：""夫鸟飞千仞之上，兽走丛薄之中，祸犹及之。"
　　④闾井：居民聚居之处。亦指居民，黎民百姓。

⑤天门：天上的门。屈原《九哥·大司命》："广开兮天门，纷吾乘兮玄云。"九重，指极高处。阍（hūn）者：守门人。

⑥吆噌（hóng cēng）：象声词。形容声音宏大。

萃墨亭歌为徐州洪李主事香作① （明）夏　言

彭城城边秋击舸，黄河涨发波涛大。隔水遥开（州县志作"看"）水部衙②，有亭岌嶪③山之左。我闻此亭新落成，筑台累石见高情。百年丽藻星辰聚④，千秋遗墨烟云生。忆昔坡翁⑤守兹土，月中之游谁与伍⑥。张老⑦还携铁笛歌，潜翁⑧（州县志作"公"）自袒裼裘舞。一时清兴真可怜，片石题名⑨今宛然。那知埋没黄尘下，复得摩挲碧槛前。古人踪迹今不朽，文章照耀看身后。昭代诸公尽才彦⑩，西涯东白⑪俱山斗。登临啸咏古今同，人代推迁感慨中。悠悠白日浮云外，杳杳⑫洪波砥柱东。亭中我是初来客，临风重洒淋漓墨。芒砀山前木叶飞，满天鸿雁悲秋色。吕梁白浪高崔嵬，盘涡⑬转石鸣万雷。天关⑭撼裂（州县志作"折"）地轴动，吁嗟气势何雄哉。北风萧萧卷江水，落日吴帆⑮下千里。夏子⑯高歌为谁起，作亭主人豫章李。（《桂洲集》卷七）

夏言（1482—1548），字公谨，贵溪（今属江西）人。正德十二年（1517）进士，授行人。历官少詹事兼翰林学士、礼部尚书、少傅、太子太傅、吏部尚书等。受严嵩排挤，后被杀害。有《桂洲集》《南宫奏稿》。

【注释】

①本诗州县志题作"百步洪萃墨亭"。李香(1494—1561),豫章(今江西南昌)人,正德十六年(1521)进士,官工部主事,后派去徐州。官至刑部郎中、大理寺正卿。正德末,苏墨亭坏,主事李香筑台重建,更名萃墨亭。

②水部衙:管水利的官府。

③岌嶪(jí yè):高险貌。

④丽藻:华美的文辞。星辰:喻指众多的文人。

⑤坡翁:苏轼。

⑥月中之游:苏轼曾书"郡守苏轼山人张天骥诗僧道潜月中游"十六字,勒石立于百步洪洲上。

⑦张老:指张天骥。

⑧潜翁:指寺僧道潜。

⑨片石题名:指苏轼所题石刻。

⑩昭代:政治清明的时代,此指明代。才彦:德才卓越的人。

⑪西涯:指李东阳,号西涯。东白:即张元祯,字廷祥,别号东白,南昌人,天顺庚辰进士,官至吏部右侍郎。

⑫杳杳(yǎo yǎo):渺茫貌。

⑬盘涡:水流回旋成涡。

⑭天关:天门。

⑮吴帆:来往江南一带的船只。

⑯夏子:指夏言自己。

费公祠[①]　　（明）费　寀

十载并州[②]梦，频来系所思。堂阴浓不改，云气渺何之。香火林边屋，声名水上碑。登堂诗史在，惆怅立多时。（万历《徐州志》卷四）

费寀（1483—1548），字子和，号钟石，江西铅山（今江西铅山）人。正德六年（1511）进士，授庶吉士，后改翰林院编修。历官经筵官、南京尚宝司卿、春坊赞善、南京国子监祭酒、南京吏部右侍郎、礼部右侍郎、礼部尚书、太子太保等。有《费文通公文集》。

【注释】

①费公：即费瑄，费寀的伯父，字仲玉，号复庵，成化十一年（1475）进士，历官工部督水司主事、吕梁洪工部分司主事、兵部员外郎、政选员外郎、贵州参议。万历《徐州志》："费公祠在吕梁下洪。成化间工部主事费瑄督理洪事有惠政，初，洪人立生祠祀之，后登祀典。嘉靖丁未，京都御史詹瀚、主事曹英修，尚书费寀记。"

②并州：指贵州。古时在今贵州地区推行经制州（朝廷直管）与羁縻州（少数民族地区自治）并行的制度，故称并州。据清同治《铅山县志》记载：费瑄于成化丙午二十二年（1486）去贵州处理"都匀苗叛"，到弘治丙辰九年（1496）出补贵州布政

司参议，前后正十年。

己亥过吕梁谒翁伯考祠① （明）费 寀

来往祠前爇瓣香②，开舟不分太仓忙③。河流一泻真千里，泽国三回动十霜。精爽弗渝邻水部④（伯考祠与旧居工部分水相邻），遗言堪忆在星堂（伯考与先考同处聚星堂，尝有文章报主之训）谁家伯父能如父，日日相思是吕梁。（《费文通公文集卷一》）

【注释】

①己亥：即己亥年（1539）。翁伯考：此为费寀对亡去的伯父费瑄的尊称。

②爇瓣香：爇（ruò），烧，点燃。瓣香：一瓣香，用以表示崇敬之情。

③仓忙：匆忙。

④精爽：精神，魂魄。弗渝：不改变。

吕梁祭复庵伯考答冯水部① （明）费 寀

一棹彭城波浪开，雨晴山色共春回。民间几处祠堂在，江上劳君车马来。水部文章元不俗，河梁舟楫自多才。相逢忽谩②情何许，三月飞花溅酒杯。（《费文通公文集》卷二）

【注释】

①冯水部：即冯世雍，时为徐州吕梁洪工部分司主事。

②忽谩：忽而，同"忽漫"。杜甫《送路六侍御入朝》诗："更为后会知何地，忽漫相逢是别筵。"

吕梁拜复庵伯考像　　（明）费　宷

衣冠①几度入祠堂，父老相看似故乡。血食十年尤汗竹②，口碑一路颂甘棠③。文章报主言犹在，孝友传家泽正长。喜向雪天重椅棹，得将溪藻焚瓣香。（《费文通公文集》卷二）

【注释】

①衣冠：指衣服和帽子。代称缙绅、士大夫。

②血食：古代杀牲取血用以祭祀，故称。汗竹：史籍。

③甘棠：意指遗爱。《诗经·周南·甘棠》："蔽芾甘棠，勿翦勿伐，召伯所茇；蔽芾甘棠，勿翦勿拜，召伯所说。"

三答方思道开州①见寄二绝　　（明）齐之鸾

偶违侍御②临宵期，洪树河桥空自奇。羸马再来君已去，吕梁风雨使人悲。（先夕予与玉溪侍御约同往访，次日偶不得同行，故失佳会。又次日晨至桥下，则舟已夜行矣）

怕人相遇意全无，可质河东鸥与凫。驿使又将音信至，平安

轻棹入江芦。(思道书来见责，谓仆以怕人遇之)(《蓉川集·南征纪行》)

齐之鸾（1483—1534），字瑞卿，号蓉川。桐城（今属安徽省）人。正德六年（1511）进士，改庶吉士，授刑部给事中，历官兵部左给事中、山东副使、河南按察使、南京刑部郎中、青州同知等。有《蓉川集》。

【注释】

①方思道（1482—1530），名豪，字思道，号棠陵，浙江开化县人。详见"文类"《吕梁洪作垣记》注释。开州：州名，今属河南省。

②侍御：官名，即观察御史。

吕 梁 （明）郑善夫

葱岭昆仑外，吕梁天地间。溯腾①终赴海，咆吼欲颓山。力转鱼龙窟，秋生虎豹关。平生历险阻，对此泪潸潸。数载河为患，怅然思禹功。源从西极下，水到吕梁雄。天堑长淮②北，地维③沧海东。应悲箜篌曲④，宛转意何穷。（《郑少谷集》）

郑善夫（1485—1523），字继之，号少谷，又号少谷子、少谷山人等，闽县（今属福建）人。弘治十八年（1505）进士，授户部主事。历官礼部主事、礼部员外郎、南京吏部郎中。有《郑少谷集》。

【注释】

①漰腾：波浪汹涌澎湃。漰，音 péng。

②长淮：指淮河。王维《送方城韦明府》诗："高鸟长淮水，平芜故郢城。"

③地维：维系大地的绳子。古人以为地是方的，有四角，用绳子维系。

④箜篌曲：此指箜篌引，为相和歌辞，又名"公无渡河"。据晋崔豹《古今注·音乐》：朝鲜津卒霍里子高一天早起撑船，见一个"白发狂夫"不顾危险，横渡急流。他的妻子追来拦阻不及，夫堕河而死，妻亦投河自杀。自杀前弹着箜篌唱出"公无渡河，公竟渡河。堕河而死，其奈公何？"

吕梁二首　（明）黄宗明

一

天地有屯艰①，河流此扼会②。峡束嘶蛟鼍，万石轰崩溃。奔冲势益雄，流沫成车盖。河流无时休，怒嘶何时收。旁观未噎气，丈夫掉臂游。

二

我来属水缩，洪涛益澎湃。叱咤③嗔风雷，喑呜助兵忾。平生好奇心，颜魄颇惊悸。俄顷出其间，安流归下濑。水静意亦

闲，寂寞收震籁。独坐自颂思，沈吟发长喟。向来喜惧情，逐物俱吾害。(《光禄须知》)

黄宗明（？—1536），字诚甫，号致斋，浙江鄞县人。正德九年（1514）进士，历官南京兵部主事，员外郎、南京刑部郎中、礼部侍郎。有《光禄须知》。

【注释】
①屯艰（tún jiān）：艰难。
②扼会：交会。
③叱咤：发怒声。《史记·淮阴侯列传》："项王喑恶叱咤，千人皆废。"

八月十五夜吕梁作　(明) 蒋山卿

湍水似兹壑，良月况今宵。驰影疾如箭，随波相荡摇。乘舟骋眺望，对酒发歌谣。孤游忽千里，忧怀讵可消。(《南泠集》卷六)

蒋山卿（1486—1548），字子云，号江津，扬州府仪真（今江苏仪征）人。正德九年（1514）进士，授工部主事。官至广西布政司参政。有《南泠集》。

题吕梁砚次韵　　(明) 张　衮

何人名此玉湖砚①，吕梁之石琼瑶②片。风吹山雾碧氤氲③，堕落龙池时隐见。地藏星移光射天，此物新夸嘉靖④年。风流水部⑤兴不浅，直与芝房⑥宝鼎传。(道光《铜山县志》卷二十一)

张衮 (1487—1564)，字补之，江阴 (今属江苏) 人。正德十六年 (1521) 进士。官至南京光禄寺卿。有《张水南集》十一卷。

【注释】

①玉湖砚：见湛若水《题吕梁砚》诗注释。
②琼瑶：美石，美玉。
③氤氲 (yīn yūn)：烟云弥漫貌。
④嘉靖：明世宗朱厚熜的年号 (1522—1566)。张镗于此时获吕梁砚。
⑤风流水部：指张镗。
⑥芝房：指成丛的灵芝，古时以为瑞草。班固《两都赋序》："是以众庶悦豫，福应尤盛，白麟、赤雁、芝房、宝鼎之歌，荐于郊庙。"

吕梁洪柬郭水部守衡① （明）李 濂

昔闻吕梁洪，悬水三十仞②。乱石森谽谺③，高涛迥奔迅。欻如天汉倾④，急若雷霆震。湙濁翻天吴⑤，峥嵘驰万骏。使舸须暂停，商舶讵易进。癸未⑥孟夏初，我舟指三晋⑦。百丈牵流云，更值南风顺。溯洄虽云艰，戒险幸无衅⑧。利涉君子贞⑨，济川⑩古人慎。聿兹⑪望淮徐，屹然称巨镇。水部之所司，南船集如阵。漕军投水签⑫，洪夫报风信。登陴⑬览形胜，鬼凿迹可认。悠然思禹功，长风吹客鬓。（《嵩渚文集》卷九）

李濂（1488—1566），字川父，祥符（今河南开封）人。正德九年（1514）进士，授沔阳知州。历官宁波同知、山西金事。有《嵩渚集》《观政集》等。

【注释】

①柬：用作动词，意指赠诗给某人。郭守衡：即郭持平，字守衡。

②悬水三十仞：语见《庄子·达生》篇。

③谽谺（hān xiā）：山石险峻貌。

④欻（xū）：快速。天汉：银河。

⑤湙濁（xiào zhuó）：波涛相击的声音。天吴：水神。《山海经·海外东经》："朝阳之谷，神曰天吴，是为水伯。"

⑥癸未：指癸未年（1523）。孟夏：初夏，指农历四月。

⑦三晋:指今山西省。
⑧无衅:没有遇到麻烦、艰难。
⑨利涉君子贞:《易》同人卦:"同人于野,亨,利涉大川,利君子贞。"意思指通达顺利。
⑩济川:渡河。多比喻辅佐帝王。详见谢士元《过吕梁》诗注释。
⑪聿:助词,用于句首。
⑫漕军:负责水路运输的军队。水签:测量水深度的标尺。
⑬陴(pí):本意指女墙,亦泛指城墙。

吕梁书院① 为郭守衡主事赋 (明)李 濂

书院何人迹,传闻郭水曹②。河流迥讲席,弦诵集英髦③。应有望洋叹,无辞结网劳。鱼龙看变化,一跃龙门④涛。(《嵩渚文集》卷十六)

【注释】

①吕梁书院:明冯世雍《吕梁洪志》:"吕梁书院,主事郭持平建,内有社藏二区。"明万历《徐州志》:"吕梁书院,在吕梁洪,嘉靖癸巳工部主事郭持平建。"

②水曹:水部的别称。水部为旧时中央官署名。

③英髦:优秀杰出的人才。

④跃龙门:传说鲤鱼跳过龙门即可成龙。寓指一举成名。旧时寓意考试登第位居榜首。

吕　梁　（明）张　治

吕梁真险绝,滚滚波涛翻。风雨万兵下,云雷百兽奔。倾危天意及,疏凿禹功存。无补惭明主①,驱驰②未足论。(《张龙湖先生文集》卷十二)

张治(1488—1550),字文邦,号龙湖,湖广茶陵(今属湖南省)人。正德十五年(1520)进士,选庶吉士,授编修。历官南京吏部右侍郎,吏部侍郎,翰林学士掌院事,南京吏部尚书、礼部尚书兼文渊阁大学士、太子太保。有《龙湖文集》。

【注释】

①明主：贤明的君主。
②驱驰：喻奔走效力。

吕梁洪谒关尉祠　（明）张天赋

汉唐家国旧,豪杰威灵新。庙食垂千古,碑铭集众论。孤高遗墨竹①,光彩照凌烟②。瞻拜嗟来晚,心香妙合神。(《叶冈诗集》)

张天赋(1489—1555),字汝德,号叶冈,别号爱梅道人。

广东兴宁人。嘉靖十一年(1532)贡生。少负才名,精研文史,曾任崇正书院讲学,官湖南浏阳县丞,参与编修《兴宁县志》《广东通志》《武宗实录》。有《叶冈诗集》。

【注释】

①墨竹:墨画的竹子。祠中有石刻竹叶诗。见下首诗题注。

②凌烟:即凌烟阁,唐朝为表彰功臣而建筑的高阁,阁内绘有二十四位功臣的图像。

谒吕梁祠关云长庙 (明)张天赋

题注:祠中石刻竹叶诗云:"不谢东君意,丹青独立名。莫嫌孤叶淡,终久不凋零。"读之凛然犹有生气。云长大节讵不信哉!

中山炎烬①一星红,全仗吹嘘结义风。风雨吕梁祠上竹,令人千古仰孤忠。(《叶冈诗集》)

【注释】

①中山炎烬:中山,指刘备,为汉中山靖王刘胜的后代,故称。炎,指汉朝。五行家附会汉朝以火德王,故以炎称汉朝。

前吕梁篇　　（明）邵经邦

　　君不见黄河三万里，浊流绕其端；内有毒龙流沫而肤化，下有修鲵①鼓怒而承澜。由来星宿海②，限隔自昆仑，弱水荒唐③岂能至，此水仿佛通真源。龙门造天峣④，以氐砥柱⑤入地。离哉，翻直过彭城悬水下，然后吕梁龃龉⑥横截平。其前彩沙岩，不可以目辨，天轮地轴胶庡⑦而周旋。雷霆日相击，鼓掌生云烟。飞渍如猛雨，惊浡⑧似连山；渁渚⑨骇迅，飘流瀑溲，滥觞何漫漫。一进九退萦回渹，扶樯倚柱气不逞，瞪目顿地怀艰难。漕艘三万只，通济此奇观。迩来河水秋后溢，沛县以下无完滩。平地三十仞，吕梁在其半，斯民鱼鳖等闲看。三十年来今几遍，徐沟如海复如川，蒲笋鱼虾好易钱。闻道两年无水发，蝗螽⑩比郡麦枯干。（《弘艺录》卷四）

　　邵经邦（1491—1565），字仲德，浙江仁和（今属杭州）人。正德十六年（1521）进士，授工部主事，进员外郎，改刑部。因言获罪，遂谪戍福建镇海卫，卒于戍上。有《弘艺录》三十二卷。

【注释】

①修鲵：长的鲵鱼。鲵，为雌鲸。

②星宿海：见前陆深《吕梁行》诗注释。

③弱水：指水浅或地僻不通舟楫的水。荒唐：指水漫无

边际。

④天峣（yáo）：大自然形成的高峻貌。

⑤阢（wù）：危险。同"卼"。

⑥龃龉（jǔ yǔ）：此指高低不平。

⑦天轮地轴：指形容悬水激荡，变化无穷。胶戾（lì）：回环曲折。西晋木华《海赋》"状如天轮，胶戾而激转，又似地轴，挺拔而争回。"

⑧惊浡（bó）：涌起的波浪。

⑨栄濩（xiāo huò）：波涛相激撞的声音。

⑩蝗螽（huáng zhōng）：蝗虫。

后吕梁篇　（明）邵经邦

又不见吕梁之水东流入东海，今之洪漕无乃是九河①。故道既已湮，淮水合流绕其涘②。忆初神禹疏凿时，江淮河汉不相支。滔滔今古几变易，此水茫茫无尽期。如何更历数千载，河源不变河流改。不从海口赴殷墟③，却返清河纵崩毁。霜天早露蒹葭苍④，百川信宿⑤何奔忙。长淮本号铁面水，往往汝泗来归藏。此时河水正迅急，蔽日浮天遍阡陌。芒砀山前一壑秋，子房祠下千寻碧。我来几度看水势，三汊以南全不类。洪涛雪浪百尺强，水击扶摇⑥千里至。吁嗟，溔洞⑦自天成，安得此水仍纵横。下流雍塞非今日，但恐河决东西倾。君不见鲍子河，沉牛刑马⑧徒奔波。君王负薪答神意，群臣归德咸赓歌⑨。又不见安平镇孝皇不食廑清问⑩，临轩叹息起东山，朝野于今仰神峻。古来治水先治标，

朝宗势顺无回漂。寻踪觅迹复故道，徐沛以上常逍遥。（《弘艺录》卷四）

【注释】

①九河：指黄河。禹时黄河的九条支流。古代黄河自孟津而被分为九道，故称。

②涘（sì）：水边。

③殷墟：为商朝晚期都城遗址，位于河南省安阳市。

④蒹葭（jiān jiā）：蒹，没长穗的荻；葭，初生的芦苇。苍，青绿色。《国风·秦风·蒹葭》："蒹葭苍苍，白露为霜。"

⑤信宿：连住两夜。这里指日夜不停。

⑥扶摇：盘旋而上的暴风。《庄子·逍遥游》："水击三千里，抟扶摇而上者九万里。"

⑦洚洞（hóng dòng）大水弥漫。洚，又读jiàng。《孟子·滕文公下》："洚水者，洪水也。"赵岐注："水逆行，洚洞无涯，故曰洚水也。"

⑧沉牛刑马：事见《汉书·沟洫志》："天子乃使汲仁、郭昌发卒数万人塞瓠子决。于是天子已用事万里沙，则还自临决河，沈白马玉璧于河，令群臣从官自将军以下皆负薪寘决河。是时东郡烧草，以故薪柴少，而下淇园之竹以为楗。"

⑨赓歌：作歌唱和。

⑩孝皇：指明孝宗朱祐樘，明朝第九位皇帝。廑（jǐn）：通"仅"，只，才。清问：清审详问。《书·吕刑》："皇帝清问下民，鳏寡有辞于苗。"

石梁行　（明）邵经济

于嗟乎！石梁之险天斫①成，龙门禹穴相争衡。地维凿开混沌裂，天柱触折波涛倾。古称县水三十仞，未与河济通沧瀛②。迩来东徙失故道，然后洪流激濑争喧轰。槎枒石出㶁洞鄰生舄③，奕揭孳缘④云上征，千骑万聚儵欻⑤无形。上有呼风喝雨之骄螭，下有吞天沃日之长鲸。羽桀⑥排空不得度，介豪⑦截浪徒狰狞。于嗟乎！石梁之险天斫成，与君对此歌升平。古来谋臣敌国用此险者可屈指，梁王城⑧下愁云横。圣朝海宇大一统，设险不用空长城。定鼎西陲赋南服，岁储百万输神京。但见舳舻牵挽日，千里漕渠要会功峥嵘。胡为乎蒋水部⑨将使命来经营，洪涛巨浸⑩时清明。春阴惯见蛟龙起，夜月常惊风雨声。习险更探奇，心与石梁盟。我来见君君眼青⑪，临流把酒还论评。长风一笑红尘远，落日沧海高歌鸣。于嗟乎！石梁之险天斫成，乾坤与尔俱声名。（《泉厓诗集》）

邵经济（1493—1558），字仲才，号泉厓，浙江仁和（今属杭州市）人。嘉靖五年（1526）进士，授工部主事，官至成都知府。有《泉厓诗集》。

【注释】

①斫（zhuó）：砍，凿。

②沧瀛：沧海，大海。

③槎枒（xiā）：山谷空旷貌。颒洞：见前张吉《吕梁口号》诗注释。舃（xì）：水光流动貌。

④孽缘：邪恶。

⑤鲦欻：形容变化急速，突然，如鱼跳水。鲦（tiáo）：白条鱼。欻（xū）：迅疾，突然。

⑥羽桀：指鸟栖息木上，或栖息木上的鸟。

⑦介豪：指甲壳水族非常强横，或非常强横的甲壳水族。

⑧梁王城：见前张宪《吕梁洪彭越庙》诗注释。

⑨蒋水部：指蒋应奎。山西大同人。嘉靖丙戌（1526）进士。官工部都水司主事。

⑩巨浸：大水，洪水。

⑪眼青：眼睛睁着，形容精神兴奋。

过吕梁洪　　（明）苏　祐

万水东流天汉①回，徐方襟带②吕梁开。蛟龙不受青山缚，风雨常惊白日来。寒卷细花翻乱石，润牵纤草上孤台。初平应为挥鞭起③，博望④无增倚棹哀。（《谷原诗集》卷四）

苏祐（1493—1573），字允吉，一字舜泽，号谷原。蒙古苏氏五世，濮州（今河南范县）人。嘉靖五年（1526）进士，授广东道御史。历官江西督学副使、山西参政、大理少卿、右副都御史、刑部右侍郎、兵部侍郎兼金都御史、右都御史、兵部尚书等。有《谷原诗文集》。

【注释】

①天汉：银河。此处指水势之大，如天上银河。

②襟带：衣襟和腰带。指地势险要，有山川环绕，如襟似带。

③初平：即皇初平。相传为仙人，能化石为羊。据《神仙传》：皇初平者，丹溪人也。年十五而使牧羊，有道士见其良谨，使将至金华山石室中，四十余年，忽然，不复念家。其兄初起，入山索初平，历年不能得见。后在市中，遇一道士，言金华山中有牧羊儿，姓皇名初平。起随道士前往寻求，果得相见。因问弟羊何在，初平曰："羊近在山东。"初起往视，了不见羊，但见白石无数，还谓初平曰："山东无羊也。"初平曰："羊在耳，但兄自不见之。"初平便乃俱往看之。乃叱曰："羊起！"于是白石皆变为羊，数万头。

④博望：即博望侯张骞，奉使出使西域，穷河源。传说张骞曾乘槎穷河源。

双 洪 （明）苏 祐

九曲通星宿①，双洪②跨石梁。悬流喷日月，竞渡戒舟航。常拟蛟龙斗，空怜燕雀翔。无须经滟滪，亦足畏瞿唐。（嘉靖《徐州志》卷四）

【注释】

①九曲：是古代对黄河上游曲折河段的称呼。相传有九道

弯。一般用来称黄河河道的曲折。唐高适《九曲词》序:"河图曰:黄河出昆仑山东北……河水九曲,长九千里,入于渤海。"《淮南子》:"河水九折注海而流不绝者,有昆仑之输也。"星宿:即星宿海。见前陆深《吕梁洪》诗注释。

②双洪:指百步洪和吕梁洪。

吕梁洪 (明)廖道南

君不见吕梁悬水三十仞,龙门砥柱争雄长。天吴夜啸白浦前,海鸥高翔赤霄①上。惊涛溅雪星月昏,浊浪乘风雷电奔。石华珠英天黪黯②,长蜻巨蜃③纷吐吞。初如昆阳祛虎象④,金戈铁骑森相向⑤。万马齐驱矢石交,六军⑥共奋旌旗飏。淮水汤汤⑦诧风鹤,草妖木怪咸惊愕。降兵十万伏晋庭,壮士三千捣秦郭。纵如秦皇采药赴东海⑧,瑶蕤翠葆⑨生光彩。伏弩如林射老鲸,宛虹⑩如带蟠修蚓。汉王享祀下甘泉⑪,月将云君五畤⑫边,雷鼓喧阗⑬振大地,凤韶缥缈落钧天⑭。终如荆轲伏剑辞易水⑮,日暮萧萧朔风起。渐离击筑秋霜白,燕丹饮泣寒云紫。师旷⑯鸣弦古木秋,悲台哀壑阴岩幽。天神下格降鸾鹤⑰,水若仰听驱蛟虬。浩哉!沨沨⑱乎吕梁之水真奇观,我欲赴之行路难。庄生秋水发天趣⑲,尼父濠梁窥道澜⑳。吁嗟乎!吕梁之水真奇观。 (明嘉靖《徐州志》卷四)

廖道南(1494—1548),字鸣吾,蒲圻(今属湖北)人。正德十六年(1521)进士,改庶吉士,授编修。历官侍讲学士、徽州通判。有《玄素子集》。

【注释】

①赤霄：有红云的天空。

②石华：石花，一种珊瑚，亦指花状的钟乳石。珠英：美如连珠之花。石华珠英，这里指悬水下泄奔腾所造成的景象。黪黯(cǎn'àn)：昏暗。

③蜞(qí)：贝类。蜃(shèn)：大蛤蜊。

④昆阳：地名，今属河南叶县。汉刘秀与王莽军大战于昆阳，王莽派巨无霸为垒尉，并驱猛兽虎豹犀象之类以助威。结果刘秀以三千兵力大破王莽军几十万。祛：消灭。

⑤金戈铁骑：形容战士全副武装持枪驰马的英勇姿态，喻战争。森相向：森严相对。

⑥六军：古制天子有六军，诸侯国有三军、二军、一军不等。后来作为军队的统称。

⑦淮水四句：此四句描写淝水之战。淝水之战发生于东晋太元八年（前秦建元十九年，公元383年），前秦出兵伐晋，于淝水（现今安徽省寿县的东南方）交战，最终东晋仅以八万军力大胜八十余万前秦军。《晋书·谢玄传》："玄、琰仍进，决战肥水南。坚中流矢，临阵斩融。坚众奔溃，自相蹈藉投水死者不可胜计，肥水为之不流。余众弃甲宵遁，闻风声鹤唳，皆以为王师已至，草行露宿，重以饥冻，死者十七八。获坚乘舆云母车，仪服、器械、军资、珍宝山积，牛马驴骡骆驼十万余。""遣淮陵太守高素以三千人向广固，降坚青州刺史符郎。"风鹤：风声鹤唳。晋庭：东晋朝廷。秦郭：前秦的城郭。

⑧秦皇采药：秦皇曾派徐福带童男童女数千人，赴海求仙人及不老之药。

⑨瑶蕤翠葆：珍贵的鲜花和茂盛的草木。

⑩宛虹：弧形的虹。修蜩：长的蜩虫。

⑪汉王：汉朝的皇帝。甘泉：即甘泉宫，为秦、汉两朝代的宫殿。其遗址位于今陕西省咸阳市淳化县城北的甘泉山南麓。据史书记载，甘泉宫所在地为黄帝以来祭天圜丘之处，是黄帝升仙的地方。

⑫五畤（zhì）：地名。又作五畤原。畤：古时帝王祭祀天地、五帝的祭坛。《史记·孝武纪》："明年，上初至雍，郊见五畤。"

⑬喧阗（tián）：哄闹声。

⑭凤韶：相传为虞舜时的乐曲。泛指帝王宫殿的音乐。元丁鹤年《自咏》之三："《凤韶》九奏黄金殿，鹤驾三朝白玉台。"缥渺：乐声隐约深远。钧天：天的中央，为神话传说中天帝住的地方。

⑮荆轲：战国卫国人，为燕太子丹客，受命赴秦刺杀秦王。太子及宾客知其事者，皆送行至易水之上，为之饯行，友人高渐离击筑，荆轲和而歌之，歌声悲伤，众人皆垂泪涕泣，继而边走向前去边歌唱："风萧萧兮易水寒，壮士一去兮不复还！"歌声悲壮。

⑯师旷：字子野，春秋晋乐师，生而目盲，善辨声乐。

⑰下格：降临到。鸾鹤：鸾与鹤，传为仙人所乘。鸾，传为凤凰之类的神鸟。

⑱沨沨（féng féng）：象声词，宏大的水声。明高启《渡浙江宿西兴民家》诗："沨沨滩声回，莽莽山气积。"

⑲庄生句：《庄子·秋水》："秋水时至，百川灌河，泾流之大，两涘渚崖之间，不辨牛马。"天趣：大自然的情趣。

⑳尼父：孔子名丘，字尼父。濠梁，语出《庄子·秋水》："庄子与惠子游于濠梁之上。庄子曰：'鯈鱼出游从容。是鱼之乐也。'惠子曰：'子非鱼，安知鱼之乐？'庄子曰：'子非我，安知我不知鱼之乐？'"这里用"濠梁"典故说明孔子观水吕梁时如庄子那样产生的思辨。道澜：指从滔滔流水感悟出人生哲理。

吕梁行赠陈主政　（明）程文德

沧水君本希夷徒①，缨冠侣俗馨出俗。一麾②来作吕梁主，公余往往坐修竹。今年二月聚万夫，劚③石一朝成坦路。仿佛赤松能化羊④，何用五丁驱金犊⑤。怒涛变安流，千艘万艘人尸祝⑥。华山一笑我何有，天心讵肯容番覆⑦。（《程文恭遗稿》卷二十五）

程文德（1497—1559），字舜敷，号松溪。浙江永康人，嘉靖八年（1529）进士，授翰林编修。历官安福知县、兵部员外郎、兵部郎中、广东提学副使、礼部右侍郎、吏部左侍郎、南京工部左侍郎等。有《松溪集》《程文恭遗稿》。

【注释】

①沧水：即沧水使，指治水的官员。希夷：指虚寂玄妙。《老子》："视之不见名曰夷，听之不闻名曰希。"河上公注："无

色曰夷，无声曰希。"亦指道家、道士。

②一麾：犹一挥，有发令调遣意。亦为郡太守、州刺史的别称。（宋）刘过《投诚斋其五》："绫衾厌入承明直，却把一麾江上来"

③劚（zhǔ）：铲除。

④赤松：即赤松子，相传为仙人，能化玉为水而服。又传说皇初平为赤松子，能化石为羊。

⑤金犊：对牛犊的美称。详见前苏祐《过吕梁洪》诗"初平"注释。

⑥尸祝：古代祭祀时对神主掌祝的人，主祭人。

⑦番覆：同"翻覆"。

吕梁洪饮水部张碧山聚益亭① （明）程文德

沧水公余无俗辙，碧山清兴属幽亭。客来不剪蓬蒿径，地僻从教草树馨。好鸟高枝还呖呖②，涸池新水欲泠泠③。（旋汲水灌莲池）一尊对此真三益，剧论还令尘梦醒。（《程文恭遗稿》卷二十八）

【注释】

①聚益亭：民国《铜山县志》《卷十八古迹考》：吕梁"又有观澜亭，在洪之东浒，状元亭在大观堂北，聚益亭在大观堂东。"

②呖呖（lìlì）：形容鸟类清脆的叫声。元汤式《一枝花·赠

教坊张韶舞善吹箫》套曲:"呜呜然赤水龙吟,呖呖兮丹山凤鸣。"

③泠泠(líng líng):形容水流的声音。吴均《与朱元思书》:"泉水激石,泠泠作响。"

过吕梁洪 (明)程文德

长河下吕梁,奔浪惊风雨。安舟异瞿塘,千年忆神禹。(《程文恭遗稿》卷二十九)

吕 梁 (明)皇甫汸

蓬转历徐方,萍漂过吕梁。奔涛朝浴景①,流沫夜澄光。清济②疏源迥,黄河引派长。天吴③云际发,海若④雾中翔。紫石神难凿,襟山险易藏。乘槎疑上汉⑤,捐佩⑥似浮湘。未能观不骇,但遣泳相忘。(《皇甫司勋集》)

皇甫汸(1497—1582),长洲(今江苏苏州)人,字子循,号百泉、百泉子,斋名浩歌亭。嘉靖八年(1529)进士。历官国子监博士、吏部郎中、大名通判、工部主事、黄州推官、南京吏部稽勋郎中、开州同知、处州同知、云南按察司佥事。有《皇甫司勋集》。

【注释】

①浴景：指太阳初出的景象。《淮南子·天文训》："日出于旸谷，浴于咸池，拂于扶桑，是谓晨明。"

②清济：清水、济水。

③天吴：水神。详见前李濂《吕梁洪柬郭水部守衡》。

④海若：古代传说中北海的海神。《庄子·秋水》："于是焉河伯始旋其面目，望洋向若而叹。"

⑤乘槎句：此句指乘船筏通往天河。参见（元）释梵琦《吕梁洪新水灌河两涯之间舣船无数呈华山隐光雪窗》诗注释。

⑥捐佩：亦作"捐珮"。抛弃玉佩。源自《楚辞·九歌·湘君》："捐余玦兮江中，遗余佩兮醴浦。"南朝宋颜延之《祭屈原文》："访怀沙之渊，得捐佩之浦。"

吕梁洪二首　　（明）陆　采

步浒随舟远，看流坐石孤。滩喧浣纱女，涛逆掠鱼凫。抚迹怀神凿，呼卢①忆壮图。从人问边信，浪说转模糊。

脉脉穿堤涧，林林隔屋山。湍高腾石槛，舟缓拆沙湾。名利红尘远，衣琴白日闲。险巇②余已涉，抵益鬓丝斑。（《天池山人小稿五种》）

陆采（1497—1537），初名灼，字子元，号天池山人。长洲（今苏州）人，诸生。不治举业，性豪荡不羁，日夜与人畅饮高歌。十九岁作《王仙客无双传奇》（即《明珠记》）。喜游，足迹遍南北。有《太山稿》《天池山人小稿五种》等。

【注释】

①呼卢：赌博。李白《少年行》之三："呼卢百万终不惜，报仇千里如咫尺。"

②险巘（yǎn）：险峻不平。

徐水部有让求归 即与予同建吕梁洪南闸坝者

（明）苏志皋

吕梁洪上柳成荫，影入秋涛黯黯深。莫折长条千万缕，与君日夜系归心。（《寒村集》卷二）

苏志皋（1497—1569），字德明，号寒村，又号岷峨山人，顺天府固安县（今河北省固安县）人。嘉靖十一年（1532）进士，授湖广浏阳知县，调任江西进贤县。历官刑部主事、员外郎、郎中、直隶庐凤兵备佥事、潼关兵备副使、河州知州、泾邠兵备佥事、陕西左参政、山西按察使、左布政使、都察院右佥都御史、右副都御史等。有《寒村集》。

洪上口号 （明）王 问

惊沙城下合，流沫峡中长。何处朝天吏①，旌竿②向夕阳。

(《王仲山先生诗选》卷八)

王问(1497—1576),字子裕,号仲山,无锡(今江苏无锡)人。嘉靖十七年(1538)进士,授户部主事,监徐州仓。后调南京兵部,任车驾郎中。有《仲山诗选》《崇文馆稿》等。

【注释】

①天吏:天子的官吏。《书·胤征》:"天吏逸德,烈于猛火。"亦指奉天命治民的人。《孟子·公孙丑上》:"无敌于天下者,天吏也。"赵岐注:"天吏者,天使之也。为政当为天所使,诛伐无道,故谓之天吏也。"

②旌竿:旗杆。泛指旗帜。

吕梁洪阻风　(明)陈如纶

环渚兼葭白,长途客倦游。吕梁元绝险,淮海正深秋。风怒天枢①撼,涛奔地轴浮。临流不可度,倚棹重含秋。(《兰舟漫稿》)

陈如纶(1499—1552),字德宣,号午江、二余。江苏太仓人。嘉靖十一年(1532)进士。官侯官知县、福建布政使参议。有《冰玉堂缀逸稿》《兰舟漫稿》。

【注释】

①天枢:星名。北斗七星之一。

吕梁逢二姜子　　(明) 马一龙

千里逢君淮泗间,与君同上吕梁山。总知明日如今日,不是吴关即楚关。有酒莫辞长夜饮,无官亦喜此身闲。东风次第开桃李,才见春来春又还。(《玉华游艺集》卷十)

马一龙(1499—1571),字负图,号孟河,别号玉华子。江苏溧阳人。嘉靖二十六年(1547)进士,选为翰林院庶吉士,后官南京国子监司业。能诗善文,擅长书法。有《玉华子游艺集》。

吕梁洪望彭城夜发　　(明) 马一龙

吕梁悬水三千尺,却自黄河天上来。两界直从吴会尽,万山齐向朔方回。高秋白雁歌风里,九日黄花戏马台。夜发无人同旅况,孤舟渺渺月中开。(《玉华游艺集》卷十八)

入天妃庙[①]候升舟上洪呈同行诸君　　(明) 马一龙

泰山曾入天妃庙,今日洪头又一过。喜得南风送北客,惊闻楚地能吴歌。白鸥盘水戏相近,黄菊待人开未多。兴到与君倾百斗,舟中休问夜如何。

又

木落高秋白雁飞,画舡箫鼓月中移。心缘报主愁双结,病且思家愿独违。千里云山迎剑佩,一天风露满身衣。行年五十无闻达,自愧浮生与昔非。(《玉华游艺集》卷十八)

【注释】

①天妃庙:吕梁有天妃庙。冯世雍《吕梁洪志》:"天妃庙、金龙庙皆水神也,亦祀之。"

过吕梁洪　(明)黄廷用

一

砥柱能东障,洪梁遏上流。一宵风雨至,万顷水云浮。野树全低岸,人家半在洲。所嗟多荡折,禾黍已无秋。

二

往年曾渡险,新涨若为平。喷沫依山转,生波浴日明。人从天上坐,舟似地中行。不见雍门者①,空闻流水声。

三

昨夕牵卿梦,新秋动客心。风云时聚散,鱼鸟自浮沉。楚汉空争长,韩彭②不可寻。秖余城垒在,长傍古槐阴。(《少村漫稿》)

黄廷用(1500—1566),字汝行,号砺峰,又号四素居士,学者称少村先生。福建莆田人。嘉靖十四年（1535）进士，选庶吉士，授翰林检讨，历官司经局洗马兼翰林侍讲、衡州府通判、工部右侍郎。有《少村漫稿》。

【注释】

①雍门者：即雍门周。详见前刘敔《杂诗二十二首（其二）》诗注释。

②韩彭：即韩信、彭越。

舟中杂咏（之一） （明）吴 鹏

吕梁虽险亦无他，日日篙师笑且歌。何以人心太无状，平常地上起风波。（《飞鸿亭集》）

吴鹏（1500—1579），字万里、号默泉，秀水（今浙江嘉兴）人。嘉靖二年（1523）进士，授工部主事。历官福建参议、工部侍郎、吏部尚书、工部尚书。曾奉诏谕安南，后督理漕河。有《飞鸿亭集》。

吕梁洪 （明）吴 鹏

离石分流险作洪，惊涛百丈此为雄。扬帆掇柂①舟师捷，疑是仙槎②路可通。（《飞鸿亭集》）

【注释】

①捩柁：划船。捩（liè），转动。柁，同舵。

②仙槎：亦称"灵槎""浮槎"，神话传说中能来往于海上和天河之间的竹木筏。详见释梵琦《吕梁洪新水灌河两涯之间舣船无数呈华山隐光雪窗》诗注释。

吕梁翁水部留饮 　（明）闵如霖

水部能留客，修程且驻轩。远山当绣户，落日满金樽。巨壑雷霆斗，长林鸟雀喧。吹箫明月下，饮赏复西园。（《午塘先生集》卷三）

闵如霖（1502—1559），字师望，号午塘，浙江乌程人。嘉靖十一年（1532）进士，授翰林院庶吉士。历官翰林院编修、左春坊左谕德诏、国子监祭酒事、太常寺卿、礼部右侍郎兼翰林院学士、南京礼部尚书等。有《午塘集》。

吕梁行 　（明）袁 袠

吾闻吕梁悬水三十仞，盘涡流沫舟难进。万石巉岩利如戟，诸山决裂湍尤峻。徂徕①五月泉水恶，倒地崩雷赴空壑。锦浪桃花夹岸高，银河瀑布当空落。鸣锣打鼓齐发船，百夫挽之不得前。连舻巨筏几摧折，鼍吼鲸吞争沸渊。谁言一苇②轻可渡，强弩射潮潮益怒。天吴恃险河伯骄,帝阍③重重那可诉。忆昔神禹疏九河④,龙门砥柱功最多。地平天成九畴叙⑤,然后怀襄底定⑥无洪波。自从汉塞宣房始⑦,河决荥阳凡几徙。遥怜迁客赋黄楼,犹有行人歌瓠子。文皇卜鼎都北平⑧,转漕直达幽州⑨城。逾淮历济趋辐辏,军输国计劳经营。当时吕梁多险阨⑩,万国嗷嗷畏徭役。疏渠凿石杀水怒,遗事犹说平江伯⑪。只今水利多是非,天子旰食仍宵衣⑫。司农漕粟阻不进⑬,使者楼船捷若飞。江淮连年苦雕瘵⑭,运饷谁当念劳勚⑮。吁嗟安危有公等,白面书生安敢议。(《胥台先生集》卷五)

袁袠(1502—1547),字永之,号胥台山人。吴县(今属苏州市)人。嘉靖五年(1526)进士,选庶吉士,授刑部主事。历官南兵部主事、广西提学佥事。有《胥台集》二十卷。

【注释】

①徂徕:山名,在山东省泰安县东南。

②一苇:即一苇可杭,意指很容易渡过河。《卫风·河广》:"谁谓河广?一苇杭之。谁谓宋远?跂予望之。"

③帝阍(dì hūn):天门,天帝的宫门。

④九河:指黄河。详见前邵经邦《后吕梁篇》注释。

⑤地平天成:指禹治水成功而使天之生物得以有成。《尚书·大禹谟》:"地平天成,六府三事允治,万世永赖,时乃功。"九畴:传说禹治理天下的九类大法。《书·洪范》:"天乃锡禹洪范九畴,彝伦攸叙。"叙:陈述、阐明。

⑥怀襄:怀山襄陵。详见前曾棨《吕梁洪》诗注释。底定:

达到平定。

⑦汉塞宣房：见苏轼《答吕梁仲屯田》诗注释。

⑧文皇：指明成祖朱棣，于永乐十九年（1421）迁都北京。卜鼎：即定都之意。九鼎是古代传国重器，政权的象征。占卜置放九鼎之所在，即意味定都于其地。

⑨幽州：古地区名，其范围大至包括今河北北部及辽宁一带。

⑩险阨（xiǎn è）：险要阻塞之地。

⑪平江伯：即陈瑄。见徐祯卿《下洪》诗注释。

⑫旰食（gàn shí）：很晚才吃饭，指事务繁忙不能按时吃饭。宵衣：天不亮就穿衣起来。旰食宵衣，形容为处理国事而辛勤地工作，多用以称颂帝王勤于政事。

⑬司农：官名，主管钱粮事务。漕粟，水路运输粮食。

⑭雕瘁：凋零困苦。

⑮运饷：运费。劳勚（láo yì）：劳苦。

大洪行　（明）袁袠

君不见石龙嶔崎蟨海鲸①，伏甲②尽是苍山精。帝③遣石龙镇东海，势拔十洲倾五城④。又不见河伯狂奔自西极⑤，独挽⑥黄流向东射。两雄相遇未肯降，谁哉凿断石龙脊。龙门碾磁⑦秋水高，千载犹闻石怒号。峡声如雷日酣战，陡落千尺飞鸣涛。银河倒青天，并作三洪水⑧。滟滪瞿塘不足方，挽舟咫尺论千里。尔来云帆接帝州⑨，上洪下洪俱稳流。儋耳⑩明珠贡万斛，江东玉粒⑪为

宽愁。君不见应图真宰持天纪⑫，石龙低首黄龙⑬徙。（《列朝诗集》作王问诗）（清道光《铜山县志》卷二十一）

【注释】

①石龙：指蜿蜒如龙的崇山峻岭。嵚崎（qīn qí）：高峻貌。慑海鲸：让海鲸胆怯。

②伏甲：暗藏起来带有硬壳的小动物。

③帝：天帝。

④十洲：指祖洲、瀛洲、玄洲、炎洲、长洲、元洲、流洲、生洲、凤麟洲、聚窟洲。传说都在八方大海中，为神仙居住的地方。五城：这里是泛指很多地方。

⑤西极：西方极远之处。

⑥挽：牵引。

⑦碻磝（qiāo áo）：多石不平貌。

⑧三洪：指徐州秦梁洪、百步洪、吕梁洪。

⑨帝州：京都。

⑩儋耳：汉置儋（dān）耳郡，唐改为儋州，即今海南省儋县。

⑪玉粒：对米的赞称。

⑫图：即河图。《易·系辞上》："河出图，洛出书，圣人则之。"图、书被认为帝王圣者受命的瑞祥之物。真宰：指天地万物的主宰，此处指皇帝。天纪：上天之纪纲。借指国家法纪。

⑬黄龙：指黄河。

吕梁洪 　（明）冯世雍

昔闻吕梁水，今登吕梁山。山危如虎穴，水险如龙渊。舟舸迅来往，狂涛凌山头。许许①篙师力，冥冥②神助流。余日坐河上，股栗③不能言。舌不为之缩，足不为之旋。因叹游泳徒，身存神则亡。只见风涛恶，不见刀锯藏。步兵悲穷途④，昌黎哭峰侧⑤。山险古所忧，水险安可食。尝闻昆仑山，河源天地中⑥。灵根托鸿昊⑦，清泉渺终穷。我欲往从之，除地开元庭。谢兹悬仞险，向彼浴日明⑧。道理虽孔迩⑨，违隔⑩始遥长。（清道光《铜山县》卷二十二）

冯世雍（1503?—1551?），字子和，亦字三石，江夏（今属武汉市）人。嘉靖二年（1523）进士。历官吏部郎中、杭州知府、徽州府知府、徐州吕梁洪工部分司主事。有《三石集》《吕梁洪志》。

【注释】

①许许：进行繁重的劳动发出的喘息声。

②冥冥：此指不可知的境况。

③股栗：两腿发抖。

④步兵：指阮籍，三国魏时人，曾任步兵校尉，世称阮步兵。《晋书·阮籍传》记载："时率意独驾，不由径路，车迹所穷，辄恸哭而返。"此句借阮籍故事说明地势险要，无路可走。

⑤昌黎：指韩愈，世称韩昌黎。此句借韩愈故事，指吕梁洪

水道极为艰险。《卧游清福编序》"韩昌黎恸哭缒书。"《纪游稿引》载：昌黎游华山，因险不敢下，大哭缒遗书以诀。若真如此，韩愈可谓懦夫矣。

⑥河源：黄河之源。《艺文类聚》昆仑山：地之中也。河水出其东北陬。

⑦灵根：本根，此指昆仑山。鸿昊：广阔无边的天空。

⑧浴日：指太阳初从水面升起。《淮南子·天文训》："日出于旸谷，浴于咸池。"

⑨孔迩：很浅近。迩，此处意为简单。

⑩违隔：阻隔，隔绝。

别少山水部至吕梁宿酣始解因忆轩中山石有寄
（明）尹 台

豪吟别尔看花筑，醉里浑忘下濑船。片雨忽听河岸侧，数峰犹忆石梁前。误疑五老①虚江雾，却问三神②失海烟。相望彭城成阻绝，令余长兴独翻然。（《洞麓堂集》）

尹台（1506—1579），字崇基，号旧山，江西永新县人。嘉靖十四年（1535）进士，选庶吉士，授编修。历官南京祭酒、南京礼部尚书。有《洞麓堂集》《思补轩稿》。

【注释】

①五老：指五老峰，在庐山风景名胜区。

②三神：指古代神话传说中的蓬莱、方丈、瀛洲三座仙山。

吕梁歌二首　　（明）尹　台

一

悬水掀风起白浪，吕梁险势其如何。长鲸怒跋三门石，贱妾劝君无渡河①。

二

万里河流九曲②奔，飞湍千尺下龙门。等闲人心不似此，白日雷涛暗处翻。（《洞麓堂集》）

【注释】

①无渡河：乐府瑟曲调箜篌引《公无渡河》。详见前郑善夫《吕梁》诗注释。

②九曲：是古代对黄河上游曲折河段的称呼。详见前苏祐《双洪》诗注释。

徐州至吕梁述水势大略　　（明）归有光

黄河漫徐方，原野层波生。万人化为鱼，凛然①余孤城。仅见沮洳②间，檐楹半颓倾③。日月照蛟室，风波栖蜃氓④。浸薄⑤连群山，浩荡烟霞明。山回时复圆，盂盎涵光晶⑥。忽然睹开豁，天末翠黛⁷横。此来顿觉异，日在江湖行。吕梁遂安流，泯泯⁸无水声。狼牙⁹没深沉，一夜走长鲸⑩。三洪坐失险⑪，蛟龙不能争。乃知房村⑫间，尚未得泻倾。如人有疾病，腹坚中膨脝⑬。空役⑭数万人，绩用何年成。(《震川别集》卷十)

归有光（1507—1571），字熙甫，昆山（今江苏昆山）人。人称震川先生。嘉靖四十四年（1565）进士，历官长兴知县、顺德通判、南京太仆寺丞。有《震川先生集》《别集》。

【注释】

①凛然：令人生畏。

②沮洳（jǔ rù）：指地低湿，低湿之地。

③檐楹：屋檐和厅堂的前柱，泛指房舍。颓倾：崩塌倾斜。

④蜑氓：指遭受水灾而无生计的人。蜑（dàn），原指古代南方水上的居民；氓，指无业游民。

⑤浸薄：指大水和丛生的草木。

⑥盂盎：盂和盎皆为盛食物的器具。涵光晶：浸沉在光亮之中。此句的意思是：群山被大水包围着，像似盂盎浸在晶莹的水光中。

⑦翠黛：青绿色，此指青翠的山峦。

⑧泯泯（mǐn mǐn）：安静貌。

⑨狼牙：喻指河中林立的尖石。

⑩长鲸：鲸鱼。走长鲸：喻行船之快，如长鲸水中游弋。

⑪坐：因为。

⑫房村：《明史·河渠一》："（嘉靖）三十一年九月，河决徐州房村集至邳州新安，运道淤阻五十里。总河副都御史曾钧上

治河方略,乃浚房村至双沟、曲头。筑徐州高庙至邳州沂河。"

⑬膨脖(hēng):腹部膨胀貌。

⑭空役:指费了很多劳役却无成效。

吕梁洪　　(明)归有光

河流西楚日弥弥①,峡束千流忽自披。粉署②门檐高淤土,海王宫殿湿琉璃。石沉浪漫蛟龙去,水阔山迢日月低。来往顷看陵谷变③,百年空腹叹支离。(《归先生文集》)

【注释】

①弥弥:水流盛多貌。

②粉署:尚书省的别称,旧时为中央政府最高权力机构之一。汉尚书省以胡粉涂壁,紫素界之,画古烈士像,故别称"画省"。或称"粉省""粉署"。杜甫《秋兴》诗之二:"画省香炉违伏枕,山楼粉堞隐悲笳。"

③陵谷变:指世事或自然界变迁。《诗经·小雅·十月之交》:"百川沸腾,山冢举崩。高岸为谷,深谷为陵。"

过吕梁赠陈华山水部　　(明)董　份

水部才名天下闻,迩来开凿定奇勋。千寻悬沫平于掌,百尺连樯度若云。山接风光开画省,庭丛草树列清芬。濯缨①川上时

成咏，愿借潺湲^②一赠君。(《沁园集》)

董份（1510—1595），字用均，又字体化，号浔阳山人，又号泌园，浙江乌程县（今湖州）人。嘉靖二十年（1541）进士，改庶吉士，授翰林院编修。历官右春坊右中允，翰林学士、太常少卿、礼部右侍郎、吏部左侍郎、工部尚书、礼部尚书。有《沁园集》。

【注释】

①濯缨：洗濯冠缨。《孟子·离娄上》："沧浪之水清兮，可以濯我缨。"比喻超脱世俗，操守高洁。

②潺湲（chán yuán）：水流声。王安石《舟夜即事》诗："山泉如有意，枕上送潺湲。"

徐沛谣　癸丑作　（明）李先芳

吕梁水决黄河趋，平原徐沛皆江湖。父疏河，子备胡^①，阿婆秉^②，妇荷锄。三月不雨麦枯槁，丈夫归来瘗饿莩^③。(《东岱山房诗录》)

李先芳（1510—1594），字伯承，号北山，濮州（今属河南省）人。嘉靖二十六年（1547）进士，历官新喻知县、户部主事、刑部曹郎、尚宝司丞，陛少卿、亳州同知、宁国府同知等。有《东岱山房稿》《江右诗稿》《李氏山房选》《清平阁集》。

【注释】

①备胡：防备外来入侵者。胡，古时指北方和西方少数民族。《史记·绛侯周勃世家》："以河内守亚夫为将军，军细柳；以备胡"。

②秉：拿着，手握。此指手扶禾苗。

③瘗（yì）：掩埋。饿莩（piǎo）：饿死的人。

吕梁别纪水部十二韵　　（明）李先芳

榜舟①济水上，南溯吕梁洪。地设徐方险，天垂禹凿功。野桥黄石断，故垒汉台空。潮落双龙伏，川长独鸟通。淮流夕活活②，海气昼蒙蒙。郎署分南服③，乡园寄北风。赠言比金玉，看剑识雌雄④。明发停桡望，黄楼烟雨中。（《东岱山房诗录》）

【注释】

①榜舟：划船，行船。韩愈《南溪始泛》诗之一："榜舟南山下，上上不得返。"

②活活（guō guō）水流声。《诗经·卫风·硕人》："河水洋洋，北流活活。"

③郎署：官署名。明清时期为朝廷各部衙门司下属的官署。南服：古时以土地距国都远近分为五服，南方称为南服。

④雌雄：指雌雄剑，相传春秋时吴人干将、莫邪夫妻为吴王铸剑，莫邪为避免丈夫被杀害，便牺牲自己，以血肉之躯使二宝剑铸成，雄号干将，雌号莫邪。干将进雄剑于吴王而自藏雌剑。

雌剑时悲鸣，忆其雄。宝剑传其子，其子用宝剑将吴王杀死，为母报仇。

吕梁题养素轩　（明）王立道

大朴元无事①，幽居堪自怡。云依书幌②静，石共药栏欹。百贲③存吾道，玄文④任俗疑。风尘千古意，谁知染丝悲⑤。（《具茨集诗文》）

王立道（1510—1547），字懋中，号尧衢，无锡人。嘉靖十四年（1535）进士，授翰林院编修。有《具茨集诗文》。

【注释】

①大朴：指原始质朴的大道。嵇康《难自然好学论》："昔鸿荒之世，大朴未亏，君无文于上，民无竞于下，物全理顺，莫不自得。"

②书幌：即书斋中的窗帘。亦指书房。

③百贲（fén）：指各种典籍。

④玄文：指深奥的文章。

⑤染丝悲：亦称悲染丝。染丝，喻人易受习俗影响，如素丝易受染色一般。《墨子·所染》："子墨子言见染丝者而叹，曰：'染于苍则苍，染于黄则黄……故染不可不慎也！'"阮籍《咏怀》之二三："杨朱泣岐路，墨子悲染丝。"

吕梁洪　（明）海　瑞

吕梁洪险亦奇观,峭壁惊涛走万滩。楚缆吴樯①天上度,朔②云燕树镜中看。日黄山阁湖光皱,雪白江村草色寒。隔岸鞦韆喧不歇,桃花开遍曲阑干。(《中华古诗一万首》,亦见于海南海瑞墓园(3)——碑廊)(注:古诗文网作为林士元诗。)

海瑞(1514–1587),字汝贤,又字应麟,号刚峰。嘉靖二十八年(1549)举人,初授南平教谕,后任淳安和江西兴国知县。历官州判官、户部主事、兵部主事、尚宝丞、两京左右通政、右佥都御史。

【注释】

①楚缆吴樯:泛指南方来的船只。
②朔:北方。

过吕梁洪　（明）李时行

吕梁遗禹迹,怪石尚崔嵬。不雨飞晴瀑,无风响夜雷。逆流看砥柱,济险赖群才。何事劳劳客,冲波日往来。(《李驾部集》)

李时行(1514—1569),字少偕,号青霞,嘉靖二十年

(1541)进士。广东番禺县(今番禺市)人。历曾官浙江嘉兴知县、南京兵部车驾司主事。因事辞官漫游四方,交接方外之士。与欧大任、梁有誉、黎民表、吴旦等人结南园诗社,并称"南园后五子"。有《李驾部集》《李青霞集》。

过吕梁　(明)李攀龙

十年称病客,击楫[1]在楼船。澌下波方溜[2],风鸣水正悬。青山高卧里,白发壮游前。起色聊相假[3],终惭傲吏贤[4]。(《李攀龙集》)

李攀龙(1514—1570),字于鳞,号沧溟,历城(今山东济南)人。嘉靖十九年(1540)乡试中举,三年后赐同进士出身。历官顺天乡试同考官、刑部广东司主事、刑部员外郎、刑部山西司郎中、顺德知府、陕西按察司提学副使、浙江按察司副使、河南按察使。与王世贞同为"后七子"首领。有《沧溟先生集》。

【注释】

①击楫(jí):拍击船桨。晋祖逖统兵北伐,渡江中流,拍击船桨,立誓收复中原。后用"击楫"指收复失地统一国家的壮志。

②澌:流水。溜(liù):迅速下流。

③相假:相互凭借。

④傲吏:指不向权势低头、不为礼法所屈的官吏。郭景纯(璞)《游仙诗》:"漆园有傲吏,莱氏有逸妻。"庄子曾为漆园

吏。《史记·老子韩非列传》:"楚威王闻庄周贤,使使厚币迎之,许以为相。庄周笑谓楚使者曰:'千金,重利;卿相,尊位也。……子亟去,无污我。'"

吕梁王水部见赠□惠方书①   (明)周思兼

别君已是六年余,河上忻逢长者车。楚地何须留贾谊②,汉宫应自忆相如③。白雪犹护山中屐④,青鸟遥传肘后书⑤。歧路不堪重怅别,天涯音信莫教疏。(《周叔夜先生集》)

周思兼(1519—1565),字叔夜,号莱峰,南直隶松江府华亭(今上海松江)人。嘉靖二十六年(1547)进士,历官平度知州、工部员外郎、湖广按察佥事。有《周叔夜集》。

【注释】

①方书:指专门记载或论述方剂的著作。

②贾谊(前200—前168),西汉初年著名政论家,少有才名,文帝时任博士,迁太中大夫,因受大臣排挤,被谪为长沙王太傅。三年后被召回长安,为梁怀王太傅。梁怀王坠马而死,贾谊深自歉疚,抑郁而亡,时仅33岁。

③相如(约公元前179—前118),字长卿,西汉辞赋家,景帝时为武骑常侍。其代表作品为《子虚赋》。他与卓文君的爱情故事广为流传。

④山中屐(jī):屐,用木头做鞋底的鞋,古时为登山旅游

用,有的木底有齿。《南史·谢灵运传》:"登蹑常着木屐,上山则去其前齿,下山去其后齿。"明刘永澄《入吴》诗:"几着山中屐,频亲水上凫。"

⑤肘后书:指随身携带的书,多指医书或药方。(明)王世贞诗:"却出青囊肘后书,似求玄晏先生序。"

吕 梁　　(明) 张祥鸢

连山中断水门开,高束长河骄欲回。流沫千层纷溅雪,怒惊百折殷奔雷。参差石势迎船出,顷刻帆樯破浪来。世路风波那可道,不禁登岸首重回。(《华阳洞稿》卷十八)

张祥鸢(1520—?),字道卿,别号虚斋,镇江府金坛(今江苏常州)人。嘉靖三十八年(1559)进士,官至云南知府。有《华阳洞稿》。

吕梁夜过王水部　　(明) 林大春

朝望吕梁山,暮泊吕梁上。疏凿见神功,辟开由天创。十月寒雨来,声带秋涛壮。涛声尽东走,石势皆北向。参差虎豹蹲,喷薄蛟龙藏。夷险互倚伏,阴晴倏千状。恍如浮太空,坐泛星河长。寂莫旅魂惊,狂澜思欲障。因怀王子猷[①],清夜遥相访。一息览乾坤,千年谈霸王。雄文陋雕刻,同心叹凋丧。凭轩忽涕

流,大禹功谁尚。愿学仲尼观,敢事庄生放。今古倘不殊,幽期在昭旷②。(《井丹诗文集》)

林大春(1523—1588),字邦阳,一字井丹,号石洲。潮州府潮阳县(今汕头市)人。嘉靖二十九年(1550)进士,授行人,历官行人司行人、户部主事、浙江提学。有《井丹集》。

【注释】

①王子猷:见前钱琦《自房村抵王仲集遇雪》诗注释。

②幽期:隐逸之期约。昭旷:开朗豁达。

题赠栖云洞羽士① 洞在凤凰山 (明)宗 臣

明月峰头弄紫霞,相逢今日问丹砂②。赠君一丈金光草③,愁杀春风满树花。

碧草青萝古洞遥,吕梁疑是赤城④标。知君咫尺蓬莱⑤路,夜夜秋风弄玉箫。(康熙《徐州志》卷二十八)

宗臣(1525—1560),字子相,号方城山人。兴化(今属江苏兴化)人。嘉靖二十九年(1550)进士,历官刑部主事、吏部稽勋员外郎、福建参议、福建提学副使。诗有名,为"后七子"之一。有《宗子相集》。

【注释】

①栖云洞：清同治《徐州府志》卷十一："塔山旁为凤冠山，一名凤凰山，双峰如凤翅相连，中有栖云洞。"羽士，即道士，为道教的神职人员。

②丹砂：又称朱砂、辰砂，为汞的硫化物，是道家炼丹的主要材料。这里指的是道家的养生术。

③金光草：古代传说中的一种仙草。谓食之可以长寿。

④赤城：道教传说中的山名。《初学记卷八·登真隐诀》："赤诚山下有丹洞，在三十六洞天数，其山足丹。"

⑤蓬莱：山名。古代方士传说为仙人所居。

送王比部①之吕梁　（明）宗　臣

南望黄河亦壮哉，吕梁之水如奔雷。飞流万里昆仑下，急峡千峰日夜摧。汉署君为沧水使②，徐方人识济川才③。登临莫作观涛赋，恐有鱼龙处处哀。（《宗子相集》卷八）

【注释】

①比部：官名。为刑部司官的通称。

②汉署：指朝廷官署。沧水使，被派治水的官员。

③济川才：辅佐帝王的人才。济川：渡河。详见谢士元《过吕梁》诗注释。

阻风彭城下洪　　（明）王世贞

信宿维舟阻急湍,丛祠赛鼓①问祈安。风狂怪石低昂见,渚柱②荒山向背看。久仗束书③成客计,还呼卮酒④断愁端。彭城咫尺君休拟,老惯人间行路难。(《弇州四部稿》卷四十三)

王世贞（1526—1590）,字元美,号凤洲,又号弇州山人。太仓（今江苏太仓）人。嘉靖二十六年（1547）进士,授刑部主事,历官浙江右参政、山西按察使、广西右布政使、太仆卿、南京刑部尚书等。为"后七子"领袖之一。有《弇州山人四部稿》《弇州山人续稿》《弇山堂别集》等。

【注释】

①丛祠：丛林中的神祠。赛鼓,此指以鼓乐祭神。
②渚柱：水中呈弯曲形的小块陆地。
③束书：携带书籍。
④卮酒：杯酒。卮（zhī）,古代盛酒的器皿。

吕　梁　　（明）张凤翼

苍崖屈伏拥长川,白浪汤汤异昔年。野火堤边成瓠子①,狂澜水末变桑田。乾坤潆沉②频惊眼,岁月蹉跎好息肩。家食不须

占利涉③，独令蹈水得真诠④。(《处实堂集》)

张凤翼（1527—1613），字伯起，号灵虚，又称灵墟先生、冷然居士。南直隶苏州府长洲（今江苏苏州）人。嘉靖四十三年（1564）举人。历官右参政、右佥都御史、太子少保、兵部尚书。为人狂诞，擅作曲。有《处实堂集》。

【注释】

①瓠子：地名，也称瓠子口，在今河南濮阳西南。汉武帝元光三年（前132）夏，河决瓠子，水注巨野，通淮、泗，泛滥十六郡。参见苏轼《答吕梁仲屯田》诗注释。

②漭沆（mǎng hàng）：大水辽阔貌。

③家食：赋闲，不食公家俸禄。《易·大畜》："大畜，利贞，不家食，吉，利涉大川。"利涉：顺利渡河。

④真诠：真实的道理。一指对所奉经典的正确解释。

河上谣　　(明) 祝世禄

何物夜负黄河走，一决百尺黄涸口。吕梁失险流沫枯，千艘胶涩万夫守。旱魃①作祟河土坟，菜畦麦疃②吹黄尘。丁男畚插③渴欲死，道路流离人食人。吁嗟乎！天子璧马④应不惜，淇园之楗难为力。(《环碧斋诗》卷三)

祝世禄（1539—1610），字世功、延之，号无功，又号石林。

江西德兴人。万历十七年（1589）进士，选为南科给事。官尚宝司卿。有《环碧斋》诗集。

【注释】

①旱魃（bá）：中国古代神话传说中引发旱灾的一种怪物。《子不语》里旱魃被描写为"猱形披发，一足行"。袁枚《续子不语》里称旱魃："尸初变旱魃，再变即为犼。"

②疃（tuǎn）：禽兽践踏的地方。

③丁男：指已到服役年龄的成年男子。畚插（běn chā）：挖运泥土的用具。

④璧马：见前邵经邦《后吕梁篇》"沉牛刑马"注释。

房村道中会尚书潘公①治河赋赠　　（明）王弘诲

征诏三传湿紫泥②，洪河千里奠金堤。傲当浲水逢沧水③，功拟玄圭④陋白圭。忧国岂知潘鬓改，济川疑傍传舟栖。河渠书⑤就劳相寄，回首台端⑥望不迷。（《天池草》）

王弘诲（1541—1617），字绍传，号忠铭。海南定安人。嘉靖四十四年（1565）进士，入翰林院任庶吉士，升翰林院编修。历官南京国子监祭酒、南京吏部右侍郎、北京礼部右侍郎、吏部左侍郎、南京礼部尚书等。致仕后隐居家乡创建书院，执教育人。有《尚友堂稿》《天池草》《来鹤轩集》等。

【注释】

①潘公：潘季驯（1521—1595），字时良，号印川。官工部尚书，四次奉命治河，前后二十七年。隆庆四年（1570）秋河决于睢宁，次年潘季驯前往督查治河。时遇大水，双沟一带为水所淹，潘冒险乘小舟考察水势。

②征诏：皇帝下令征用某人。紫泥：古人以泥封书信，泥上盖印。皇帝诏书则用紫泥。

③洚水：洪水。《孟子·滕文公下》："《书》曰：'洚水警余。'洚水者，洪水也。"沧水：海水，亦指大海。洚，音jiàng，又hóng。

④玄圭：亦作"玄珪"。一种黑色玉器，上尖下方，古代用以赏赐建立特殊功绩的人；借指特大功业。

⑤河渠书：《史记》中的一篇，介绍中国古代水利情况的著述。记述从大禹治水开始，延续到汉元封二年（前109）黄河瓠子堵口，及其后各地兴修水利开渠灌溉等情况。亦泛指有关水利的书籍。

⑥台端：敬辞，称对方。

吕梁行　（明）王弘诲

君不见吕梁悬水三十仞，盘涡转地石流迅。开凿疑留鬼斧工，胥涛鲦浪①不停瞬。昔我维舟向此行，排山倒海势崩腾。百夫牵挽不得进，十步九折时洞濛②。迩来沙嘴高于石，沧桑转盼俱陈迹。二洪上下成安流，行人无事惊辟易。辛苦官家事喏桑③，投璧沉马犹皇皇④。往事徒闻说坡老，镌功勒石今昂藏⑤。模糊半已迷蝌蚪，纵横错落龙蛇走。笔锋似与洪争奇，千秋遗迹同岣嵝⑥。我生好古更怀贤，摩挲巉刻⑦成新篇。吁嗟！吕梁可平碑可灭，唯有高明终古常流传。(《天池草》)

【注释】

①胥涛：泛指汹涌的波涛。详见李东阳《徐州洪》诗注释。鲧浪：指大的波浪。鲧，相传为禹之父亲，因治水无功，被舜杀死于羽山。

②洄潆（huí yíng）：水环绕回旋。

③啮桑：地名。汉武帝《瓠子歌》曰"啮桑浮兮淮泗满，久不返兮水维缓。"参见前苏轼《答吕梁仲屯田》"宣房"注释。

④投璧沉马：见前邵经邦《后吕梁篇》"沉牛刑马"注释。

⑤昂藏：此指碑刻上的书法遒劲拔俗。

⑥岣嵝（gǒu lǒu）：指岣嵝碑，即禹王碑、大禹功德碑。原迹曾消失千年，2007年7月重新被发现。

⑦巉刻（chán kè）：形容诗文风格清峭瘦硬，亦指这种风格的文章。

吕梁道中　　(明) 饶与龄

跋涉修程屡问津，遭逢明圣世升平。雁鸿接翅缔行侣，莺燕和春籁自鸣。几带小舟摇野渡，夹堤绿柳媚游人。四门广辟天颜①近，谩说巢由凤翙冥②。(《椿桂集》)

饶与龄（1543—1595），字道延，号宾印。广东大埔人。万历十七年（1589）进士。官中书舍人，才两月即病卒。有《新矶题咏》《松林漫谈》《谩笔稿》《宾印诗草》，父（饶相）子合刻诗歌《椿桂集》。

【注释】

①天颜：天子的容颜。杜甫《紫宸殿退朝口号诗》："昼漏希闻高阁报，天颜有喜近臣知。"

②巢由：巢父和许由的并称。相传皆为尧时隐士，尧让位于二人，皆不受。因用以指隐居不仕者。凤翱：喻杰出的人才。

吕梁洪歌　　（明）王伯稠

波号地转雷，波去箭脱弩。侬身非估客①，何事猷②乡土。黄河石斗波汹汹，青天怒吼千蛟龙。六丁③当年凿山急，夜深风雨山灵泣。

岸头山色青重重，落日尽堕金芙蓉。推窗摊被看自乐，行人忘却风波恶。

上洪之难真上天，百夫力挽安能前。舳舻笑指如连属，南来北去纷相续。（《王世周集》卷五）

王伯稠，生卒年不详，约1573年前后在世。诸生，字世周，昆山人。工诗，有《王世周集》《王世周先生诗集》。

【注释】

①估客：商人。明何景明《送卫进士推武昌》诗："仙人楼

阁春云里，估客帆樯晚照余。"

②猒（yàn）：厌烦，厌倦。

③六丁：道教神名。详见吴节《上吕梁洪与同官刘安止连句》诗注释。

观道亭① 亭在凤冠山 （明）王应时

幽居剩有江村兴，况复同登最上亭。悬水远分秦晋域②，危峦近摘胃娄星③。清樽潦倒④云山暮，白日风尘岩岫冥。最喜石天⑤谈道者，不嫌促膝话黄庭⑥。（清道光《铜山县志》卷二十一）

王应时，生卒年不详。字懋行，侯官（今属福州）人，嘉靖二十九年（1550）进士，历官兵部员外郎、徐州吕梁洪工部分司主事、江西佥事参政、云南按察使。晚年退居乌石山西北麓中使园，名曰"西园"。

【注释】

①观道亭：道光《铜山县志》："观道亭在吕梁洪塔山（亦名凤冠山）巅上，有先圣石刻像，明嘉靖十四年主事张镗建。亦名川上书院，或谓子在川上处。"

②悬水句：指黄河水流经（秦）陕西、（晋）山西之间。

③胃娄星：二十八星宿中的胃星和娄星。详见汪梦斗《月夜舟行，晚发吕梁洪下，近更余到双沟》诗注释。

④清樽:清酒。樽,酒器,代指酒。潦倒:形容酒醉。
⑤石天:汉宫观名,在甘泉宫中。甘泉宫:一名云阳宫,在陕西淳化县西北甘泉山。
⑥黄庭:《黄庭经》,内容有关道家养生修炼之道。

吕梁次苏祐① (明) 涂 捷

停传瞻宗岱②,扁舟下吕梁。烟花暗征路,风雨趁归航。触石鱼争上,盘涡鹭独翔。济川空有志,俯仰愧虞唐③。(明嘉靖《徐州志》卷四)

涂捷,生平不详。澄山人。

【注释】

①次苏祐:即按照苏祐的诗韵写诗。参见前苏祐诗。
②传(zhuàn):指乘坐的驿站车马。宗岱:即岱宗,对泰山的尊称。徐州城南亦有山名泰山。
③俯仰:指俯仰一世,即周旋、应付一生。虞唐:虞舜和唐尧。古人认为唐尧虞舜时代为太平盛世。

过吕梁 (明) 区大相

临河发棹唱,聊得洗尘机。夕鸟度山翠,空梁沉暮霏。孔

观①人已远,庄记②事多违。从此茫茫去,中流击枻③归。(《区太史诗集》)

区大相(1549—1616),字用孺,号海目,广东佛山市人。万历十七年(1589)进士,初选庶吉士,历官赞善、中允、南太仆丞。有《区太史诗集》《诗集》《图南集》《濠上集》等。

【注释】

①孔观:指孔子观水吕梁。

②庄记:指《庄子·达生》篇,其中记述孔子观水吕梁事。

③枻(yì):船舷,亦指船桨。

夜泊吕城① (明)唐文献

何处汀洲②晚,停桡信楫师③。雨余霞散绮,风静柳垂丝。野寺钟声后,夜潮人语时。劳劳④游子意,陇笛⑤不堪吹。(《占星堂集》卷十二)

唐文献(1549—1605),字元征,号抑所,松江华亭人。万历十四年(1586)进士,授修撰,官至礼部侍郎。有《占星堂集》。

【注释】

①吕城:即吕梁城。《元和君县志》:"吕梁故城,在县东五

十七里。春秋时，宋之吕邑，至汉以为吕县。城临泗水，高一百四十尺，周回十七里。"

②汀洲：水中小洲。

③桡（ráo）：小船。信：任凭。枻师：船工。

④劳劳：惆怅忧伤的样子。

⑤陇笛：犹羌笛，一种古老的乐器，流行于羌族。韩愈《和崔舍人咏月二十韵》："郡楼何处望，陇笛此时听。"

吕梁阻风　（明）胡应麟

百尺牵大河，一步一回首。懊恼石尤风①，多于故人酒。（《少室山房集》）

胡应麟（1551—1602），字符瑞，更字明瑞，号石羊生，更号少室山人。浙江金华人。万历四年（1576）举人，久不第。筑室山中，购书四万余卷，从事著述，多所撰著。有《少室山房集》《少室山房笔丛》《诗薮》等。

【注释】

①石尤风：即逆风、顶头风。元伊世珍《嫏嬛记》引《江湖纪闻》："石尤风者，传闻石氏女嫁为尤郎妇，情好甚笃。为商远行，妻阻之，不从。尤出不归，妻忆之，病亡。临亡长叹曰：'吾恨不能阻其行，以至于此，今凡有商旅远行，吾当作大风，为天下妇人阻之。'自后商旅发船，值打头逆风，则曰'此石尤

风也',遂止不行。"

吕梁阻风呈徐使君　　（明）胡应麟

彭城遥骋望,突兀见黄楼。骤雨悲泥滑,狂风畏石尤。千山攒地出,一水抱天流。羡杀徐车骑,干旄①控上游。(《少室山房集》)

【注释】

①干旄:旌旗的一种。以旄牛尾饰旗竿,作为仪仗。《诗·鄘风·干旄》:"孑孑干旄,在浚之郊。"

吕梁遇仲文留饮志别　　（明）李三才

潦倒①从我好,飘零见汝心。颜无别后改,交比向来深。船压鱼龙夜②,星稀乌鹊林。人情惊反复,肠断白头吟③。(《列朝诗集》)

李三才(1552—1623),字道甫,号修吾。顺天通州(今北京通州)人。万历二年(1574)进士,历官户部主事、南京礼部郎中、山东佥事、河南参议、大理少卿等。曾以右佥都御史总督漕运,巡抚凤阳诸府。

【注释】

①潦倒：蹉跎失意。

②鱼龙夜：指秋日。杜甫《秦州杂诗》之一："水落鱼龙夜，山空鸟鼠秋。"杜修可注引《水经注》："鱼龙以秋日为夜。龙秋分而降，蛰寝于渊，故以秋日为夜也。"

③白头吟：乐府楚调曲名，多表达哀怨之情。

房村夜宿刘庄谈河事　　(明) 董其昌

柳外青帘扬晚风，宣房①遗迹草连空。谁知半卷河渠记，惬②在停骖野语中。(《容台集》)

董其昌 (1555—1636)，字玄宰，号思白，又号香光居士，松江华亭 (今上海松江) 人，明代书画家。万历十七年 (1589) 进士，授翰林院编修，官至南京礼部尚书。工画。有《容台集》《容台别集》等。

【注释】

①宣房：同宣防。指在河堤上建筑的房屋。详见苏轼《答吕梁仲屯田》诗注释。

②惬 (qiè)：恰当。

吕梁洪 　（明）徐　熥（tēng）

吕梁洪下水,已变作安流。安流虽自好,只是滞归舟。(《幔亭集》卷十一)

徐熥(1561—1599),字惟和,别字调侯,号幔亭,闽县(今福建省福州市)人。万历十六年(1588)举人。负才淹蹇,致力诗作。有《幔亭集》。

渡黄河 　（明）王　衡

客思如流急,河声带雨浑。滔滔今古恨,淡淡夕阳痕。壮甚吕梁水,高于云梦村①。孤舟去飘忽,倚棹寂无言。(《缑山先生集》卷三)

王衡(1562—1609),字辰玉,号缑山,别署蘅芜室主人。太仓州(今江苏太仓)人。万历二十九年(1601)进士,授编修。有《缑山集》。

【注释】

①云梦村:指云梦城。《读史方舆纪要》卷二十九:"吕梁洪上有二城,一曰云梦,一曰梁王,土人谓云梦即韩信,梁王则

彭越。"

下吕梁　（明）谢肇淛

　　吕梁古天险，河流纵奔泻。当其灌百川，两涘迷牛马①。悬崖蹙崩湍②，沮洳潲③平野。百里汇桑田，鼋鼍空古瓦。忆昔二十年，沧波渺春夏。天吴翻怒涛，常年失趋舍④。倏忽帆与樯⑤，汩没成土苴⑥。司空⑦画长策，凿石韩庄下⑧。两岸束狂流，势若注杯斝⑨。坳介时苦胶⑩，颠覆幸已寡。我来及春初，乘流途暂假。桃花水⑪未涨，烟波正潇洒。瞬息下淮邳⑫，夷犹极融冶⑬。去秋三山口，堤防稍苟且⑭。聚沙不成团，更禁霖雨打⑮。蚁穴溃寻堤⑯，寸朽倾大厦。诏下淇园竹⑰，半是墓田槚⑱。百亩致千束，一牛服两輠⑲。县官恣鞭扑⑳，富室尽喑哑㉑。秖今崖畔椿，犹带血痕赭㉒。焦额告成功，谁是徙薪者㉓？行人伤往事，言之泪盈把。远猷兹不戒㉔，疮痏及民社㉕。敢云杞人忧，聊以备风雅㉖。（《小草斋集》）

　　谢肇淛（1567—1624），字在杭，号武林、小草斋主人，晚号山水劳人，长乐（今福建省长乐县）人。万历二十年（1592）进士，授湖州推官。历官郎中、云南参政、广西按察使、布政使。有《小草斋集》。

【注释】

　　①两涘句：《庄子·秋水》："秋水时至，百川灌河，泾流之

大,两涘渚崖之间,不辨牛马。"涘(sì):水边。

②蹙(cù):急促。崩湍:激流。

③漭(mǎng):水广阔无际。

④趋舍:指举止,行为。失趋舍,这里指水势变化无常。

⑤倏忽(shū hū):忽而间。帆樯:帆和桅杆,泛指船只。

⑥汩没:淹没。土苴(tǔ jū):泥土和枯草。

⑦司空:古代官名,掌管水利、营建事务。

⑧韩庄:地名。明万历年间,于今山东境内微山湖韩庄修闸,开辟微山湖至江苏一段运河,全长42.5公里。

⑨杯斝(jiǎ):泛指酒器。

⑩坳(ào):堂上的低洼处。芥:同芥,芥菜,剖芥子以为舟,形容极小。胶:停滞。《庄子·逍遥游》:"且夫水之积也不厚,则其负大舟也无力。覆杯水于坳堂之上,则芥为之舟;置杯焉则胶,水浅而舟大也。"

⑪桃花水:指农历二三月桃花盛开时节,冰化雨积,黄河等处水猛涨。又称桃花汛。《水经注》卷一:"至三月,桃花水至则河决,以其噎不泄也。"

⑫淮邳:淮安和邳州。

⑬夷犹:此指行船慢,从容不迫。融冶:舒适。

⑭苟且:敷衍了事,马虎。

⑮禁:经受。霖雨:连绵大雨。

⑯寻堤:江河大堤。

⑰诏:朝廷的命令。淇园:地名,在今河南淇县附近,古代以产竹著名。见前邵经邦《后吕梁篇》"沉牛刑马"注释。

⑱槚(jiǎ):楸树的别称。

⑲棵（guǒ）：古代车上盛润滑脂膏的器具。

⑳鞭朴：鞭和朴皆为刑具。引申为体罚。朴，也作"扑"。

㉑喑哑（yīn yǎ）：沉默不语。

㉒赭（zhě）：红褐色。

㉓焦额：焦头烂额。这两句用成语"曲突徙薪"的故事，比喻事先采取措施，才能防止灾祸。《汉书·霍光传》："臣闻客有过主人者，见其灶直突（注：突，烟囱），傍有积薪。客谓主人：'更为曲突，远徙其薪；不者，且有火患。'主人嘿然不应。俄而家果失火，邻里共救之，幸而得息。于是杀牛置酒，谢其邻人。灼烂者在于上行，余各以功次坐，而不录言曲突者。人谓主人曰：'乡使听客之言，不费牛酒，终亡火患。今论功而请宾，曲突徙薪无恩泽，焦头烂额为上客耶？'主人乃寤而请之。"

㉔远猷：长远的打算，远大的谋略。兹：现在。戒：准备、防备。

㉕疮痏（chuāng wěi）：祸害，凋敝困苦的景象。民社：人民与社稷。

㉖风雅：《诗经》有《国风》《大雅》《小雅》，其内容多是对当时社会现实的不满和抨击。

宿房村　（明）袁宏道

野廓吹加劲，膏微影渐黄。残垆煨粪火，败絮拥蒿床。站远酸皮骨，沙飞涩胃肠。离魂相伴往，合眼见江乡。（《袁中郎全集》）

袁宏道（1568—1610），字中郎，又字无学，号石公，又号六休。万历二十年（1592）进士，荆州公安（今属湖北）人。与兄袁宗道、弟袁中道并有才名，合称"公安三袁"。历官吴县（今属江苏）县令、礼部主事、吏部验封司主事、稽勋郎中、国子博士等。有《袁中郎全集》。

黄河即事（其二） （明）查应光

为问古吕梁，随流向前去。乘风一折旋，转盼不知处。（《丽崎轩诗集》卷三）

查应光，生卒年不详。字宾王，号玄岳先生。休宁（今属安徽）人。万历二十五年（1597）举人，连任几处地方小官。曾十多次进京参加会试，屡试不第。后灰心仕途，在家著书教子，自称逸民。有《丽崎轩诗集》。

舟至吕梁洪 二十六日 （明）钟 惺

半月徐州住，今朝下此滩。初赐波一分，积气野无端。人涉何其便，鱼游似不难。变迁川谷理，天险亦安澜。（《钟伯敬全集》卷三）

钟惺（1574—1624），字伯敬，号退谷、止公居士，湖广竟陵（今湖北天门）人。万历三十八年（1610）进士，授行人，掌管诗诰及册封事宜。历官工部主事、南京礼部祭祠司主事、南京礼部仪制司郎中、福建提学佥事等。有《钟伯敬全集》《隐秀轩集》。

发彭城（之二） （明）杨嗣昌

旭日明春涛，晨风发清扇。瞥尔吕梁洪，飞湍去如箭。（《杨文弱先生集》）

杨嗣昌（1588—1641），字文弱，一字子微，自号肥翁、肥居士，晚年号苦庵，湖广武陵（今湖南常德）人。万历三十八年（1610）进士。历官杭州府学教授、南京国子监博士、户部福建司主事、户部江西司员外郎、户部郎中、南京户部新饷司郎中、都察院右佥都御史、兵部尚书、礼部尚书兼东阁大学士等。有《杨文弱先生集》《杨嗣昌集》。

夜渡吕梁将过迪堂呈李大[①] （明）万寿祺

霜风吹雁晚来过，水落蛟门[②]初渡河。独夜榛苓[③]南国远，来年钟磬故山多。担簦有客随蓬藟[④]，披户无人补薜萝[⑤]。几度别君无那老，须眉[⑥]如此奈愁何。（《隰西草堂集》卷四）

万寿祺（1603—1652），字年少，又字介若，徐州人，崇祯三年（1630）举人。崇祯十七年（1644），移家吴郡。清军南下，万寿祺于吴郡举兵起义，兵败被俘，督师惜其才及名声，授以吴江令，力辞不就。晚年移居清江浦（今江苏淮安），所居曰隰西草堂，自号沙门慧寿，或称寿道人。有《隰西草堂集》。

【注释】

①李大：指李向阳，生卒年不详。字孝干，徐州人。天启四年（1624）举人。曾官金山卫教授，后辞归，躬耕自给。与万寿祺朝夕唱和，为莫逆之交。

②蛟门：指水流急险处。

③榛苓：榛，灌木，丛木。苓，草名，或说即苍耳子。

④担簦（dēng）：背着伞，意指奔走、跋涉。簦，古代有柄的笠，如同现在的伞。蓬虆（léi）：植物名，生于丘陵之间，藤叶繁茂。

⑤披户：遮蔽门户。薜萝：薜荔和女萝。《楚辞·九歌·山鬼》"若有人兮山之阿，被薜荔兮带女萝"。借指隐者或高士的住所。

⑥须眉：胡须和眉毛。古时以男子之美在须眉，故以须眉为男子的代称。

吕梁洪　（明）许承钦

洪长七里，其境即古雍门，有悬水村。

往读庄生离石篇，悬水三十仞，鼋鼍鱼鳖不得上，仿佛牛羊登峻岭。宋公曾此会衣冠,碻磝甲卒凌秋隼①。襟喉虎踞剑锋张,泗上诸侯尽蛙黾②。复闻飞挽③越长津,两岸槎牙横铁缏。进寸退尺百夫争,失势存亡寄俄顷。我行遥眺古雍门④,萧条故里但荒村。怪石棱棱河腹怒,烈风飒飒山容昏。石华朱英⑤寒雾涌,瑶蕤翠葆哀鳌奔。啸吼喧豗方七里,是中真有蛟螭蹲。当时漕粟罹湍悍,孟门砥柱那可论。凿石甃⑥岸敌崩啮,洪涯缭绕苍山根。至今河伯怒未已,望洋击楫愁攀援。乃知天工存地险,千里一曲当藩坦⑦。安得凿空问博望⑧,更从星宿⑨挟昆仑。(《皇清诗选》)

许承钦,生卒年不详,字钦哉,号漱石,亦称漱雪,湖广汉阳(今属武汉)人。崇祯丁丑(1637)进士。历官溧阳知县、兵部郎、户部主事,大理寺评事。有《漱雪湖海集》《粘影词》。

【注释】

①会衣冠:这两句源自(唐)储光羲《登戏马台作》诗:"小会衣冠吕梁壑,大征甲卒碻磝口。"冠:帽子,古代士以上戴冠,衣冠连称,后引申为高官、贵族阶层的人。宋公,指刘裕。刘裕曾在戏马台宴请高官,为孔靖饯行。碻磝(qiāo áo):古津渡、城名,故址在今山东茌平县西南古黄河南岸,城在津东;东晋南北朝时为军事要地,刘裕北征攻打后秦时,曾驻军碻磝。

②蛙黾(miǎn):即蛙。韩愈《杂诗》之四:"蛙黾鸣无谓,合合只乱人。"

③飞挽:即飞刍挽粟,指迅速运送粮草。刍:饲料;挽:用车或船运送。粟:小米,泛指粮食。

④雍门：见刘敞《杂诗二十二首（其二）》注释。

⑤石华珠英：见前廖道南《吕梁洪》诗注释。

⑥甃（zhòu）：本义指砖，这里用作动词，即用砖石砌河岸。

⑦藩坦：喻卫国的疆吏，亦指国家的藩篱屏障。

⑧博望：指博望侯张骞。详见前苏祐《过吕梁洪》诗注释。

⑨星宿：即星宿海。详见前陆深《吕梁洪》诗注释。

山行赴吕梁和苏眉声踢荒原韵　（明）杨　妍

凌晨过岭曲①，宿雁叫平沙②。民以湖为国，予因马作家。蹄轻山路穷，辔揽水村斜。不尽荒凉意，西风冷鬓华③。（民国《铜山县志》《徐州诗征》）

杨　妍，生卒年不详，字士佳，徐州人，诸生。崇祯初应荐辟为归德推官。有《藜村诗集》。

【注释】

①岭曲：山岭曲径。

②宿雁：过夜的大雁。平沙：广漠的沙原。

③鬓华：花白的鬓发。

孔观楼[①]   （清）方　文

在吕梁，子在川上曰："逝者如斯夫。"即此处。

江河争入海，昼夜无停时。此理谁能会，惟应尼父知。（《方嵞山诗集》）

方文（1612—1669），字尔止，一名一来，字明农，号嵞（tú）山，别号淮西山人、忍冬子等。安徽桐城人。明诸生，入清不仕，以医卜自活。曾游徐州，李世洽观察徐州时，复往投之。有《方嵞山诗集》。

【注释】

①孔观楼：即观道亭。见前王主时《观道亭》诗注释。

金龙四大王歌　　（清）方　文

金龙四大王者，宋处士谢绪也。绪，会稽人，初为诸生，隐钱塘之金龙山。宋亡，日夜痛哭，阴结其徒为恢复计。寻知势去不可为，遂赴水死。题诗于石曰："立志平夷尚未酬，莫言心事付东流。沦胥天下凭谁救，一死千年恨不休。湘水不沉忠义气，淮淝自愧破秦谋。苕溪北去通关塞，留此丹心灭虏酋。"其徒问曰："先生之志决矣，然他日以何为验？"绪曰："黄河水北流，是吾报仇之日也。"后太祖高皇帝与蛮子海牙战于吕梁，不利，忽见云中有天将，挥戈驱河逆流，元兵大败。帝夜默祷，请其姓名，梦儒生素服前谒曰："臣谢绪也，愤宋祚移，沉渊而死。上帝怜我忠，命为河伯，今助真人破敌，吾愿毕矣。"次日即封为金龙四大王，盖绪兄弟四人纪、纲、统、绪，绪最少，又葬于金龙山，故名。今清江浦庙中有记甚详，予读之采以入诗。

行人舟至黄河滨，无不祭赛黄河神。但知金龙四大王，不知大王何如人。我来淮右天妃闸①，庙中歌舞尤杂沓②。巡观壁间有石刻，蒋生作传董生跋。上言金龙乃山名，处士谢绪怀忠贞。心伤德祐移宋祚③，慷慨愤激遂捐生。身虽沉渊志不改，石上题诗英爽在。上帝命为河渎神，西至昆仑东至海。后逢真主④起中原，与敌大战于彭门。鞭驱风雷暗相助，河水逆流敌败奔。是夕见梦于帝所，自言姓名及肺腑。因而敕封⑤大王号，沿河立庙为河主。后人舟行大河边，生死仗神神赫然。舟子往往见神异，史不胜书民争传。吁嗟草莽一逢掖⑥，精诚乃能贯金石。太平血食三百年⑦，忍见沧桑又如昔。我亦崟山老布衣⑧，与君异代同所归。瓣香勺酒拜祠下，预为处士生光辉。(《方崟山诗集》)

【注释】

①淮右：淮河北岸。天妃闸：明永乐年间修建，毁于1968年。据清咸丰《淮安府志》，大王庙在郡城外西南隅，又在清江、板闸、南湖三处皆有大王庙。徐州亦有几处金龙四大王庙，民国《铜山县志》："金龙四大王庙一在北门外堤上，一在河东岸，一在房村。"

②杂沓(tà)：众多纷杂貌。也作杂遝。

③德祐（1275—1276）：宋恭帝年号。宋祚：宋王朝政权。德祐二年，宋朝奉表投降，为元所灭。

④真主：指明太祖朱元璋。

⑤敕封：皇帝颁发诏书封赐臣僚爵号。

⑥草莽：民间。一逢掖：指一个儒生。逢掖，古代读书人所穿的一种大袂之衣。

⑦血食：谓受享祭品。古代杀牲取血以祭，故称。这里指明王朝统治维持了三百年。

⑧布衣：平民百姓。

上巳宿房村怀吴八中黄① （清）方　文

二月扬舲过楚州②，豫知修禊在黄楼。那堪中道逢阴雨，空惜佳辰逐水流。驴背吟身无依着，桥头村店且归休。来朝想到吴郎宅，定有香醪③破客愁。（《方嵞山诗集》）

【注释】

①上巳：三月三日。古代以农历三月上旬的一个巳日为"上巳"，后来固定为三月三日。旧俗以此日在水边洗濯污垢，祭祀祖先，叫作祓禊。吴八中黄，即吴中黄，生平不详。方文有《中秋夜吴中黄招同诸子赏月作吴郎行》《黄茅冈与陈善长、万遐客、吴中黄、段聚五、张楚村、徐石林、吴用九、万瞿客诸子为别》等诗。

②舲（líng）：有窗户的小船。楚州：今淮安市。

③香醪（láo）：美酒。

渡黄河（四首选一） （清）宋 琬

挂席①萧萧正北风，邮签②已过吕梁东。滴将双泪归沧海，应比鲛人③珠更红。

宋琬（1614—1674），字玉叔，号荔裳，山东莱阳人。顺治四年（1647）进士，授户部主事。历官吏部郎中、按察使。有《安雅堂全集》及未刻稿《入蜀集》。

【注释】

①挂席：挂帆，张帆行船。

②邮签：驿馆夜间报时的器具。杜甫《宿青草湖》诗："宿桨依农事，邮签报水程。"注："漏筹谓之邮签。"

③鲛人：神话传说中居于海底的怪人。详见前孙蕡《过吕梁》诗注释。

黄河舟中 （清）卢 震

大河晚泊急流中，地脉昆仑九曲通。万里涛光欣落照，千樯帆影受高风。潼关上扼成秦业，海口遥承著禹功。奇绝春雷声一发，断冰冲落吕梁洪。（《说安堂集》）

卢震(1626—1702),字亨一,汉军旗人。湖北竟陵人,京师籍,顺治九年(1652)以诸生应廷试,授宏文院编修,官至偏沅巡抚。三藩乱起,弃长沙逃走,贬谪管乌喇船厂,后得放归。有《杜诗说略》《说安堂集》。

吕梁洪　　(清)丁裕初

山灵河伯突而怒,洪流怪石相攻战。天吴腾踔冯夷奔①,挝鼓东驰气骠悍。惊波狂湍跳蹙来,目不停瞬声喧豗。峭石崚崖②迭相撞,洙③沫横喷不肯回。箭疾马飞纷乱逼,三老④长年几洒泣。自从垂发⑤学操舟,未见洪头春浪急。神旋鬼掣夺天门,狞龙拿攫长蛟吞。两山坚壁严约束,排抟⑥势欲翻天根。鞭风叱霆飒然壮,倒挽黄河向天上。一举巨野卷地趋,星辰如覆偕崩荡。宛如项羽胜秦兵,破釜沉船倍道行。章邯九遇尽披靡⑦,威慑诸侯巨鹿城。又如文叔昆阳战⑧,寻邑一崩师百万。巨人⑨僵倒卒徒奔,川溢沙飞豺虎散。世人但见水安流,清泚雾谷浮轻鸥。谁知峡谷相激薄,五色无主天为愁。凿山通埏神禹力,五丁竭智险难敌。蹈水丈人⑩洵有道,宣父观之怃然失。吕梁吕梁真壮哉!营魄震悸心骨摧。不必瞿塘横滟滪,居然瀑布挂天台。我来洪上陵谷改,砰訇⑪稍敛趋东海。怒流犹有霁颜时,险仄⑫人心终莫解。(《溯洄集》)

丁裕初,生卒年不详,获鹿(现石家庄市鹿泉区)人,顺治三年(1646)进士。历官五河县知县、杭州、济南、曲靖等地知府。

【注释】

①腾踔（téng chuō）：跳起，凌空。冯夷：即河伯，神话中的黄河水神。

②崡岈（hán xiā）：山谷深邃貌。

③洙：水名，为泗水的支流，这里指泗水。

④三老：古代掌教化的乡官。

⑤垂发：指童子。

⑥排抟（tuán）：指水汹涌激荡。

⑦章邯九遇：指项羽引兵救巨鹿，与章邯军九战，大破秦军。

⑧文叔：刘秀，字文叔。昆阳：地名，今属河南叶县。此句指汉刘秀与王莽军大战于昆阳。详见前廖道南《吕梁洪》诗注释。

⑨巨人：指巨无霸。

⑩蹈水丈人：指孔子观水吕梁，"见一丈夫游之，以为有苦而欲死也，使弟子并流而拯之。"见《庄子·达生》。

⑪砰訇（pēng hōng）：象声词，大水激荡声。

⑫险仄：艰难险阻。

吕梁舟中　　（清）张仁榘

山色入新秋，斜阳送客舟。人声争渡口，帆影落城头。古寺

红墙隐,清波白鸟浮。深宵篷背看,依旧月如钩。(《晚晴簃诗汇》)

张仁榘,生卒年不详。字步堂,萧县人。诸生,议叙盐提举。有《敬思轩诗集》。

彭城怀古八首(之一)　　(清)王士禛

吕梁千仞古所嗟,况复层冰如莫邪①。陪尾山前鲁祠北②,红泥亭子③漾金沙。(《渔洋山人精华录》卷九)

王士禛(1634—1711),原名王士禛,死后因避雍正(胤禛)讳,改称士正,乾隆时,诏命改称士祯。字子真,一字贻上,号阮亭,又号渔洋山人。山东新城(今桓台)人。顺治十五年(1658)进士,授扬州推官。历官户部郎中、礼部员外郎、翰林侍读、国子监祭酒、少詹事、刑部尚书。有《带经堂集》等。

【注释】

①莫邪:古剑名。详见前李先芳《吕梁别纪水部十二韵》诗注释。

②陪尾:山名。在山东泗水县东南,泗水发源于此,流经吕梁。鲁祠:鲁郡尧祠,在今山东兖州县。《元和郡县志·河南道·兖州瑕丘县》:"尧祠,在县东南七里,洙水之右。"洙水南流入泗水。

③红泥亭子:李白《鲁郡尧祠送窦明府薄华还西京》诗:"红泥亭子赤阑干,碧流环转青锦湍。"

雨中渡河望黄楼　　(清)王士禛

已见河鱼上,冥冥雨未休。一条飞白浪,十丈卷黄楼。杳霭龙山隐①,空蒙雉堞浮②。平生仗忠信,欲下吕梁游。(《渔洋山人精华录》卷十)

【注释】

①杳霭:云雾飘缈貌。龙山:云龙山。
②空蒙:迷茫貌。

吕梁洪　　(清)李世洽

龙门凿后险如何,曾道洪悬于仞波。流沫当年惊汩没,安澜次日狎鼋鼍。沧桑始信麻姑传①,璧马徒闻瓠子歌②。俯仰山川几变易,可禁人事若翻河。(《溯洄集》)

李世洽,生卒年不详,字溉林,直隶束鹿(今属河北)人,顺治四年(1647)进士。历官太湖知县、兵部郎中、徐州观察、山东布政司、山东乡试主考、朝议大夫等。

【注释】

①麻姑：中国民间信仰的女神，又称寿仙娘娘、虚寂冲应真人，属于道教人物。葛洪《神仙传·麻姑传》曰："…麻姑自说云：'接侍以来，已见东海三为桑田。向到蓬莱，水又浅于往者，会时略半也，岂将复还为陵陆乎？'"

②瓠子歌：见苏轼《答吕梁仲屯田》诗注释。

访雍门村① （清）曹一士

落日彭城上，秋原多古人。有怀孟尝客，言②访雍门村。飒飒③风动树，悠悠樵负薪④。焉知墓中骨，气压东西秦⑤。无弦发哀弹，千载声如闻。寄谢弹铗子⑥，三窟徒纷纭。（《四焉斋诗集》卷一）

曹一士（1678—1736），字谔廷，号济寰，又号沔浦生，上海人。雍正八年（1730）进士，改庶吉士，授编修，官给事中。有《四焉斋集》。

【注释】

①雍门村：见前刘敞《杂诗二十二首（其二）》注释。

②言：助词，无实义。

③飒飒：风声。

④悠悠：安闲的样子。樵：樵夫，打柴的人。

⑤东西秦：战国时秦昭王曾称西帝，齐愍王曾称东帝，两国

皆以其富强而东西并立，后因称齐国或齐地为"东秦"。《晋书·慕容德载记》："青齐沃壤，号曰'东秦'。"

⑥弹铗子：铗（jiá），剑把。齐人冯谖因家贫，寄食孟尝君门下。初到，无所好，未能受到礼遇。过了不久，倚柱弹其剑，歌曰："长铗归来乎！食无鱼。"孟尝君让人给食鱼。过了不久，又弹其铗，歌曰："长铗归来乎！出无车。"孟尝君让人为之车驾。过了不久，冯谖又弹其铗，歌曰："长铗归来乎！无以为亲。"孟尝君知道他尚有老母，于是派人给老母送去食用，让她衣食不缺。后冯谖为孟尝君收券于薛，假托孟尝君之命，尽烧其券，市义于民，民称万岁。齐王以为孟尝君名高其主而擅齐国之权，遂废孟尝君。孟尝君被废后，回薛地，离薛尚有百里，薛人扶老携幼，夹道欢迎。孟尝君顾冯谖曰："先生所为文市义者，乃今日见之。"冯谖曰："狡兔有三窟，仅得免其死耳。今君有一窟，未得高枕而卧也。请为君复凿二窟。"冯谖又尽力帮助孟尝君复其位，并立宗庙于薛，完成三窟。

晚渡黄河 （清）厉 鹗

闻道吕梁险，东分此地宽。纬萧询土俗①，剪纸祭波官②。落日中流赤，长风五月寒。高堂③念游子，舟楫报平安。（《樊榭山房集续集》卷第七）

厉鹗（1692—1752），字太鸿，一字雄飞，号樊榭，又号南湖花隐。钱塘（今杭州）人。康熙五十九年（1720）举人，屡试进士不第。终生未仕,专心著述。有《宋诗纪事》《樊榭山房集》等。

【注释】

①纬萧:纬,编织;萧,蒿类,可以织为帘箔。《庄子·列御寇》:"河上有家贫恃纬萧而食者,其子没于渊,得千金之珠。"后用为安贫或安贫乐道。《文选》南朝宋颜延年《陶征君诔序》:"灌畦鬻蔬,为供鱼菽之祭,织絇纬萧,以充粮粒之费。"纬萧,又指在河流中堵水以捕鱼蟹之具。也叫"蟹断"。唐陆龟蒙《甫里集十九·蟹志》:"蚤夜腾沸,指江而奔,渔者纬萧承其流而障之,曰蟹断。"土俗:当地的习俗。

②波官:水神。

③高堂:对父母的尊称。

吕梁洪　(清)朱秉璋

吕梁一水夹山阿①,浩瀚东流感逝波②。吞吐神虬惊骇浪,奔腾怒马下高坡。轻舟瞥去疾如箭,双桨齐飞快似梭。透石穿山驱岛屿,来源疑似接银河。(《徐州续诗征》)

朱秉璋,生平不详。字奉峨。宿迁人。有《紫荆花馆诗稿》。

【注释】

①山阿:山丘。

②浩瀚：水盛大辽阔。逝波：一去不返的流水，比喻流逝的光阴。孔子曾到此，感叹："逝者如斯夫！不舍昼夜。"（《论语·子罕》）

舟过吕梁　　（清）尤　璋

舟人指点尉迟城，城下河流万古声。西望直疑天下际，东归长浴①日初升。摇风橹急鸣鹅鹳，搏石涛惊乱鼓钲②。蚁度蜗沿③争尺寸，艰于骑马剑门④行。（康熙《徐州志》卷二十八）

尤璋，生平不详。

【注释】

①长浴：指东海。

②钲（zhēng）：中国古代打击乐器。

③蚁度蜗沿：形容前进极为缓慢。

④剑门：剑门关，在四川境内，地势险要，行进艰难。

房村驿壁见女郎赠兰州太守诗因次其韵
（清）尤　璋

循墙觅咏旅灯昏，纤手留题露粉痕。桑柘有原惊列马①，苎萝②何处欲寻村。夕阳古寺挥鞭路，霜月寒鸡逆旅③门。多少感情

无遣放,那堪锦字④更销魂。(康熙《徐州志》卷二十八)

【注释】

①此句用《陌上桑》典,诗曰:"使君从南来,五马立踟蹰。"列马,指五马。汉时太守乘坐的车用五匹马驾辕,因借指太守的车驾,亦代称太守。

②苎萝:苎萝村,在今浙江萧山,古时美女西施为苎萝村人。

③逆旅:旅店。

④锦字:华美的文辞。

吕 梁 (清)宋作梅

二洪当四冲①,吕梁控门阙②。荒城枕悬涛,人犹说彭越。凿险通平流,舟稳蛟龙窟。(《徐州续诗征》)

宋作梅,生卒年不详,字宜园,江苏铜山县(今徐州铜山)人。清乾隆二年(1737)科武进士。曾任宁波游击。工山水,亦能诗。

【注释】

①二洪:吕梁洪有上、下二洪。四冲:四通八达的交通要道。

②门阙:城门楼,城门。此指关键之地。

中　河　（清）钱大昕

东南岁转漕①，海运道久废。长淮溯流上，黄河路迢递。中经吕梁洪，汹涌浩无际。冒险非长策，各各献大计。凿渠泇沟②始，开道皂河③继。我朝靳中丞④，持节江淮澨⑤。周历审地脉，慷慨辟浮议⑥。渺弥骆马湖⑦，泉源纳千派。引之使南行，筑堤以扞卫⑧。峨峨大艑⑨来，峭帆⑩趁风利。破浪不须时，截流占既济⑪。宿预⑫逮下邳，百丈衔尾至。水驿经三千，鲁齐洎幽蓟⑬。遂令运租船，踏浪若平地。竭⑭来溯遗踪，波光正容裔⑮。想象经济才⑯，倜傥竟谁嗣⑰。前陈（瑄）与后宋（礼）⑱，鼎峙⑲差无愧。敢告载笔臣⑳，采入河渠志。（《潜研堂文集诗集》卷三）

钱大昕（1728—1804），字晓征，又字及之，号辛楣，又号竹汀，江苏嘉定人（今属上海）。乾隆十九年（1754）进士，选翰林院庶吉士，散馆授编修。历官右春坊右赞善，山东、湖南、浙江、河南乡试考官，翰林院侍讲学士，詹事府少詹事等。有《潜研堂文集》《二十二史考异》。

【注释】

①转漕：转运粮饷。车运称"转"，水运称"漕"。

②泇沟：地名，为泇河上水驿。在今徐州市北。

③皂河：水名。流经宿迁，今有皂河镇。

④靳中丞：即靳辅（1633—1692），字紫垣，辽阳人，隶汉

军镶黄旗。为清康熙时治河名臣。中丞：官名，即巡抚。

⑤持节：古时官员出使，必须持符节作为凭证。溠（shì）：涯岸。

⑥浮议：不切实际、没有根据的议论。

⑦渺弥：水浩渺无际貌。骆马湖：湖名，在江苏省北部。

⑧扞卫（gǎn wèi）：防卫。

⑨艑（biàn）：大船。

⑩峭帆：耸立的船帆。亦借指驾船。

⑪占：占卜。既济：已经渡过。《易·既济》卦，象征事已成。

⑫宿预：故县名，辖境在今江苏省宿迁市境内。

⑬幽蓟：幽州和蓟州。此处泛指今河北等北方地区。

⑭朅（qiè）：句首语气词。王安石《祭习博士绎文》："朅来扬州，辅佐元侯。"

⑮容裔：水波荡漾貌。

⑯经济才：经国济民的才能，亦指能经国济民的人才。

⑰倜傥（tì tǎng）：洒脱，不拘束。嗣：继承。

⑱陈瑄：见徐祯卿《下洪》诗注释。宋礼（1361—1422），字大本，河南永宁人，明代治河名臣。历官山西按察司佥事、户部主事、工部尚书、太子太保。

⑲鼎峙：鼎足并峙。

⑳载笔臣：携带文具记载王事的官员。泛指记载历史的人。曾巩《题钱仓仙燃烛修书图》："我亦载笔臣，大诏久复弛。"

彭城杂感(之一) （清）顾宗泰

吕梁山下吕梁洪,曾破苻坚堰水通①。黄帽风吹柳荫外,空看霞照浪花红。(《月满楼诗集》)

顾宗泰(1749—?),一名景泰,字景岳,号星桥、晓堂。室名月满楼。苏州人。乾隆四十年(1775)进士,历官吏部主事、高州知府。先后掌教娄东书院和浙江万松书院。有《月满楼诗集》《月满楼文集》。

【注释】

①堰水通:此句指公元384年谢玄败苻坚军,攻克彭城,为便于漕运而堰吕梁水,疏通水道。

吕梁遇雨 （清）鳌 图

车马驱驰似水流,东南飞起黑云头。人随败叶投荒寺,雨搅山泉下乱沟。风势逼回千里雁,雷声惊散一群鸥。巡河勤瘁频年惯,除此天恩无可酬。(《习静轩诗文集》)

鳌图(1750—1811),字伯麟,号沧来、静夫,汉军镶红旗人。乾隆三十五年(1770)举人。历官江苏金山、常熟等五县知县,太仓知州、徐州知府(嘉庆三年、七年两任)、苏州知府、江苏按察使等职。有《习静轩诗文集》。民国《铜山县志》:"鳌图镶红旗汉军于氏,举人。嘉庆三年由太仓州调徐督催引河,发灾赈,严戒侵冒,穷民咸沾实惠。旋知徐州,捐修文庙、节孝祠;增书院,膏火为诸生讲说经义。徐州素少科目,自此相继登科第者七人。擢徐道,遇河水异涨,亲驻工次,督率抢护。士民感其德,殁后设位四贤祠祀之。"

吕梁石砚旧传与端溪①同,而得之者鲜,今获斯石,诗以志之 (清)鳌 图

冲风破浪历千秋,沧海桑田片石留。此日研磨声动处,犹疑洪口下孤舟。(《习静轩诗文集》)

【注释】

①端溪:指广东端溪出产的砚台。

吕梁石砚 (清)鳌 图

李家且漫夸龙尾①,坡老何须作凤味②。碧玉无暇空艳烂,红丝③有眼亦模糊。天留片石沙宁渍,我取全材墨可濡。润欲生云池泛水,结邻从此伴顽夫④。(《习静轩诗文集》)

【注释】

①龙尾：砚名。其材龙尾石产自江西婺源东北部龙尾山。苏轼《龙尾砚歌序》："余旧作《凤咮石砚铭》，其略云：'苏子一见名凤咮，坐令龙尾羞牛后。'已而求砚于歙，歙人云：子自有凤咮，何以此为？盖不能平也。奉议郎方君彦德有龙尾大砚，奇甚，谓余若能作诗少解前语者，当奉饷，乃作此诗。"其诗句有："君看龙尾岂石材，玉德金声寓于石。"

②坡老：苏轼。凤咮（zhòu）：砚石名。苏轼《凤咮砚铭》叙："北苑龙焙山，如翔凤下饮之状。当其咮，有石苍黑，致如玉。熙宁中，太原王颐以为砚，余名之曰凤咮。"

③红丝：砚名。其石材原产于山东青州黑山红丝石洞，因其原料枯竭，清后以临朐老崖崮为主产区。陆游《秋雨初霁试笔》诗："墨入红丝点漆浓，闲将倦笔写秋容。"

④顽夫：喜爱玩赏的人。顽通"玩"。

吕梁洪　　（清）谢元淮

南北称天险，悬流走骇波。磬还浮泗水①，源已入黄河。岸谷更迁易，山川感慨多。往时争战歇，磨洗认珥戈②。（《养默山房诗稿》）

谢元淮（1784—1867），字钧绪，号默卿。湖北松滋人。历官武进县典史、荆溪县典史、苏州府太湖厅东山司巡检、苏州府照磨（掌管宗卷、钱谷的属吏）、淮南监掣同知、海州运判等。

工诗,有《养默山房诗稿》。

【注释】

①浮泗水句:《禹贡·徐州》"厥贡惟土五色,羽畎夏翟,峄阳孤桐,泗滨浮磬,淮夷蚌珠暨鱼"。

②琱戈:刻镂的戈。亦为对戈的美称。琱(diāo),本义为治玉,引申为雕刻、刻镂。北周庾信《哀江南赋》:"横琱戈而对霸主,执金鼓而问贼臣。"

清浪难 (清)郭尚先

奇石骈肩立,不容江径东。溅空千尺雪,鏖树①四山风。神鬼呼号际,帆樯蹴踏②中。由来忠信者,不识吕梁洪。(《增默庵诗遗集》)

郭尚先(1785—1832),字元开,号兰石,福建莆田人。嘉庆十四年(1809)进士,历官国史馆纂修、文渊阁校理、四川学政、左赞善、光禄寺卿、大理寺卿、礼部右侍郎。工书画。有《增默庵文集》《增默庵诗集》《增默庵诗遗集》等。

【注释】

①鏖树:指大风吹树。
②蹴踏:此指船在风浪中颠簸不定。

雍门村 （清）张念祖

声势方矜养士恩①，曦车②岂念易黄昏。沙虫③猿鹤怜同化，华屋山丘总断魂。谁把七弦弹太古④，能令一曲感王孙⑤。雍门遗响传千载，流水斜阳何处村。（道光《铜山县志》卷二十二）

张念祖，生卒年不详。字聿修，号柳亭，监生。徐州人，生活于康、乾间。家世显达，少有才名，中年家道中落，幕游四方，晚年居家授徒，与萧县郝樟、铜山蒋佩、丁泗吉友善。有《写意编》二卷。

【注释】

①声势：声威和气势，此处指举世舆论倾向。矜（jīn）：敬重，崇尚。养士：指战国时齐人孟尝君，以好客著称，门下食客数千人。

②曦车：羲和所驾之车，指太阳。神话中羲和为太阳的御者。

③沙虫：又称为光裸星虫，学名方格星虫，俗称"沙虫"。这里泛指土中小虫。

④七弦：即七弦琴，一种古琴，亦称瑶琴、玉琴，为中国最古老的弹拨乐器之一。太古：远古。此指远古的音乐。

⑤王孙：公子，贵族子弟。此指孟尝君。

访雍门村作　（清）高成己

携琴何处访雍门，竹径苍凉尚有村。今日我来河上望，半轮秋月下黄昏。(《徐州诗征》)

高成己，生卒年不详。诸生。江苏铜山县（今徐州铜山区）人。

雍门村　（清）朱有冯

行乐既得时，无为相天意。倘知生有死，豪淫①气先坠。乱冢掩蓬蒿，中有王侯②睡。悲风荡幽魂，夜雨洒精祟③。营营④相向啼，不复辨荣瘁⑤。狐兔穴枯骨，强弱易其位。雍门一曲琴，公子万行泪。雅音⑥哀不伤，热心冷难炽。我来访遗迹，村墟⑦见平地。三窟⑧安在哉，弦声恍汴泗⑨。(《徐州诗征》)

朱有冯，生卒年不详。字宝呈，徐州人，朱迈之子。贡生。工诗，善填词，有《自断吟》。

【注释】

①豪淫：放纵奢侈。

②王侯：指古时的高官贵族。

③精祟：精灵。

④营营：往来盘旋。

⑤荣瘁：兴盛衰败，同"荣悴"。

⑥雅音：高雅的音乐。

⑦村墟：荒废的乡村遗址。

⑧三窟：喻多处藏身之地。详见曹一士《访雍门村》诗注释。

⑨此句指乐声仿佛从汴水、泗水上传来。恍（huǎng）：仿佛。

雍门村 （清）孙运軿（píng）

谁把悲欢写素琴，剧怜公子亦知音。豪华昔梦魂难觅，虎兔新阡①感易深。弹铗应羞营窟意②，教鸡休问度关心③。田文④往事随流水，遗韵孤村试一寻。（民国《铜山县志》卷七十四）

孙运軿，生卒年不详。字御南，孙运锦从弟。江苏铜山县（今徐州铜山）人。同治（1862—1874）间贡生。有《尔尔集》。

【注释】

①阡（qiān）：田野。

②弹铗句：详见曹一士《访雍门村》诗注释。

③教鸡句：齐湣王时派孟尝君入秦，被扣留，有一食客装狗钻入秦宫偷出狐白裘献给昭王爱妾，经她说情，昭王释放孟。孟立即逃走，变姓名，半夜至函谷关。此时昭王后悔，又下令追捕。秦法规定，鸡鸣后才能让人出关，孟担心被追上，另一食客便装鸡叫引众鸡齐鸣，骗开城门，孟得以逃回齐。敩（xiào）：

学，效法。又读xué，古同"学"。

④田文：即孟尝君，田氏，名文。

赴下洪道中绝句　(清) 邱松月

西风瑟瑟水茫茫，霜叶飘零驿路荒。六十里中堤一线，只余衰柳画斜阳。(民国《铜山县志》卷七十四)

邱松月，生卒年不详。字朗亭，一字霞壑，江苏铜山县（今徐州铜山）人。诸生。著有《惜花轩集》《拙园诗草》。

彭城舟行　(清) 李大霖

彭城东下水如环，风满蒲帆①月满湾。过眼浪花三十里，舟人指点凤凰山②。(《徐州续诗征》)

李大霖，生卒年不详。字沛充，号停云。萧县（今属安徽省）人。山东候选州吏目。著有《停云馆诗》。

【注释】

①蒲帆：蒲草织成的船帆。

②凤凰山：此指吕梁凤凰山。详见前陈师道《登凤凰山怀子瞻》诗注释。

文 类

龙神庙记 （元）卢 挚

河之水驶于陕而东为砥柱之险，支于徐而东则为吕梁之险。曩承乏为河南陕城①，洛属也。鞅掌于征科②，供亿③之繁，砥柱之险，竟不遑一观。繇至元戊寅迄今二十有八年④，舟于吕梁者三乘递⑤而过者。一日将旨祝鳌寿⑥，齐海岳峻，使事北棹⑦，弭节传置⑧，彷徉⑨登望，林墟杳霭⑩，井里连延⑪；苍山洪川，郁纡蜿蟺⑫，石壁峭矗，嵌岩龍嵷⑬；蛮湍荡潆⑭，迅流盘涡，凭崖颓鼚⑮，则虽贲获⑯之勇，莫不悸栗局蹐⑰，震骇心目，是固宜。大抵幽灵之所奠宅⑱，或浮游于巘⑲，或陆离于逵⑳。帆樯往来，车骑杂沓㉑，贾客商妇，廛民㉒市唱，调笑歌舞，舟人渔子，欸乃㉓相答。予亦悠然有怀，怡然有得，乐然忘其行役之为劳也。先是传置之长董恩，贰㉔张旺、李全，伻㉕以路和兴者，自吕梁而南走广陵㉖八百余里见予，舟次道㉗，恩泊㉘其里之祠官葛泉、泉从子光显之意，有请于予曰：仆吕梁之馆人㉙也，长，恩也，以祗役㉚是土二十余年，自川渎淮江以及闽广大府，辇琛璧、航食货与计偕京师者㉛，靡㉜不繇此，而未尝有覆溺靡败之患，非有神焉斡维于斋渝冥漠之中，何以致然；斡维斋渝冥漠之中㉝，以平水石之梗，舍长介虫而灵水府者㉞，谁与得之！是邦稗官丛说㉟，具言金源氏㊱与故宋分帝南北，当是时，吕梁距宋围㊲才数百里，而近是水，尤为边郡要津，遂爵神以王㊳，锡佩金虎符㊴，而有护国金龙之称，后人因之。是虽出于腐士俚叟㊵之传闻称诵，不敢执为故常㊶，其发于土人事神之诚，尸祝无懈胎蚤㊷，有临者，其来已久。此龙祠之作，恩与馆人、祠官所以揭虔报本㊸，图惟奉承国家编秩㊹群望之意，盖有不容己者，愿先生有述以宠贲㊺之，岂唯欣幸。恩辈刻示㊻水滨，亦惟人神胥㊼悦。予方萧然养疴㊽未平，而和兴复自广陵从予荡桨溯淮，以极悃欵㊾。既还吕梁，则恩、光显诸人之请益坚，不得以病为解。夫究心殚力㊿，壓乃事以无瘝厥职[51]，斯亦庶几其可推而弗居[52]。救灾捍患[53]，复归美于阴相之功，栋宇黍稷，以妥云从渊跃之灵[54]；非若谄祭淫鬼[55]，涩洓觊悻以干利欲之私者[56]，是固不可不有纪也。恩，下邳人；旺、和兴，宿州人；全，睢州；光显，楚之宝应人，主是祠者三世矣。大德九年仓龙乙巳[57]，九月既望[58]。涿郡卢挚记。（清康熙《徐州志》卷三十）

卢挚（1242—1314），字处道，一字莘老；号疏斋，又号蒿翁。涿郡（今河北涿州）人。至元五年（1268）进士，历官燕南河北道提刑按察司、江东道提刑按察副使、陕西道提刑按察使、河南道总管、集贤学士、翰林学士。有《江东稿》《卢疏斋集》。

【注释】

①曩：从前，过去。承乏：谦辞，表示所任职位一时无适当人选，暂时由自己充数。陕城：古地名，在今河南三门峡市西。

②鞅掌：事务繁忙劳累。《诗·小雅·北山》：或栖迟偃仰，

或王事鞅掌。征科：征收赋税。

③供亿：按需要而供给。亿，估量。亦指所供给的东西。

④繇（yóu）：古同"由"，自，从。至元：元世祖忽必烈的年号。至元戊寅，即至元十五年（1278）。

⑤乘递：驿车或驿船，亦指乘坐驿车或驿船。

⑥将旨：奉皇帝的命令。祝禧（xǐ）：祝福。《史记·孝文本纪》："今吾闻祠官祝釐，皆归福朕躬，不为百姓，朕甚愧之。""集解"：如淳曰："釐，福也。""索隐"："音禧，福也。"

⑦使事：担任出使的事。

⑧弭节：指驻节，停车。节，车行的节度。传置：驿站。

⑨彷徉（páng yáng）：徘徊。

⑩林墟：树林山丘。杳霭：云雾缥缈貌。

⑪井里：乡村。连延：连续。

⑫郁纡（yù yū）：盘曲迂回貌。蜿蟺（wān dàn）：屈曲盘旋貌。

⑬嵌岩：指峻险的山岩。巃嵸（lóng zōng）：山势高峻貌。汉司马相如《上林赋》："于是乎崇山矗矗，巃嵸崔巍。"

⑭奔湍：激流。荡潨（cóng）：激流奔腾貌。

⑮覜壑：眺望沟壑。覜，读tiào：眺，望。

⑯贲获：孟贲（bēn）和乌获，皆为战国时勇士。

⑰悸栗：害怕得发抖。局蹐（jú sù）：蜷缩。

⑱奠宅：安置居所。

⑲巇（xī）：险峻；险峻之地。

⑳陆离：分散。邃：水中连通的穴道。

㉑杂沓（zá tà）：纷杂繁多。

㉒廛民：居民。

㉓欸乃（ǎi nǎi）：划船时歌唱之声。

㉔贰：副职。

㉕伻（bēng）：随从。

㉖广陵：今扬州。

㉗次道：途中临时停住。

㉘洎（jì）：与，和。

㉙馆人：管理馆舍、接应宾客的人。

㉚以：自，从。祗役：奉命任职。南朝宋谢灵运《邻里相送方山》诗："祗役出皇邑，相期憩瓯越。"

㉛辇：古时用人拉的车，此指运送。琛、璧：指珍宝玉器之类。计：指与国计民生有关的物资。偕：都，一起。京师：京都。

㉜靡：无，没有。

㉝斡维：掌管，控制。斋渝（yūn yuè）：水波深广貌。冥漠：幽暗不明。

㉞介虫：泛指鱼鳖等水族。水府：神话传说中水神或龙王所住的地方。

㉟稗官：小官。《汉书·艺文志》："小说家者流，盖出于稗官。街谈巷语，道听涂说者之所造也。"丛说：杂说，杂谈。

㊱金源氏：指金朝。

㊲宋圉（yǔ）：宋朝边境。

㊳爵神以王：以王的名位授予神。

㊴锡：通"赐"，赐予。金虎符：古代发兵或表明身份的凭证，即虎符。

㊵腐士：迂腐之人。俚叟：乡野老人。

㊶故常：旧则，先例。

㊷尸祝：主祭人。肸蚃（xī xiǎng）：散布，宣扬。

㊸揭虔：诚心诚意。报本：报答神的恩赐。

㊹编秩：指国家典章制度的设置、制定。

㊺宠贲（chǒng bēn）：即贲宠，谓光耀恩宠。

㊻刻示：刻铭石上，彰示来者。

㊼胥：全，都。

㊽萧然：安静冷清。养疴：养病。

㊾悃（kǔn）：至诚，诚实。欸（èi）：叹词。

㊿究心殚力：专心竭尽全力。

�51 廑（jǐn）：通"仅"。无瘝厥职：不空占其职位。瘝（guān）：旷废。厥：其。

(52) 斯：此。庶几：希望。推而弗居：推让而不居功。

(53) 救灾捍患：救援、抵御灾害。

(54) 妥：适应。此指安享。云从渊跃：指龙。《周易·干》："云从龙，风从虎。圣人作而万物观。""或跃在渊。无咎。"

(55) 谄祭淫鬼：为谄媚淫鬼而祭祀。淫鬼：乘人熟睡时睡在人们身上的恶魔。泛指恶魔。

(56) 涊淟（niǎn tiǎn）：污浊，卑污。明何景明《告咎文》："郁气涊淟，迅飙飒兮。"同"淟涊"，刘向《九叹·惜贤》："拨谄谀而匡邪兮，切淟涊之流俗。"觊悻（jì xìng）：希望侥幸。干利：谋求利益。

(57) 大德九年：即公元1305年。仓龙乙巳：仓龙，即太岁星，古时有太岁纪年法，仓龙乙巳即大德九年。

(58) 既望：农历每月十六日。

吕梁洪关尉庙碑记 　　（元）赵孟頫

神有所依凭则灵，载于有国之典。人得通祀①者，惟山川之神与古圣贤之祠。山川则能藏天地之精气，古圣贤则有功德于民。有以圣贤而兼主山川之祠，则向往加多，享祀亦加数焉。徐州之水，合于吕梁而入于淮，近世乃兼受河之下流。徐州之山，自西南来，乱流而东，复起为冈峦，累累然②相系不绝。水中横石数百步，其纵十倍，其上下如纵，得十之二三，高出于水上者，齺齺然③象人齿牙。水势小杀，则捍急④尤甚，舟行至此，百篙枝柱，负缆之夫，流汗至地，进以尺寸计，其难也乃几于登天。舟中之人，常号呼假助于神明。有元混一⑤天下，凡东南贡赋之输，皆引道自此，故舟至益多，日百千万艘。有庙在洪之西堧⑥，所祀二神：一为汉寿亭侯关公，公事汉昭烈⑦，尝为徐州牧；一为唐鄂国公尉迟恭。相传二公治水吕梁，徐州盖有二公之遗迹。二公生为大将，殁而为神，其急人之患难，夫岂怼于素志⑧也哉！先王制礼，能御大灾、捍大患，则祀之，如二公者，盖庶几⑨其人焉。二公所治，乃扼乎天地之巨险，在人所尤急难之地。始作庙者董恩，庙成，奉牲酒者争门而入，拜于轩陛⑩之间者至不能容。人之精神萃聚⑪于此，又挟山川之气以自壮，故祷焉辄应。每事必祝，其灵赫然。享祀之至，愈久而愈盛。于此见忠义之士，虽千载，遗烈犹不泯也，岂不伟哉！恩，下邳人，尝为驿官，性敦朴，笃于事神。予往年被召，数往来洪上，恩耆⑫巨石为碑，征余为文。余至京师，文成，书以遗之，皇庆二

年十月十七日也。铭曰:

　　于赫⑬二神,奋发雄武,际会风云,服事英主。维时英主,遇会无间。左顾右盼,力剪祸乱。生为大将,死为明神。能介景福⑭,以祐下民。徐合众流,浩浩南注。石扼中路,增捍兴怒。舟人至此,罔不震惧。日进万艘,谒庙致祭。刲羊割豕⑮,罗拜轩陛。神所主治,多部将吏。号呼乞灵,缓急如意。拔人于险,振人于扼。水循故道,湍弛崩迫⑯,鼋鼍蛟龙,各守其宅。神依于人,英威凛然。千载不泯,祷祀益虔。作庙距涯,允壮且丽。碑铭我词,以告来世。(明正统《彭城志》卷十四、明嘉靖《徐州志》卷八、清康熙《徐州志》卷三十、清乾隆《徐州府志》卷二十七、《赵孟頫集》、《全元文》)

《全元文》篇名为《关尉神祠碑铭》。

赵孟頫(1254—1322),字子昂,号松雪道人,又号水晶宫道人、鸥波,中年曾署孟俯。浙江吴兴(今浙江湖州)人。著名书法家、画家、诗人。历官兵部郎中、集贤直学士、济南路总管府事、江浙等处儒学提举、翰林侍读学士、翰林学士承旨、荣禄大夫等。有《松雪斋诗文集》。

【注释】

①通祀:一直延续祭祀,没有间断过。

②累累然:连续不绝貌。

③齰齰然:排列整齐貌。齰,音zé。

④捍急:指水势凶猛。

⑤混一:统一。《战国策·楚策一》:"夫以一诈伪反复之苏

秦，而欲经营天下，混一诸侯，其不可成也亦明矣。"

⑥堧（ruán）：水边空地。

⑦汉昭烈：汉代刘备。谥号昭烈帝。

⑧愆于素志：出于向来的志愿。

⑨庶几：或许，也许。

⑩轩陛：殿堂。

⑪萃聚：聚集。

⑫砻（lóng）：磨制。

⑬于赫：赞叹词。《诗·商颂·那》："于赫汤孙，穆穆厥声。"

⑭介：佐助。景福：大福，洪福。《诗·小雅·大田》："以享以祀，以介景福。"

⑮刲（kuī）：刺杀。

⑯湍弛崩迫：指激流冲击，堤岸崩塌。

徐州吕梁神庙碑　　（元）袁　桷

神禹水功，龙门、吕梁为最艰①。圣人述《书》，隐而不言，惧荒怪以汩真②也。步（一作"陟"）于上帝，受图于河③，其事伟著，岂诬也哉！余宦京师，过今吕梁者焉。春水盛壮，湍石弥漫不复辨，左回右激，舟樯林立；击鼓集壮稚，循崖侧足④，负绠相进挽⑤，又募习水者专剌棹⑥。水涸，则岩崿⑦毕露，流沫悬水，转为回渊，束为飞泉，顷刻不谨，败露立见。故凡舟至是，必祷于神，神固灵矣。夫集诚以致神，灵繇众成。往之自信不惑者，犹感悼自恐，则今之所谓禄利⑧奔走而不息，宁得无慊⑨（一作"歉"）于其中也邪？昔世祖皇帝征南绝淮⑩，梦神扈跸⑪以行，诏所至立护国祠。吕梁故祠，相传岁已久，此邦之人，因其湍险⑫，复增重之。繇是，南北之舟，至于祠下，必祷焉。彭城隶归德⑬，太守因（一作"田"）君以事谒祠下，肃瞻有加，乃命立石以侈神绩⑭。于是乡之耆老⑮郑安仁，复广其庙基，象设密严，栋宇轩靓⑯，荐酹⑰登降，严饬⑱有秩。遂介总管钱塘姚君具图状，愿刻其事于石。余待罪太史，观前代职方⑲神祠，徐州有庙曰孚济⑳、曰显济㉑，皆曰龙神。吕梁信天下奇险处也，非神孰尸㉒？非龙孰居？岳渎有祠，不以姓氏着。吕梁为河下流，奔赴南海，一息千里。昔之神受命神禹，显微无常，代谢上下，随运以化，则今之神，犹古之神也。皇朝一四海，贡输㉓金珠、绮缯、犀象、水土精玩之物，悉出东南，舳舻㉔相衔，昼夜不绝。道必繇徐州，神司其职，讫罔敢替怠㉕。依神以行，相戒无虞，神任匪轻矣！乃作诗曰：

首河昆仑，厥行靡恒㉖。或伏而舒，或迅以凌。在昔尧帝，孟门㉗震腾。授禹以图，百神罔不承。九野㉘既疏，沇水浑浑㉙。挟河以行，北东斯奔。积铁悬壁，怒雷赴川。如溜㉚斯注，如蛟斯骞㉛。自涯刊㉜山，讫㉝达其源。河既南矣，帝迹眇漫㉞。赫赫㉟世祖，威神耀天。爰率贡琛㊱，万桅盘旋。引梯从绳，以登以升。耄㊲歌稚和，鼖㊳鼓受听。棹夫㊴佐前，水师试命。曰：吾神是依，舍神则病。骈骈士子㊵，亦有商女㊶；爰集宇下，酾酒㊷致祀。金龙蜿蜒，以肖起止㊸。导其棘流㊹，如席如砥。此邦之人，仰神之来。昂昂石松，云斿（一作"旗"）离离㊺。匪惟护之，将永绥之。山川出云，古言祠之。崇堂丰堵，耆老相宇㊻。戒而叫嚣，毋作神侮。拾级㊼有叙，勿黩货以沮㊽。神告万年，天子受祜㊾。（《袁桷集》《全元文》）

袁桷（1266—1327），字伯长，号清容居士，晚号见一居士。庆元鄞县（今浙江宁波鄞州区）人。曾任丽泽书院山长。历官翰林国史院检阅官、翰林直学士、知制诰同修国史、侍讲学士。泰定元年（1324）辞归，闭门读书，自号清容居士。有《清容居士集》。

【注释】

①龙门吕梁：《吕氏春秋·爱类》："昔上古龙门未开，吕梁未发，河出孟门，大溢逆流。"《淮南子·木经训》："舜之时，共工振滔洪水，以薄空桑，龙门未开，吕梁未发，江淮通流，四海溟涬，民皆上丘陵，赴树木。"这里的吕梁在今山西。

②汩真：乱真，掩盖真相。

③受图于河：《竹书纪年》："禹观于河，有长人白面鱼身，出曰：'吾河精也。'呼禹曰：'文命治水。'言讫，授禹河图，言治水之事。退入于渊。治水既毕，天赐元圭以告成功。"

④侧足：形容有所畏惧，不敢正立。

⑤绠（gěng）：绳索。相进挽：相互牵手前进。

⑥刺桴：划船。

⑦岩崿（yán è）：山崖。

⑧禄利：官位利益。

⑨慊（qiàn）：不满足。

⑩世祖皇帝：即忽必烈。绝淮：越过淮河。

⑪扈跸：随侍皇帝出行。跸，指帝王的车驾或行幸之处。

⑫湍险：水流急速险恶。

⑬归德：地名。在今商丘市南。元置归德府，彭城属归德。

⑭侈（chǐ）：彰显。

⑮耆老：老人。六十曰耆，七十曰老。原指六七十岁的老人。

⑯轩靓：高大明亮。

⑰荐酹（lèi）：进献祭品，洒酒地上以祭神。

⑱严饬（yán chì）：严肃告诫。

⑲职方：原指古代官名，此处指国家疆土或地理书籍。

⑳孚济：未详。

㉑显济：民国《铜山县志》卷十二："显济庙在徐州城南泰山巅，祀碧霞元君，明嘉靖间建，清乾隆四十三年知府永龄改颜碧霞宫。每岁四月朔至十八日里人进香，甚盛，谓之泰山会，又

名泰山庙。一在季家山，一在蔡家山，一在郑家集。又名奶奶庙，一在北门外，一在子房山北，一在庞家山，一在顾台集，一在黄家集，一在房村，一在兴隆峪。"

㉒尸：主持，执掌。

㉓贡输：谓进贡输送方物。

㉔舳舻：指首尾衔接的船只。舳，指船尾；舻，指船头。

㉕讫：始终。替怠：懈怠。

㉖靡恒：非长久不变。

㉗孟门：在今山西吉县西，绵亘黄河两岸。因位于龙门之北，故称龙门口。《水经注卷四》："风山西四十里，河南孟门山，《山海经》曰：孟门之山，其上多金玉，其下多黄垩涅石。《淮南子》曰：龙门未辟，吕梁未凿，河出孟门之上，大溢逆流，无有丘陵，高阜灭之，名曰洪水。大禹通之，谓之孟门。"

㉘九野：九州的土地。

㉙沇水：古水名。因河道变迁，沇水成为济水的别称。沇，音yǎn。浑浑：大水滚滚流动貌。

㉚溜（liù）：流淌。

㉛骞：飞起。

㉜刊：砍，削除。

㉝讫：最终。

㉞眇漫：辽远无际貌。

㉟赫赫：显赫盛大。

㊱爰：助词，用于句首。贡琛：进贡的珍宝。

㊲耄（mào）：八九十岁的老年人。

㊳鼖（gāo）：古代一种大鼓。

㊴棹夫：船夫。

㊵骈骈（pián pián）：众多貌。士子：男子，多指青壮年。

㊶商女：歌女。

㊷酾酒：斟酒。酾，音shī，又shāi。

㊸肖：仿效。起止：举动。

㊹棘流：急速流水。棘通"急"。

㊺斿（liú）：旌旗的飘带等饰物。离离：盛多貌。

㊻相宇：观察殿堂。

㊼拾级：逐级登阶。

㊽黩货：贪污纳贿。黩，音dú。沮（jǔ）：败坏。

㊾祜（hù）：福。

昭惠灵显真人祠记　　（元）曹元用

昭惠灵显真人，秦蜀郡守李冰次子也。冰仕秦孝文王时，凿山穿江以行舟，且广溉稻田，作石犀、石人以压水怪，蜀人德之，历代庙祀不绝。宋政和三年[①]，改封英惠王，而以其子从祀，谓之郎君神，后封昭惠灵显真人。按《宋会要》所载者如此。而《搜神记》谓真人姓赵，讳昱，隋炀帝起为嘉州守[②]，率甲士操舟楫夹江鼓噪[③]，从七人入水斩蛟，故蜀人庙祀灌江口，谓之灌口二郎。宋初，追尊为清源妙道真君。窃详此二说，当以《宋会要》为正。第[④]不知祠于吕梁之东者，自何时始。其祠岁久，摧剥垂尽[⑤]。居民陈以德谈诸驿长董恩，于皇庆壬子[⑥]之秋，重构正堂四楹[⑦]，像设真人，而以七人从入水者侍，精严俊丽，见者为之竦动[⑧]。居民愈加敬惮[⑨]而礼事之，水旱疠疫[⑩]必祷，众欣然以谓报效应，影响捷。于是状其事[⑪]，介王监察御史祀甫[⑫]，属[⑬]余为文以纪之。《祭法》曰："能御大灾则祀之，能捍大患则祀之。"斯真人之谓也，其祀之灌江宜矣。然又能于千载而下血食[⑭]四方，远益不懈，非有所得乎民者能然哉！夫民至愚，而神天下之至不可化者也，而于真人严惮恪奉[⑮]，凛乎如在，输诚信，响耆艾[⑯]，不谋而同。凡有所苦必祷焉，而后心宁志惬。甚者如以德辈，倾所积以妥灵揭虔[⑰]，了无靳色[⑱]，夫岂偶而已耶！故为书其颠末，而系以词曰：

河水兮汤汤[⑲]，神之灵兮洋洋[⑳]。俨乎右兮如在，克昭[㉑]答兮民望。赳蝮[㉒]兮蛟虬怒，激水兮覆舟。愿夫君兮除民忧，俾浩波兮宁流。疠疫㉓兮间作,民扎瘥㉓兮委沟壑。愿夫君兮驱祟浸㉔,使闾阎兮清漠㉕。水暵㉖兮相仍,民冻馁㉗兮交并。愿夫君兮默佑,雨旸㉘若兮丰登民乐。怀灵贶兮孔博㉙,羞谷实㉚兮图报。修祀事兮矖矖㉛,吹箫兮伐鼓㉜,安歌兮缓舞。荐安脂㉝兮奠芳馨,灵冉冉兮来下。来下兮从容,恍惚兮若逢;丕欣欢㉞兮来享,祉斯民兮无穷。(清康熙《徐州志》卷三十、清同治《徐州府志》卷十四、民国《铜山县志卷十二》、《全元文》)

曹元用(1268—1329),字子贞,号超然,汶上曹庄(今山东嘉祥)人。历官镇江路儒学正、翰林国史院编修、中书省右司掾、礼部主事、尚书省右司都事及员外郎、太常礼仪院经历、太子赞善、礼部尚书兼经筵官。有《超然集》,今不存。

【注释】

①宋政和三年:即公元 1113 年。

②嘉州守:嘉州太守。嘉州,即今四川乐山市。

③鼓噪:古代指战时擂鼓呐喊,以壮声威。

④第:但是,只是。

⑤摧剥:受到摧残而败落。垂尽:将尽。

⑥皇庆壬子:即公元 1312 年。

⑦构:构建。楹:量词,房屋一间为一楹。

⑧竦动:惊动,震动。

⑨敬惮(dàn):敬畏。

⑩疠疫:瘟疫。

⑪状其事:陈述事情。

⑫介：因。祀甫：祭祀开始。

⑬属：同"嘱"，托付，嘱托。

⑭血食：祭祀；祭祀的食品。古时杀牲取血以祭，故称。

⑮严惮恪奉：以非常畏惧的心情，恭敬、谨慎去侍奉（神）。

⑯耆艾：泛指老年人。古以六十岁为耆，五十岁为艾。

⑰妥灵：安置好神灵。

⑱靳色（jìn sè）：吝啬之情。

⑲汤汤（shāng shāng）：水势浩大而急。

⑳洋洋：指神灵威力盛大。

㉑克：能。昭：光照。通"照"。

㉒赳螑（jiū xiù）：伸颈低昂，指愤怒貌。

㉓扎瘥（zhā cuó）：因瘟疫而死亡。亦写作"札瘥"。

㉔祟沴（suì lì）：害人的灾气。

㉕间阎（lǘ yán）：泛指平民百姓。清漠：清净安宁。

㉖暵（hàn）：干旱。

㉗冻馁（něi）：寒冷饥饿，受冻挨饿。

㉘雨旸：雨天和晴天。

㉙灵贶（kuàng）：神灵赐福。孔博：很渊博。

㉚羞：进献。谷实：五谷之实；谷物。

㉛罍罍：非常严肃。

㉜伐鼓：击鼓。

㉝腯（tú）：古时祭祀用的猪。

㉞丕欣欢：非常高兴欢喜。

吕梁庆真观记　皇庆二年　（元）吴　善

钦惟我世祖皇帝嗣大历服[1]，建昭应宫，祠[2]玄武神于京师之和义门外。以龟蛇尝见其地[3]，统元君（一作"居"）极[4]，殆有征也[5]。成宗迓续[6]，以元圣[7]仁威，登崇神号。太子文学元公作杭州玄武殿碑[8]，悉著其事。又道书[9]相传，其神三月三日降均之武当山。天子万寿节[10]以其日同，故岁遣祠官致祭。皇庆二年，应诏行者诚明中正玄静法师唐公洞云也。公毕事归，属予文，刻石其山，昭我国家旷代之典。予尝考于奉常祀秩[11]，其神又曰黑天帝，得并祀南郊位北，故水之神曰玄武。水生于一，故为道者宗之。宜夫道家者流崇敬勿替[12]，而神宫殆遍乎天下也。彭城吕梁有庆真观者，道士贾君师弟子所自建也。殚囊之余[13]，资羡于众[14]，成于至大三年。外崇郊门[15]，中屹正殿，旁作云堂庖湢[16]之屋。殿内象以玄武之神，钟鼓铿轰，晨夕诵祝，以延洪我国家（一无"国家"二字）无疆之休[17]。贾君之志，可谓勤矣。予宦游京师几十五年，彭城为水陆必遵之道。省初涉时，犹见其水湍急奔突[18]，龃龉[19]石间，顺流揸楫[20]，闪目失利，溯洄拽载[21]，窘趾罔捷[22]，故持篙挽牵，非其土人则不良于涉。后二年过之，奔流黄浊，泛滥迷岸，询其居人，曰："此黄河支流也。"昔汉元光间，瓠子塞而梁楚之地复宁[23]。宋熙宁时，澶渊决而徐人重被其患[24]。今河复经于济，涉于泗，泄于淮，而徐人不见昔者之苦，岂非捍防疏遏，有神者行乎其间哉？然则贾君建立之功，其所以利赖[25]徐人者不小矣。君由里人董君秀实佐吏中书，著其事[26]，介玄静公来求予记，且乞铭。贾君名德真，世为彭城人。延祐四年，受命于峄山白云宫远尘通妙纯德真人，知㉗庆真观事。其师曰金道铭，寿七十有九，于扬州仙去。贾君至扬，收其冠剑，归藏彭城。铭曰：

屹屹彭城，维古徐方。潏㉘彼流水，河流汤汤。有截有绎㉙，环其崇冈。中奠神宇㉚，师筮㉛其良。载翼之庑㉜，载峻之堂。来室来处，奕奕簪裳㉝。击鼓撞钟，吟咏洞章㉞。天子穆穆㉟，万寿无疆。师道恬淡，徐人乐康。师德渊淑㊱，徐人曷忘㊲。碑石我诗，地久天长。（清康熙《徐州志》卷三十、清同治《徐州府志》卷二十、民国《铜山县志》卷十九、《全元文》）

《全元文》篇名为《庆真观玄武殿记》。

吴善（？—1339），字养浩，安仁（今属江西）人。以荐授翰林编修，参与修撰《元成宗实录》。历官太常博士、集贤殿待制、江浙等地儒学提学。

【注释】

①钦：恭敬。嗣：继承。大历：大数。服：服行其政。大历服，意指天子的职责、职位。《尚书·大诰》："嗣无疆大历服。"

②祠：建祠祭祀。

③在中国古代传说中，守镇东西南北四方的神兽为青龙、白虎、朱雀、玄武，北方玄武是由龟和蛇组成的一种神兽。

④元君：古称善良的君主。极：帝王之位。

⑤殆：大概，几乎。征：征兆。

⑥成宗：即铁穆耳，元朝的第二位皇帝，1294年至1307年

在位。迓续：迎接承续。

⑦元圣：大圣人。

⑧太子文学：官名。

⑨道书：道家的书籍。

⑩万寿节：皇帝的诞辰日称为万寿节。

⑪奉常：官名，掌管礼乐郊庙社稷事宜。祀秩：指依礼举行祭祀的规定。

⑫勿替：没有断绝。

⑬殚囊：竭尽口袋里（全部资金）。

⑭资羑于众：资金超过众人。羑：超过。

⑮郊门：城郭之门。《南齐书·王融传》："〔北虏〕凶谋岁窘，浅虑无方，于是稽颡郊门，问礼求乐。"有的版本作"都门"。

⑯云堂：华美的殿堂。庖湢（páo bì）：厨房和浴室。

⑰休：荫庇。

⑱奔突：横冲直撞。

⑲龃龉（jǔ yǔ）：受阻挡。

⑳搘楫：撑船。搘（zhī）：撑，划。楫：划船工具，桨。

㉑溯洄：逆流而上。拽载：牵引船只。拽，音yè。

㉒窘趾周捷：行进困难，走不快。

㉓瓠子：瓠子河，古水名。汉元光三年（前132），黄河决入瓠子河，东南由巨野泽通于淮、泗，梁、楚一带连岁被灾。元封二年（前109），使汲仁、郭昌发卒数万人，塞瓠子决河。武帝亲临决河，令群臣将军以下，皆负薪填决河，作《瓠子歌》。

㉔澶渊：古湖泊名，故址在今河南濮阳县西。澶，音chán。

熙宁十年秋，河决澶渊，注巨野入淮、泗。

㉕利赖：依傍，依靠。

㉖佐吏：地方长官的僚属。中书：官名。著：撰述。

㉗知：主持，执掌。

㉘潏（yù）：水涌流貌。

㉙有截有绎：指断断续续。

㉚奠：建立。神宇：此指置神像的殿堂。

㉛筮（shì）：用蓍草占卜吉凶。

㉜载：且，又。庑（wǔ）：房檐。翼之庑，指房檐高耸如飞鸟的羽翼。

㉝奕奕：美好貌。簪裳（zān cháng）：泛指穿戴。

㉞洞章：指道教经书。道教经书分洞真、洞玄、洞神三部，故称。

㉟穆穆：庄重美好貌。

㊱渊淑：高尚美好。

㊲曷忘：怎么能忘记。

祭吕梁洪文　　（元）朱德润

惟至治二年①四月二十九日，朱德润舟次吕梁，谨以壶酒鹢②肉敢告于洪之神，曰：昔在大禹，奠民九州，九河既导，为梁为舟。曷斯吕洪，堑然③其石，舟不并行，百夫屡力。告尔河伯，尔司厥中，于皇天朝，水土聿宁④，贡赋万邦，靡舟不经。神之听之，石则在山，鞭石夷险，舟载不艰。酾酒有肉，敢告河伯，匪则我舟，万民是福。（《存复斋文集》）

朱德润（1294—1365），字泽民，号睢阳山人，又号岂杰。归德府（今河南商丘）人。曾任国史院编修、镇东行中书省儒学提举等职。工书法，善诗文。有《存复斋集》。

【注释】
①至治二年：即1322年。
②鹢（yì）：古同"鹢"，指水鸟名，形似鸬鹚，善高飞。
③堑然：指水中高高低低的石头如陷坑。
④聿：助词。

吕梁洪新建工部分司记　　（明）程敏政

余被召北上之济江也，工部主事萧山来君遣人逆致书曰：不佞分司吕梁再期矣，览观治所，见役夫漕卒之在候者千数，而地隘无以容。公廨处于委巷①，而与所莅相关周防之弗及也，虽职思其忧而莫之遂。揭②太平李公以都宪总漕③之节入觐，南旋过焉，工部郎中建昌谢君缉亦以行河至，与之议，而是之。则进以告公，公曰：经远之图也，宜亟为之。爰下徐州时，陕右何君宗理以进士知州事，谓封域所在，力任之，而以雨洪所贮，折价有余，请取办焉。庀④材召工，舁石畚土，出内⑤有典，赢缩⑥有稽。以价易邻地之在民者而斥其陋巷，除为道。司瞰⑦于河中为视事之厅十六楹，前树坊，曰分司，为大门，为重门，左右为步廊。厅之南为状元亭，则以今赞善费君宏尝从其伯父员外瑄读书于此⑧。经始弘治丁巳⑨之春，逾三月告成，规抚亢爽⑩，内外有严，士民耸观，山水增壮。李公之力也，敢请记以示来者。让不获，道出淮阳会李公，语之故。公怃然⑪曰：此来君之所经画缔构，吾何力焉。夫天下之事成于同败于异，若兹，吕梁之役可以观政矣。夫自国家都北以来，漕东南之粟，由淮入泗，以达京师，而吕梁要冲也。干方⑫之臣，上计之吏⑬，蕃⑭汉入贡之使，四方贸货之商旅，又往来无虚刻；下上之不时，涛石之所斗激，恒为舟患，乃置篙师、戈夫⑮以济。而或有相先之争，相触之诉，故工部分司一人领之，三岁一更，著为令，及今百三十年，至者取受成竣事而已。来君不以艰遗后人，而李公主之，谢君赞焉，又专其责,相其成,费不勤官,役不弊民,可谓贤矣。夫任事者不以喜功而嫌合议者;不以策非己出而沮⑯,此古同心同德者之所难也。使进而致主,以泽天下,亦不出此,况河防一事哉。后之人升其堂而思政,憩其亭而思学,皆有益世教,非一时饰厨传、辟苑囿以乐燕私者比⑰,是不可以无记。李公名蕙,字德馨,成化己丑⑱进士,今都察院右都御史。来君名天球,字伯韶,弘治庚戌⑲进士。是为记。(《篁墩程先生文集》)

程敏政:见前"诗类"部分注释。

【注释】

①公廨:官署。委巷:僻陋小巷。

②朅(qiè):句首助词。

③都宪:都御史的别称。总漕:总管漕运的官员。

④庀(pǐ):具备;备办。

⑤内:古同"纳"。

⑥赢缩:有余和不足,多和少。

⑦司瞰:主管监视工作的人或机构。

⑧赞善:官名,为太子僚属,比谏议大夫。此句参见费宷诗注释。

⑨弘治丁巳:即1497年。

⑩规抚:原意为仿效,依循。此处指建筑物的规格、形貌。亢爽:地势高旷。

⑪怃然:惊愕貌。

⑫干方:指安定和治理国家。语出《诗·大雅·韩奕》:"榦不庭方,以佐戎辟。"榦,同"干",正也。

⑬上计之吏：上计吏为官名，地方政府派赴中央呈递计簿的官员。

⑭蕃：指少数民族。

⑮戈夫：携带兵器维持治安的夫役。

⑯沮（jǔ）：阻止。

⑰厨传：古代供应过客食宿、车马的处所。燕私：泛指宴饮。

⑱成化己丑：即1469年。

⑲弘治庚戌：即1490年。

吕梁洪修筑堤坝记①　　（明）李东阳

徐州有二洪：一以州名，一以山名，山名者曰吕梁。吕梁之为洪有二，上下相距可七（《怀麓堂集》、"皇明"本为"五"）里，盖河之下流与济水会于徐以达于淮。国家定都北方，东南漕运岁余万艘，使船（《怀麓堂集》为"舡"）往来无虚日，民船贾舶多不可籍数②，率此焉道，此其喉襟③最要地也。洪石狞恶廉利④，虎居剑攫，阳隘阴龃⑤，中仅可上下。水势为所束不得肆，则激为飞流，怒为奔湍，哮吼喧哄，见者皆骇愕失度。巨缆弦引，进不得寸尺，乘流而放，瞥掠瞬（《怀麓堂集》多"迭"字，"皇明"本多"送"字）迅⑥，不复措手，其艰如此。

铅山费君仲玉以工部主事督水利于徐，顾而叹曰："此可以人谋胜也。"乃循行洪北，见其支流水所泄处，旧阏以束叶（《怀麓堂集》、"皇明"本为"稿"）⑦，水至则荡为浮梗以去；会（《怀麓堂集》、"皇明"本无"会"字）州县所具稿⑧，岁至二十五万，以钱输者加十有三，而恒病不足。则又叹曰："谋之不臧⑨，劳无益也。"乃白诸部长及总漕都御史张公瓒、平江伯陈公锐⑩，聚徒给廪⑪，辇⑫块石，垺⑬壤土，累（《怀麓堂集》、"皇明"本无"土"，累为"叠"字）为长堤百六十又（《怀麓堂集》、"皇明"本为"有"）五丈，广五丈（《怀麓堂集》、"皇明"本为"五尺"），而崇不过五尺。水小则迫之归洪，河用不涸；大则纵之，使漫流其上。又于堤西筑坝三（《怀麓堂集》、"皇明"本为"二"）十余丈，以杀湍悍，而堤得以不啮⑭。又观

文 类

于东堤丛石间,民困牵挽,足不能艮(《怀麓堂集》、"皇明"本作"良")步[15],乃畚瓦砾实其洼隙,外以石甃[16]之,为丈四百二十有奇。又东则甃为长衢,(《怀麓堂集》、"皇明"本多出"为丈七百九十而梁于衢上者三以析牵挽之壅")而行者亦(《怀麓堂集》、"皇明"本无"亦"字)因以为利。吕梁之险历数千万年,而十去五六,君于是有奇绩焉。然问其役,则洪夫之余力;问其费所出,则岁课之赢财[17];问其食所由致,则剥载[18]之余粟。而自以经画佐之,未尝责办于有司[19],劝假于漕士及往来之商民;而所奏减稿束岁十(《怀麓堂集》、"皇明"本多"余"字)万,民钱至二(《怀麓堂集》、"皇明"本为"三")十余万,功倍而费益省,可为难矣。初,君自成化庚子[20],越三年而成西堤,任满当代,民交章借君[21]。又三年而东堤成,君既报政[22](《怀麓堂集》、"皇明"本多出"迁武")选员外郎。予友华容刘国纪亦与君有宿昔[23],实(《怀麓堂集》、"皇明"本为"及")知徐州,达("皇明"本无"达"字)观君所营作,叹其绩不可(《怀麓堂集》、"皇明"本多"以")无述,请予记。予复闻于君从子翰林修撰子充者为详[24],乃为说曰:天地之道必赖于(《怀麓堂集》、"皇明"本为"乎")财成辅相[25],然后可以利乎民,故唐虞置虞官[26](《怀麓堂集》、"皇明"本多"而")益掌山泽,佐禹治水。《周礼》以中士("皇明"本为"土"字)为川师,掌山泽之名[27],辨其物与其利害,其为制不可详,然(《怀麓堂集》、"皇明"本为"而")其职固在也。今漕河所经,各有分职,要害之地则委郎官[28]以总之,利病兴革(《怀麓堂集》、"皇明"本为"利害因革"),惟其所任。然不过水道之疏塞如所谓沟逆地泐[29]之(《怀麓堂集》、"皇明"本为"水")属,不理孙者则浚涤之而已矣㉚,修治之而已矣。若长虑倍力,去险为夷,因害以为利者,讵不甚难矣哉。(到此"皇明"本加"君名瑄,仲玉其字",余下文字皆无)天下事固有一劳而永逸者,故苟其利倍十于旧,则虽殚财力而不惜;今以利校之,殆不可訾㉛矣。然则阅历代之险,而为永久不迁之利者诚可为之难(《怀麓堂集》多"非")邪。夫功不必己出,惟其有益于民与世。继费君者尚缉㉜(《怀麓堂集》为"葺")而保之,则兹洪之益于国家愈大,而圣天子财成之治㉝不为小补矣。君名瑄,仲玉其字。其为放舟之厅,集夫之营市易之场,皆洪士(《怀麓堂集》为"事")所赖。又值岁歉,以余粟千石赈州民,六百石给漕士,亦洪之余费。故附载之。(清康熙《徐州志》卷三十、清乾隆《徐州府志》卷二十七、清道光《铜山县志》卷十九、《四库全书·怀麓堂集》、《皇明经世文编》)

李东阳:见前"诗类"部分注释。

【注释】

①又题名:重修吕梁洪记本文采用州县志本,与《怀麓堂集》《皇明经世文编》本文字多有出入,差别之处在括号里注明。

②籍数:登记数量。

③喉襟:形容最要害之地。

④狞恶:指非常险恶。廉利:此指水中石锋利如剑。

⑤阳隘阴龃:指水上水下都受阻不畅。

⑥瞥掠瞬迅:形容水流急速,瞬间即逝。

⑦阏(è):阻止。束叶:捆成把子的树叶之类。

⑧稿:谷类的茎秆。

⑨臧：好，周到。

⑩张瓒：字宗器，孝感（今属湖北）人。明英宗正统十三年（1448）进士，授工部虞衡主事，历官督察院右副都御史、户部左侍郎等。

平江伯：为中国明朝时世袭之爵位，自明成祖时首封陈瑄，陈瑄的后代袭封此爵，共历十世十一代，至明朝灭亡方才断绝世系。平江伯陈锐（1439—1502），为第四代，直隶合肥（今属安徽）人，平江伯陈豫之子，天顺八年（1464）袭伯爵，坐营管操领。

⑪廪（lǐn）：本义为米仓，引申义粮食。

⑫辇：运送。

⑬埴（zhí）：本义为黄黏土，此处指坚固，即用黏土坚固。

⑭湍悍：水势急猛。啮（niè）：侵蚀。

⑮艮步：止步，停下脚步。艮，音 gèn。

⑯甃 zhòu：砌。

⑰课：征收。赢财：剩余的钱财，获利得来的钱财。

⑱剥载：划拨。

⑲有司：官吏。

⑳成化庚子：即公元 1480 年。

㉑交章借君：联名上书恳请官员继续留任。

㉒报政：陈报政绩。

㉓宿昔：过去有交往。

㉔从子：侄子。翰林修撰：官名。主要职务为编修国史、撰写制诰等。

㉕财成辅相：意思是裁节成就天地交通之道，辅助天地化生

之宜，以保佑天下百姓。语出《易·泰卦》，《象》曰："天地交，泰。后以财成天地之道，辅相天地之宜，以左右民。"

㉖虞官：掌管山泽苑囿田猎的职官。

㉗周礼：为儒家经典，十三经之一。中士：官名。古时诸侯置上士、中士、下士，其位次于大夫。川师：官名。掌管川泽名物及邦国献纳水产珍异的事务。

㉘郎官：官名，古代置有议郎、中郎、侍郎、郎中、尚书郎、员外郎等。

㉙泐（lè）：裂开。

㉚理孙：顺畅，通畅。孙，"逊"的古字。浚涤：疏通。

㉛訾（zī）：估量。

㉜缉：聚集。

㉝财成之治：意指顺应天地之道，用节制调理的方法去治理国家。参见注释㉔。

修吕梁洪堤岸记　　（明）刘　春

距徐州东南六十里有洪曰吕梁，其水险恶，即昔人所谓鼋鼍鱼鳖之所不能游者也。盖山自西南而东，石势蜿蜒布伏不绝，而水经其上束为漕河。水涸则广①，仅容舟，左右怪石齿列，飞流急湍，舟下迅速，不容瞬息。若挽舟而上，非巨缆弗胜，而牵以数十人，举步于乱石中，尤难为力。水溢则奔流横溃，洄㳂②澎湃，而石隐其下，冲激荡决，上下尤不可施人力。其险如此，然为南北喉襟③，官舟商舶，舍此无他适。故每三岁工部④疏请于朝，命主事一人，董⑤其舟之上下者，凡涉于河之利弊兴革委之。惟洪之上下相距七里，中为分司，自分司而北为上洪，先是董洪事者铅山费君仲玉，筑堤平崖，往来者既利之矣。自分司而南犹未有治之者。比者⑥，大河曹士群疏于朝，请如上洪筑堤，章下，所司以费广功巨不果。弘治甲子⑦冬，工部主事桂林刘君仁征至，视事之余，乃慨然任之曰："是功不兴，吾当承羞。"乃即其溜夫⑧中，籍其能石工者得数十人，给以器，俾凿石之廉利突出者，而于涂之低洼凸凹则以石填之。其石出近山，每日分诸溜夫为二番，一舁⑨石于山，一挽舟于洪，其工食则给以下丁⑩之雇直。盖自始事浃二岁⑪讫工。其为堤延袤四百十丈有奇，阔二丈二尺，高视阔有溢十尺者或杀，亦如其溢之数，因其地形也。于是昔之牵挽于丛石者今获坦涂，易于举力，而舟行履险如夷矣，其利不亦博⑫哉。徐人以其工不劳于民而成此伟绩，相率言于州守王君寅，请书其事，以示后人。惟天下之事未有不成于人者，然为之而病乎民或不病乎民，而于利害之缓急轻重不相关系，如台榭池沼焉，则亦非君子之所与也。是役也，工以岁期，为之而不亟民⑬，不以为厉，一宜书；捍民之患而不苟美以为观视，二宜书；以给洪之役，成利洪之绩，三宜书。书之，非徒著君之克办其职，将俾嗣之者视其成，修其坏，而其利永垂于后也。君讳天麒，仁征其字。初以文学发解⑭广西，即举进士；自入仕涂以谨恪著称，而见于设施者又如此，岂独其才可取哉。太守字时正，寅其名，为蜀之铜梁世家，于是功而欲纪之不忘，则其成人之美，亦可嘉矣！（《东川刘文简公集》）

刘春（1459—1521），字仁仲，号东川，又号樗庵，巴县（今属重庆）人。成化二十三年（1487）进士，授翰林院编修。历官翰林修撰、左谕德、侍讲学士、吏部左侍郎、南京吏部尚书、礼部尚书、文渊阁大学士、太子太保等。谥"文简"。

【注释】

①广（kuàng）：同"旷"，指荒废。

②洄洑（huí fú）：湍急回旋的流水。

③喉襟：比喻要害之地。

④工部：封建时代中央官署名，六部之一，掌管营造工程事项。

⑤董：监督管理。

⑥比者：近来。

⑦弘治甲子：即1504年。

⑧溜夫：指在船上或河工中查看水溜大小、缓急情况的

夫役。

⑨舁（yú）：抬，搬。

⑩下丁：下等夫役。

⑪浃二岁：整二年。

⑫慱（tuán）：通"团"，会合在一起。引申义为全面、完美。

⑬不亟民：指不让百姓太劳累。

⑭发解：旧时乡试举人第一名称为解元，考中举人第一名为"发解"。

移建吕梁洪关尉庙记　　（明）刘　宪

中原河山惟吕梁为至险，山自青兖而来，巉岩剑戟①，横亘河中，廉利不可当。水自河、济发源，吞汴纳泗，曲折入洪，喧豗②迅急，莫之能御。盖乱石截中流，两岸束惊浪，势极崄恶，实上流第一关也。故凡舟行至此，莫不心惊目眩，相与祷神戒力③，而后敢过。一或怠焉，则将怒，厥载④漂溺，而性命且寄篙桨矣。昔人有言曰：吕梁扼天地之巨险，信哉！洪旧有庙，祀汉关云长、唐尉迟敬德。相传二公尝治水于此，后人赖之，因立庙于河之西，岁时展祀⑤，人往来祠下者，望其像而致奠焉。噫！二公生为大将，捍大患于一方，死为神明，阐遗烈于千载⑥，固不待庙祀而后显矣。然祷焉必应人之心，岂能忘哉。在胜国时赵松雪盖尝记之石⑦。我国家定都朔方，凡东南漕运贡物之转输，朝臣藩省觐使⑧之往返，皆引道自此，故舟至益多，日百千万艘相望，假助于神力者，云集祠下。惜乎！庙宇神像，岁久多颓，且水循河东，去庙尚远，谒祷举祀者皆称弗便⑨。宪视篆⑩之三年，民事颇叙，顾瞻神祀是吾守土之责也，而可缓乎！时方欲市地图新，移置河东，适居民董霭者愿献隙地⑪一区。宪遂白于管洪主事李公相与谋度⑫，取给修河之费，易甓⑬市材，肇工于弘治戊申冬月⑭，越明年正月告成。为正殿五间，前门三间，缭以周垣，夹以两庑，中塑二公之像。凡神厨湢浴供祀之具，视旧有加。仍编置守庙者一人，岁以为常。呜呼！国家祀典非有功德于民，能御大灾患者弗与焉。若二公之勋业，在当时，精英；在宇宙，忠义之系人心；在天下，天下后世之人固皆知而祀之。而况吕梁扼乎天地之巨险，二公治水赫有成迹，百世是赖，徐人庙而祀之。抑天理民彝⑮之不能泯灭，如此人之精神聚萃于斯，熏蒿凄怆⑯如或见之，风涛颠沛若有遇焉，是宜神之灵异愈久愈显，以享我国家祀典于无穷也。庙成，宪猥⑰以一郡之长，金⑱谓宜有言，遂忘其固陋，识其岁月，且系之以词。（词缺）（清康熙《徐州志》卷三十）

刘宪（？—1509），字式廷，华容（今属湖南）人。成化十四年（1478）进士，历官知县、陕西布政司左参、都察院右都御史等。据清同治《徐州府志·官职表》载：刘宪于成化二十二年任徐州知府。

【注释】

①巉岩剑戟：高耸的山石如剑戟那样锋利。巉，音 chán。

②喧豗（xuān huī）：水流轰响声。

③祷神戒力：祷告神灵，请求给予力量。

④厥：其。载：指船只。

⑤岁时展祀：一年四季都开放祭祀。

⑥阐：宣扬。遗烈：前人遗留的业迹、节操。

⑦胜国：亡国，此指元代。赵松雪：即赵孟頫，号松雪道人。

⑧藩省觐使：指封建王朝的封国或属地去拜见朝廷，诸侯觐见天子。

⑨弗便：不方便。

⑩视篆：官吏到任主事。官印例用篆文，故称。

⑪隙地：空地。

⑫谋度：考虑作出规划。

⑬易甓：更换砖。甓（pì）：砖。

⑭肇工：工程开始。弘治戊申：即公元1488年。

⑮民彝：民之正常伦理。

⑯熏蒿凄怆：忧苦悲伤。熏、蒿皆为野草，此处指其痛苦如同熏蒿蒸烤。

⑰猥：谦辞，表示卑下。

⑱佥（qiān）：众人，大家。

青山龙神碑并序　（明）宋　骥

距徐州东南六十余里有吕梁二洪，相去不二里许，洪之傍皆出山石峻险，累累不绝，牙布棋列于洪之中，兼地势相去高下，水至此则冲突悍猛，声闻数里，舟楫之经是者，咸心悸胆栗。若不欲涉者，则皆酾酒焚楮①，以祷于神；暨涉险，则举篙曳缆，殚其心号，叩神明以祈冥助。既涉已，莫不举手相庆，以为去危即安而前进之，无复是忧也。是险殆天造地设，有非人力所能为者乎。至我国家肇建南北二京，凡大江以南之贡赋暨四夷方物②之此上者，赋由于是，千舸万艘，昼夜罔绝。

朝廷虑硈③之或为患也，乃择廷臣之练于事者往经理之。若今大理寺④遣左丞盱江徐公仪、刑部郎中⑤会稽王公溥咸与其选，二公同心协力，以凡可以利民者靡不究心。洪之傍有神祠，尝著灵异，凡往来舟楫必祷而后进。事闻，因勅神曰青山龙神，仍降祝文，命有司岁时致祭。日月既迈，栋宇颓圮⑥弗葺，赤白日就漫漶⑦。今知州事辽阳杨侯秘⑧因有事祠下顾瞻，惕然谋欲新之，因以咨于二公，二公则曰：古之公卿，先成民而后致力于神。矧⑨今天子布诏，尝以群祀为事，郡县守令仕承宣之寄，可不注意于斯乎，汝其勉之。杨侯因鸠材究工⑩，广其轩荣，饬其陛级⑪，缭以垣墙，涂以丹垩⑫。

二公日往视之。既成，于是祭奠，有所灵祥，日臻牲醴之诣祠下者，至不能容。落成之日，迭奏箫鼓大享乐神。若州掾因率其里人砻石⑬，请文于余，用纪颠末⑭。惟圣王制祀典，六神有其二，捍大灾则祀之，能御大患则祀之。矧朝廷所领祝文亦有御灾捍患拯投艰危之褒，宜有以纪之，以表敕封⑮之荣，灵显之异，以示永远。铭曰：

维徐有险，粤维吕梁。流合汴泗，奔激捲撞。东西往来，胆悸心惶。匪籍神祐，厥惟民殃。有祠翼翼，在彼洪傍。拯投救溺，厥灵维彰。廷议用嘉，锡号辉煌。屋颠而圮，人用恻伤。有嘉朝佐，曰徐曰王。有美郡守，辽阳之杨。谨再之新，合议允成。厥工维善，厥材维良。不日告成，轮奂翚翔。吹箫击鼓，割豕刲羊。侑以束脯，荐以壶浆。神之格思，介我灵祥。俾涉险者，用履平康。自今伊始，曰烝曰尝。维神之祐，维民之庆。（明正统《彭城志》卷十四）

宋骥，生卒年不详。余姚（今属浙江）人，宣德八年任徐州府学正。（见清同治《徐州府志·官职表》）正统（1436—1450）年间纂修《彭城志》。

【注释】

①楮（chǔ）：祭祀时焚烧的纸钱。

②方物：土产。

③硔（hóng）：沟壑。

④大理寺：古代官署名，专门负责刑狱案件的审理。

⑤刑部：主管全国刑罚政令及审核刑名的机构。郎中，为高级官员，掌管各司事务。

⑥颓圮（tuí pǐ）：破落，倒塌。

⑦漫漶（màn huàn）：石刻等因年代久远遭磨损而模糊

不清。

⑧侯：古时士大夫之间的一种尊称。

⑨矧（shěn）：况且。

⑩鸠材究工：筹集材料完成工程。

⑪饬（chì）：整治。陛级：台阶。

⑫丹垩：红、白色油漆。

⑬州掾：州的官吏。砻石：磨制石材。

⑭颠末：本末，前后经过情形。

⑮敕封：皇帝颁诏书封赐爵号。

祭吕梁青山龙神文　　（明）朱祐樘（孝宗）

维弘治七年①，岁次甲寅，十二月丙戌朔②，越二十六日，辛亥，皇帝谨遣内官监太监李兴、太子太保平江伯陈锐、都御史刘大夏，以香币牲醴祭③告于吕梁青山龙神，曰：比者黄河不循故道，决于张秋，东注于海，既坏民田，又妨运道，特遣内外文武大臣循行溃决之处，督工修筑。神其默相用成厥功④，使农不失业，国计不亏。不胜惓惓⑤顾望之至。谨告。（清康熙《徐州志》卷三十、清乾隆《徐州府志》卷二十七、清道光《铜山县志》卷十八）

朱祐樘（1470—1505），即明孝宗，明朝第九位皇帝。成化二十三年（1487）九月即位，在位18年，年号弘治，庙号孝宗。

【注释】

①弘治七年：即公元1494年。按干支纪年为甲寅年。

②丙戌朔：按天干纪月，寒露到立冬的时间段，就是丙戌月。朔是每月初一。

③香币牲醴：香、币帛、牲畜、甜酒。皆为祭祀之物。

④此句指神灵暗中予以极大佑助。

⑤惓惓（quán quán）：深切思念。

吕梁洪志序 （明）唐 龙

序曰：吕梁洪曷志之名山大川，纲纪四方，昭灵纪异，咸俟君子，况漕之水道者哉。是故司马氏作河渠书①，九川九泽，三江五湖，罔或遐遗，惟漕故也。

国家定赋，岁漕米四百万石，白、糙、粳、糯一十八万石，由江入河，直达于京师。水道几数千里，曰难曰险，未有甚于洪者也。予方有事于漕，搴衣蹑阶，升梁而眺焉，夫洪多巨石，胚腪岩崿②，长如蛟螾③，伏如虎豹，纠错如置棋，盘旋如轮毂④，廉棱如踞牙，如剑戟。前代辟凿厮而为渠，汶泗衍溢，沁汴渗淫，黄河澜汗⑤，合而潴⑥之。石之所激，奋跃鼓荡，雷訇⑦而阜涌，悬水四十仞，环流九十里，鱼鳖不能过，鼋鼍不敢居。漕万三千艘，胥⑧于是乎进，每一艘合数艘之卒夹洪夫挽之，弊肩伤臆，蹩足⑨挥汗，咸毕力以赴。然缘崖蹑级，蚁行蜗引，得寸而寸焉，得尺而尺焉，一弗戒则飘忽瞬迅，犹夫驷马脱衔，非穷日之力不可回也，是为天下之至难也。天下之事惟难思戒，惟易忽之。斯志行经国者，知漕之难乎，则官不置冗费，必汰浮兵，定以制役，止不急粟，无耗蠹，廪有备焉。受禄者知漕之难乎，则禄以养贤。吾思吾贤，食以食功，吾图吾功。敬事之臣日广，素餐之风熄矣。是故考迹以明规，因文而广逾，志之大也。夫曰勒一家之宏图，揭今昔之胜概，抑末矣。君子犹曰弗志焉。（《皇明经世文编》《渔石集》）

唐龙（1477—1546），字虞佐，号渔石，浙江兰溪人。正德三年（1508）进士，授郯城知县。历官云南监察御史、陕西提学副使、山西按察使、太仆寺卿、右佥都御史、兵部尚书、刑部尚书、吏部尚书、太子太保等。有《渔石集》。

【注释】

①河渠书：指司马迁《史记》中的"河渠书"。

②胚腪（pēi yùn）：亦作"胚浑"，指大自然周而复始的变化所形成的结果。岩崿（è）：山崖。

③蜑（dàn）：古时同"蛋"。

④轮毂（gǔ）：泛指车轮。毂指车轮的中心部分。

⑤澜汗：水势浩大貌。

⑥潴（zhū）：水积聚。

⑦雷訇（hōng）：喻巨大的声响。

⑧胥：全，都。

⑨躄足（bì zú）：跛脚，足痉挛而不能行走。

吕梁洪作垣记　　（明）方　豪

余公干江南，及吕梁洪阻风，工部陈君伯度挐①舟冒风波溯洪直诣予舟，延至观物亭，礼意周至。临行，以垣记为请，予乃与之周而观焉。其垣高一丈有余，下广五尺，上四尺，长五百余丈。自行部②以南六十余丈，以洪为险，则稍杀其高；前立南北二门，后立三门以出入。濒河留挽路③于垣之外，俨然一城郭也。予乃仰而叹曰：呜呼，壮哉垣乎！使十年前有此，吕梁之民安有屠戮④之惨乎！问其创造年月，则曰：始于丁丑冬十一月，讫于戊寅夏四月⑤。予又仰而叹曰：呜呼，神矣哉！夫以五百余丈之工，非有公帑⑥专役乃成于半岁间，虽古之灵台⑦亦庶几矣。君果何以致是邪！君曰："宪也何能，不过因其害而以利导之耳。"问其导之之方，则曰："吕梁背平地，前阻于洪，贼捣其后则赴水死耳。故昔年刘六之变最为荼毒⑧，近者，盗聚双井，居民甚恐，宪乃属其老少而诘之曰⑨：'尔辈能舍此以去乎？'曰：'不能，然何以为之备？'曰：'非不欲备之，而无策也。则吾将作垣以为尔备，尔能从之乎？'曰：'备我，利我也，利我子孙也，敢不共命⑩！'于是相地之高下，而与众规画之。择其有识者数人，以洪夫分属之，而责其成。又择洪夫之能者为筑工，而稍劳之。于是居民各相谓曰：彼夫与工非土著也，而乃尔吾何以可后⑪！其趋之犹夫与工也。垣外之民各相谓曰：彼垣耶，吾垣也，急则入焉，安可独劳垣内之民。趋之犹垣内之民也。予又仰而叹曰：呜呼！远哉，陈君之为吕梁民计也！勇哉，吕梁之民之趋令也！夫若是，则兹垣也，何可弗记哉！

诺君岁前当作。别且月余，未举笔。兹道经溧水⑫，实君旧莅之地⑬。见其庶务斩斩⑭，皆君遗规。感此忆彼知君为理之一也。石白湖⑮中草草记之，以践岁前之约。因忆吕梁鼓楼亦毁于燹，君至即剔夫弊，追价市材，造钟鼓楼各一于行部左右，命人司之⑯，以知晨昏，严启闭，事系于垣。亦附见云。(清康熙《徐州志》卷三十)

方豪（1482—1530），字思道，号棠陵，浙江开化县人。正德三年（1508）进士。历官昆山知县、沙河知县、刑部主事、湖广等处提刑按察司佥事、福建得刑按察司副史等职。有《棠陵集》。

【注释】

①挐（nú）：划船。《新唐书》列传卷一百一十五："行密挐飞舻，不持兵入其军。"陈伯度，即陈宪，字伯度，号后斋，生卒年不详，余干（今江西余干）人。约明世宗嘉靖初前后在世。正德六年（1511）进士。曾任吕梁洪工部分司主事，官终贵州布政使司参议。

②行部：朝臣巡行部属，考核政绩，称为行部。也指部属官府所在。

③挽路：供拉纤者走的路。

④屠燹（xiǎn）：杀戮纵火。

⑤丁丑：为正德十二年（1517）。戊寅：为正德十三年（1518）。

⑥公帑（gōng tǎng）：公款。

⑦灵台：西周台名。《诗·大雅·灵台》："经始灵台，经之营之，庶民攻之，不日成之。"

⑧刘六之变：指刘六、刘七领导的农民起义。明正德五年（1510）十月，刘六刘七在霸州发动起义，前后持续3年，转战河北、山东、河南、湖北、江苏数省。荼毒：毒害，残害。

⑨属（zhǔ）：聚集，会合。诘：追问，责问。

⑩共命：敬从命令。共，通"恭"。

⑪乃尔：副词，表示怎么能……本句意思为：怎么能在人后面呢！

⑫溧水：即溧水县，今为南京市溧水区。

⑬旧茇之地：意指发祥之地。茇（bá），指草根。

⑭庶务：指各种政务。斩斩（zhǎn zhǎn）：整齐，有条不紊。

⑮石白湖：在今南京市溧水区。

⑯司之：主管其事。

吕梁工部分司题名记 （明）李廷相

吕梁洪工部分司①故有题名记，岁久石泐，字画漫缺不可读。江夏冯君子和②慨焉，乃莅事③之明年，爰伐乐石④，规恢⑤旧制，表采诸执事⑥姓名宦履，且虚左方以俟。乃使南都⑦，征记重刻之繇。走读漆园书⑧，至孔子观于吕梁县水三十仞，流沫四十里，未尝不壮其言而思往一游焉。及典试佐铨⑨，往来于南，始获观所谓吕梁者。緪舟⑩下上，飞流惊沫，势若轰雷迅霆，即弗戒容有他虞，又未尝不窃叹以为伏至险于至夷，寓至艰于至易，天下之水盖乃有若兹者乎。我国家初罢海运，即命文武大僚专理漕河。凡东南数百万石之粟，率繇吕梁以达京师，而使帆贾舶日夕道兹者，前后相属，蝉联蚁进，篙师之声弗绝，匪⑪有专职以掌启闭之政，势殆⑫不可哉。乃著令⑬特设主事一员，竟九年或六年一更，后定为三年。任久而职专，公私便焉。粤⑭自永乐迄今凡若干人，要其宦业人人殊，匪有所总萃⑮奚以训位昭休⑯，信今而传后也哉。是故创制存乎事，举事存乎人，观人存乎迹，考迹存乎言。冯君之于兹役也，盖亦可谓兼得已乎，于乎是可以观其政矣。后之君子观斯石也，则必思其人，思其人则必刑其政⑰，庶⑱不负朝廷建官之意，而于冯君斯举亦式克有光⑲。廷不佞敢僭缀厥辞庸识诸首⑳。（清康熙《徐州志》卷三十）

李廷相（1485—1544），字梦弼。河南濮州（今河南濮阳人。明弘治十五年（1502）进士，授翰林院编修。历官兵部主事、春坊中允、充经筵讲官、南京吏部侍郎、户部尚书。

【注释】

①工部：官署名，为掌管营造工程事项。工部分司，为工部下属地方官署。

②冯君子和：即冯世雍，字子和，江夏（今属武汉市）人，时为吕梁洪工部分司主事。

③莅事：上任主持事务。莅，音 lì。

④爰：助词，用于句首。乐石：可作碑的石料。李斯《峄山刻石文》："乃今皇帝，壹家天下，兵不复起……群臣颂略，刻此乐石，以著经纪。"

⑤规恢：规范扩展。

⑥执事：官员。

⑦南都：南京。

⑧漆园书：即庄子的著作。庄子曾为漆园吏，故称。

⑨典试：主持考试。佐铨：辅助选拔官吏。

⑩絙（gēng）：大绳索；此处指用大绳索牵引。

⑪匪：非。

⑫殆：几乎。

⑬著令：命令。

⑭粤：助词，用于句首。

⑮总萃：汇集。

⑯奚以：何以，怎么。训位：按等级排列官位。昭休：彰显善美。

⑰刑其政：以其政绩作为榜样。

⑱庶：希望。

⑲式：榜样，典范。克：能。有光：能发扬光大。

⑳不佞：谦辞，称自己没有才能。僭：超越本分。缀：此处指撰写。厥辞庸识：文辞不佳，见识平庸。诸首：置于开头。诸，"之"与"于"的合音。

文　类

吕梁书院记　（明）舒　芬

郭子①分部吕梁，得治洪济漕也。教事不与②，民所鄙③，野蒙④不击，厥有自己。郭子患之，聚比公之童子⑤十余，教之孝弟⑥敬让，教之习礼，教之歌诗，读小学⑦书，以及于经⑧，以收放心，以养忠德。逾时得三十人，逾年来学者百有三十人。郭子为社学⑨四，建教读，颁教令，月朔，必会于公，振德之⑩。闻之周官族师⑪："月吉⑫，则属民而读邦法，书其孝弟睦姻⑬有学者。"郭子之道不其然与。又明年将代，民患之，卜比公之地，得几步为书院，有寝、有堂、有门，门隘无塾⑭，曰四社，月吉，其必会于是，以无忘郭公之心，观我髦士⑮。《书》曰："惟皇上帝，降衷于下民，若有恒性，克绥厥猷惟后。"⑯吕梁之民不其然与。书院成，或曰有非事（亦作"土"）者将病⑰郭子。民曰：是吾私。或曰：否。郭子得治洪济漕也，教事不与。既而太史东郭宗伯凤山播以诗⑱，人则和之，教读杨生、王生、陈生、董生，集而刻之。舒子闻之，曰：大雅言"人之秉彝，好是彝德。"⑲不其然与！

郭子名持平，家万安。舒子名芬，进贤人，相语于洪上，则嘉靖癸未⑳闰月癸丑。（清康熙《徐州志》卷三十、清道光《铜山县志》卷十九）

舒芬（1487—1531，一说1483—1527），字国裳，号梓溪，南昌进贤（今属江西南昌）人，正德十二年（1517）进士，授翰林院修撰。有《舒文节公全集》(又名《梓溪文钞》)。

【注释】

①郭子：即郭持平，字守衡。正德十二年（1517）进士。明冯世雍《吕梁洪志》："吕梁书院，主事郭持平建，内有社藏二区。"明万历《徐州志》："吕梁书院，在吕梁洪，嘉靖癸巳工部主事郭持平建。"

②与：参与，重视。

③所鄙：粗俗，浅陋。

④野蒙：粗鲁蒙昧。

⑤聚：聚集，召集。比公之童子：指官员子弟。比：亲近，亲密。公：指办公处所，即官署。

⑥孝弟（tì）：孝顺父母，敬爱兄长。"弟"通"悌"。

⑦小学：古代小学教授六艺，故礼、乐、射、御、书、数都称小学。文字训诂也叫小学。

⑧经：指儒家经典《易》《诗》《书》《礼》《春秋》。

⑨社学：明、清设于乡间的学校。凡近乡子弟，十二岁以上，二十岁以下，有志学文者，皆可入学肄业，入学者得免差役。

⑩振德之：救济贫困，施于恩惠。《孟子·滕文公上》："辅之翼之，使自得之，又从而振德之。"

⑪周官族师：指周礼中地官司的族师。族师：地方官，为百家之长。掌管其族之戒令政事。

⑫月吉：农历每月初一，或指正月初一。

⑬睦姻：与通婚一方和睦相处。

⑭塾：指门内东西两侧的屋。

⑮髦士：意思为英俊之士。《诗·小雅·甫田》："攸介攸介，烝我髦士。"

⑯这句引文出自《尚书·商书·汤诰》，意思是：天帝将善良、诚实赋予下民，民有了常性，君主就能让民顺乎其道了。衷：诚实。绥：安抚，顺从。猷：道，法则。后：天子，君主。

⑰病：指责，抱怨。

⑱太史：翰林。

⑲秉：秉持。彝：常，常性。彝德：美好的品德。语出《诗·大雅·烝民》："天生烝民，有物有则。民之秉彝，好是懿德。"

⑳嘉靖癸未：即嘉靖二年（1523）。

川上书院祭田记　（明）张　镗

孔子集群圣大成，道德广运，同太和元气①运行四时，与天地相为悠久，不容喙②矣。但先天一气，默运两间，见则为水，伏则为气，而道即寓焉，人鲜知之，故孔子川上发见道之叹③。庄子有观水吕梁之说④，未必无所据也。予管理洪事，时值公余，每与士君子登高远眺，遍求古迹，惟彼塔山巍然中立，诸山环拱，其势如揖，洪水来朝，其色如练，古今如斯，未尝间也。登斯山也，不觉天机⑤自发，心旷神怡，顿起物外之想⑥，因思孔子观水吕梁，疑即其地也。

予忝姻阙里⑦，过谒⑧孔庙，孔子六十二代孙成庵衍圣公以家庙所藏鲁司寇⑨真像见示，予不忍秘，重刻诸石，益之以赞立此山，以奉祀焉。然祀不可无亭，遂出廪余⑩建书院于是山之巅，所以存古迹、崇圣道、报圣德也。命名为谁，乃大司马⑪无锡凤山秦翁也，盖本诸川上之叹云。然书院告成，使春秋⑫弗祀，犹虚设也。仍出廪余买山地百十余亩，令老人石朋等分种之，以所获黍稷用办祭物，以时祀焉，庶事不扰民而理可久行耳。予管洪三载，时将赴京，恐岁久无稽，不可无纪，刻姓于石欲有所考耳。若夫润泽之，则在后之君子矣。是为记。（清道光《铜山县志》卷十九）

张镗：生卒年不详，浙江余姚人。明正德六年（1511）进士。曾任吕梁洪工部分司主事，官至太仆少卿。

【注释】

①太和元气:太和指天地、日月、阴阳会和、冲和的元气。元气为一切生命力的本源。

②喙(huì):借指人嘴。喻指议论、辩论。

③《论语·子罕》:"子在川上,曰:'逝者如斯夫!不舍昼夜。'"

④庄子句:见《庄子·达生》篇。详见"记述"部分。

⑤天机:指自然界运化的奥秘。

⑥物外之想:超脱世事之外的想法。

⑦忝姻阙里:意指与孔家结为姻亲。张镗为孔家之婿。忝(tiǎn):谦辞。阙里:孔子故里。

⑧谒:进拜。

⑨鲁司寇:即孔子。司寇:官名,掌管刑狱、纠察等事。孔子曾官鲁国司寇。

⑩廪余:俸禄的节余。廪,音lǐn。

⑪大司马:官名,即兵部尚书的别称。秦翁:即秦金(1467—1544),字国声,号凤山,常州府无锡县人。弘治六年(1493)进士。时称他为"两京五部尚书,九转三朝太保"。

⑫春秋:岁月,四季。一年春、夏、秋、冬四季,以春秋代表之。

玉湖砚石记　　（明）姚　涞

余尝观吕梁之野，郁纡倔佹①，皆业石②也。国家漕渠所经设水部郎一人，督疏泄平治之役。怪石纵横，随波隐见，其尤巨而狞曰天井，曰马头，曰夜叉，奔湍崩溜，舟师过之辄失其常度。玉湖张君莅其地③，命砺斧运椎，凿之弗辍，而水道之梗渐底于夷④。君既举其职⑤，时肃容濡毫⑥，以赓唱⑦为适。

行署⑧之北山韫美石焉，君取视之，喜曰：此砚质也，奚必远求端歙⑨乎。其润沃如⑩，其贞栗如，制砚数枚，受墨甚宜，以遗诸过客，客亦竞索焉，持为奇玩。明山姚子道吕梁，君出二砚示之，玩赏不能去手。姚子叹曰：物之有精粗，气也；显晦，数⑪也；取舍，人也。顾兹顽厉之族⑫，不适于用，精英攸聚，与类绝殊，非气之灵乎！沙沉草翳⑬，奚啻千祀⑭，一旦出之以资翰墨，非数之神乎！虽与世无求，而常聚于所好，不有所遭则无以发其精神，非人之贤乎！成必以气，出必以数，遇必以人，推之诸物，何莫不然！此予之所深感也。夫以徐土风气沉雄，士多豪侠，今观兹石之出，则其发山川之秀，启文章之祥，谓不兆⑮于此哉！玉湖君之所取意毋乃⑯在是！抑砚未有定名，以色拟者曰浆水，以地称者曰吕梁；石则佳矣，而名未称，予辄易其名曰玉湖，砚得玉湖而名始彰，兹名也，非砚之所乐受乎！客或赞之曰：非玉湖不能识此，非明山不能名此，砚之名于此定矣。遂书以为记。（清康熙《徐州志》卷三十、清道光《铜山县志》卷十九）

姚涞（1490？—1537），字维东，号明山。浙江慈溪人。明嘉靖二年（1523）进士，授翰林院修撰。历官经筵讲官、左春坊左谕德、侍读学士。有《明山集》。

【注释】

①郁纡：盘曲迂回貌。佹傀（jué guǐ）：变化多端。同谲诡。
②业石：指妨碍漕渠水道之石。
③玉湖张君：指张镗。莅（lì）：到。
④此句指经过疏凿梗塞之处使之平坦。底：至，到达。夷：平坦。
⑤举其职：受命担任官职。
⑥濡毫：蘸笔书写或绘画。
⑦赓唱：作歌唱和。
⑧行署：官署。明时吕梁设有吕梁洪分司公署。
⑨端歙：端，指广东肇庆市端溪；歙，指安徽歙溪。两地所产之石，均制砚佳品，有名于世。
⑩其润沃如：指石质非常细腻光滑。
⑪数：命运，气数。
⑫顽厉之族：凶恶之类。
⑬翳（yì）：遮蔽，掩盖。
⑭奚啻（xī chì）：何止；岂但。千祀：千年。
⑮兆：显示，预示。
⑯毋乃：莫非，岂非。

重建吕梁社仓记　　（明）顾　霈

吕梁之区，延漫①皆石山，其中有土则尽晶沙磊磧②，禾稻不生，乃其民河上聚居之众顾数千百人，依山为聚落者复离离③见也。吕梁居大磧野，唯治河洪，民皆以洪，故云：昔有社仓，贮粟建于河上。今岁久渐废，民众粟少，盖土砾而民众，其食易缺。按吕梁民岁时食用，悉转粟于徐邳之间，然北距徐州，南抵下邳，各百余里，沙莽弥望④，四无市郭也。粟非乘舟挽车莫能至，其取诸本土者绝罕少，故建仓比郡邑⑤处尤切要。盖其为仓即非郡邑比，其始由官洪者为义所建，故云义仓；掌无额吏⑥，亦鲜出粟，故其弊易至于废而匿粟⑦。旧建河上，地远，辄遇流贼起，民仓卒携粟置分署⑧中。岁时盗亡亦多有也。

嘉靖戊戌⑨，碧山张子来至，随览于吕梁之原，见其环河之土皆沙磧相杂也，河上之民聚凡数千百人，又多聚落⑩民也。其吕梁负粟者，又率非徐邳莫能至也。乃慨然太息，谓若吕梁地其不可亟贮⑪也！遂仿社仓故事，籍⑫粟至四千，然又散民间室渐废复在河上也。按仓历上下数百年，时久则废，久不变能不竟废也！乃改建于嘉靖之庚子⑬仓。至官洪者相振以来，不知其几建，今又建于张子兴裕，其方永矣。籍粟四千，粟不多，于是为广贮粟，仓旧卑矮⑭，不可多贮，于是为增置，其仓在河上。旧患贼盗，署四周皆建垣城，于是为迁置垣城，亦以荒磧之区，故经画尤至。张子曰：贮粟之道不广不裕，不固不久也。吕梁地又易匿而废也。噫！斯备之矣。仓粟比旧贮，今积为六千余石，洪无人粟，加张子俭笃[15]，又须二年耳。然张子即召归，居洪无日，而止于六千，可恨也。仓横亘前后凡五丈，长凡三十三丈五尺，视河上倍之矣。四面缭以垣墙，前开大门，又次一门，门凡二座，中构一堂，堂之东西建房各五，森然缘堂而比栉[16]者，所谓仓房也。其中台榭亭池，桥路细折，皆备具，砌造多采吕梁山石。度洪暇时役事，洪夫足供使，故不役吕梁民。其余材植[17]之费则张子出己资为之，故能底于迄成[18]。以洪无官钱云，其事尤可记。张子名珍润，丹阳人，与予同乙未[19]榜进士。（清康熙《徐州志》卷三十、清道光《铜山县志》卷十九）

顾霱，生卒年不详。浙江海盐人。嘉靖十四年（1535）进士。

【注释】

①延漫：延续，扩展。
②晶沙：晶莹的细小石粒。磊碛（qì）：众多水中砂石。
③离离：众多貌。
④沙莽弥望：沙地一望无际。
⑤郡邑：府县。
⑥掌无额吏：指编制上掌管义仓的官吏没有固定名额。
⑦匮粟：粮食用尽；缺少粮食。匮，音kuì。
⑧分署：官署。即吕梁洪分司公署。
⑨嘉靖戊戌：即嘉靖十七年（1538）。
⑩聚落：村落。
⑪亟贮：临时贮藏。

⑫籍：征收。

⑬嘉靖之庚子：即嘉靖十九年（1540）。

⑭卑矮：简陋矮小。

⑮俭笃：非常节俭。

⑯比栉：密密排列。

⑰材植：做房屋柱梁用的大木料。

⑱底于迄成：终于完成。

⑲乙未：嘉靖十四年（1535）。

吕梁洪修复堤岸记 　嘉靖　（明）李　默

　　今神州雄奠燕蓟，衣冠玉帛贡篚[①]之珍、则壤之赋[②]，四方辏进[③]，其道徐而北者，舳舻相衔至旁午[④]也。矧[⑤]徐吕二洪，石棱棱弥亘[⑥]河腹，森列错迕（亦作"迁"）[⑦]，以为舟厄，而吕梁延袤[⑧]最广，盖天下称险焉。虽上承汶泗，泉湖委流[⑨]，而实倚浊河汴沁汇为之助。当其淫潦[⑩]暴涨，险不可睹，功在篙师，即有枯涸，舟辄胶滞。顷年[⑪]山东诸流颇疑涓细，黄河又复南徙，二洪愈益受病，至厪朝廷遣大僚[⑫]，行水疏导节缩，殆无留智。水部主事东平徐君有让之治吕梁也，为嘉靖辛丑[⑬]，遘逢事会[⑭]，弊力[⑮]以图，始于洪南置石闸，语在学士[⑯]张公记中。已复筑堤上洪，障绝漫流归之内洪，并掇水中悍石甃为堤岸[⑰]，东西遂（亦作"绝"）成牵道，凡七百二十一丈有奇[⑱]，当狭处别作水门，至此稍益深。下洪亦改凿内洪，障以木闸，并甃堤，悉如上洪之制，堤长减十之七。徐人称内外洪犹吴越，称大小港也。洪以东岸为内，水（亦作"外"）盛则内外皆舟，涸即专归内港，非此则水漫力微，石始重贻舟病。木闸水门皆随舟启闭，以木方石工力减巨千[⑲]；水门又殊省，凡如此者，相地宜与物力以相屈[⑳]也。

　　诸役作于徐君莅事之明年，数月而毕。夫匠以名记为千五百三十有六，并役诸在官者；不以勤民縻帑藏[㉑]，发谋秉虑，调度征停，惟徐君能；而画可赋功，奖成令绪[㉒]，则节使少司空万安郭公持平力也[㉓]。

　　又明年癸卯仲春[㉔]，予以赴阙[㉕]出洪下，周览近迹，惊顾骇叹，以为少时游历所未有。方舟利涉，爰思作者之劳，而徐君适以记见属，又曷忍辞。呜呼！君子图事轨物㉖将以济时也。今天制水旱，地私川渎，运道阻艰，妨国大计，徐君乃能应时裁变，争尺寸之水于石齿㉗间，利济万艘，卒以力胜此，其才智不已伟耶。汉唐漕东南之粟以饷㉘关中，所经三门砥柱之险，不啻㉙吕梁也。是时管干㉚诸臣，疏凿排击，固已不遗余力。厥后法日以弛，运益告艰，彼人家国，亦视以为盛衰，吁可畏哉。继自今有如甘露时降，川祇㉛效灵，则洪流浩渺，舟楫自便，无所事智㉜，即不然，徐君之法何可废也。舍是弗图，脱㉝有缓急，非转般㉞则海运耳，斯岂盛世所宜闻。然则，后之君子宁无感于予言，而重修徐君之旧者乎！徐君职竞㉟维思，忧形于色，既以身为国役，而又以图其后人，其用志弘且远矣。（清康熙《徐州志》卷三十、《群玉楼稿》、《皇明经世文编》。）

《群玉楼稿》《皇明经世文编》篇名皆为《吕梁洪新修堤闸记》

李　默（1494—1556），字时言，一字古冲，福建建瓯人。正德十六年（1521）进士，改庶吉士。历官户部主事、兵部员外郎、吏部郎中、太常寺卿、吏部尚书、太子太保兼翰林院学士等。有《群玉楼稿》。

【注释】

①贡篚：进贡。

②则壤之赋：即土地税。则壤，指按土壤肥瘠划分出不同等级的耕地，泛指耕地。

③辏进：聚集而来。辏，音 còu。

④旁午：交错，纷繁；四面八方。

⑤矧（shěn）：况且，何况。

⑥棱棱：石突兀、重叠貌。弥亘：绵延，布满。

⑦森列：排列繁密、森严。错迕：错杂，交错。

⑧延袤：绵延伸展。

⑨委流：水流所聚。

⑩淫潦：久雨积水成灾。

⑪顷年：近年。

⑫至廑（jǐn）：承蒙。大僚：大臣，高官。

⑬嘉靖辛丑：即嘉靖二十年（1541）。据同治《徐州府志卷六中》载：徐有让：东平州人。举人。任吕梁洪工部分司主事。

⑭遭逢：遇到。事会：机遇，时机。

⑮弊力：尽力，全力。

⑯学士：官名。掌管起草皇帝诏命等。

⑰掇（duō）：用双手拿，搬起。悍石：坚固的石头。

⑱奇（jī）：零数，余数。

⑲力：指劳役，役力。巨千：为数甚多。

⑳相屈（jué）：共同尽力，发挥作用。

㉑勤民：劳苦百姓。糜：浪费。帑藏（tǎng cáng）：国家财产。

㉒令绪：伟大的事业或业绩。《书·太甲下》："今王嗣有令绪，尚监兹哉。"

㉓节使：持符节的使者。少司空：即工部侍郎，为工部尚书的下属，负责工程事务。郭持平：见上《吕梁书院记》注释。

㉔明年癸卯：即嘉靖二十二年（1543）。仲春：农历二月。

㉕赴阙（què）：进京。阙：京城，朝廷。

㉖图事轨物：谋划事业规范事务。

㉗石罅（xià）：石头裂缝。

㉘饷：运送军粮。

㉙不啻（chì）：无异于；如同。

㉚管干（guǎn gàn）：主管，担任。

㉛川祇（qí）：水神。

㉜事智：用心，费心，运用智慧。

㉝脱：假设，倘若。

㉞转般：漕运的一种。即沿水路分设转般仓，卸纳漕粮，再换船转运至京城。清魏源《筹漕篇上》："古之漕运，皆用转般，沿水置仓，递输于官。"

㉟职竞：职务繁忙。

吕梁洪城垣记　　（明）马一龙

吕梁王君①增筑城垣，见孟河马子曰：吕梁洪旧无垣，刘贼起山东②，被害前都水始作是垣，其后圮废③。莫君双坡采石欲修复，寻改任去。倭夷④窃发海岛，屠掠江淮间，民将弃所居遁逃⑤。应时谕居民，率洪夫更翻照后，取莫公石并捐俸益所需。成之，视旧垣高、广皆倍，拍流枕冲，砥防水决啮。周为五门，其一正洪，就分司浮挽之便⑥；四通于外，启闭有常，洪民可无恐而国家漕运庶几恒赖矣。是役也，上总理大夫⑦不闻，下有司⑧小民无所扰，邀名敛怨之事二者幸免。当幸得书于太史氏⑨否！孟河子曰：是可记也。垣仍旧址，作者谁，先前记书之。吕洪水势悬潨⑩为天下险，观水者自古有名言。今受大河并淮泗涌泄，险又可知。天下贡赋舟船，衔尾千万里程，日转输，为国家津要，吾皆可以无论者。而作是垣也，独谓诸君有造之功，且慨世道日愈变，吾土人⑪不皆如君等尽心力，干蛊⑫天下事，岂可付之，无可奈何而已哉。夫古今建立事功⑬者，莫如为民物造命。君相⑭以下，不系事功大小，凡所无因而造始者，皆命自我出。吕梁开辟以来无垣，而今有垣矣。基命⑮在我，是即操造物之权以为一物之命耳，岂不可与天地造化万物！君相造就万民，颢推⑯而例观乎！况垣能安集其民，据以御强暴，得免流离死亡；而浮挽之力岁常充余，则洪民与漕运命脉亦胥此有造，故事功虽小，而所关系甚重大者也。但追思大道为公之世，不事藩篱⑰，利欲驱民争斗，始有设险为城郭者。昔惟邦国，今则十室之邑有之，可见利欲炽起而相角者众，不然，非肤挫锋镝[18]则膏烈灰烬矣。君子随时因革，有不得已者，推是以例其余也。如徐州仓场，委顿[19]道傍；远如大同边卫，声援不建，更无以借寇兵资盗粮[20]为虑者。京师不筑四辅之城[21]，屯积兵食以备夹击；边围[22]不修，辄仅之废烽火守望以为策应。移君谋洪之垣，谋之固，不必请内帑，张皇动众[23]，天下时势不难图耳。王若必有志焉，行进长司空[24]，朝夕国是[25]，展布其大者。视斯垣如何，往见华峰秦公[26]谕奎山方司，直称君为八闽[27]有道之士，以麟经魁天下[28]，在吕梁建书院，正民德，修石堤，厚民生，纂洪志[29]，奠民依，执此以往，赞[30]吾君相，殆将有以造天下之命。王君再拜。请书其言于石。（清康熙《徐州志》卷三十）

马一龙：见前"诗类"部分注释。

【注释】

①王君：即王应时。详见前"诗类"部分注释。

②民国《铜山县志·记事表》：武宗正德六年（1511）二月，"刘六等犯吕梁及房村驿，焚官署、民居并船舰，皆成煨烬。"参见方豪《吕梁洪作垣记》注释。

③圮废（pǐ fèi）：毁弃，荒废。

④倭夷：古代对日本人的称呼。

⑤逋逃（bū táo）：逃亡，流亡。

⑥分司：指吕梁官署，即吕梁洪工部分司署。浮挽：水上行船。

⑦总理大夫：指掌管整体事务的大臣。

⑧有司：官吏。
⑨太史氏：史官，掌记载史事、编写史书、起草文书，兼管国家典籍和天文历法等。
⑩悬滰（huàn）：指水势急速而漫滰。
⑪土人：本地人。
⑫干蛊（gǔ）：尽力去做，去完成。
⑬事功：事业功绩。
⑭君相：国君与国相。
⑮基命：始命。
⑯颣推：颣，音 lóu。《康熙字典》：同"髅"。疑为"类"字误。颣推，应为类推。
⑰藩篱：篱笆。引申为守卫、屏障。
⑱肤挫锋镝：指遭受战争的摧残。锋镝：泛指兵器，也喻指战争。
⑲委顿：此指仓场破烂不堪的样子。
⑳借寇兵资盗粮：借给盗贼武器，送给盗贼粮食。兵：兵器。比喻帮助敌人或坏人。李斯《谏逐客书》："今乃弃黔首以资敌国，却宾客以业诸侯，使天下之士退而不敢西向，裹足不入秦，此所谓借寇兵而赍盗粮者也。"
㉑四辅之城：指国都附近的州郡。
㉒边圉（biān yǔ）：边疆，边地。
㉓内帑（nèi tǎng）：朝廷的钱财。张皇：大张声势。
㉔司空：官名，掌水利、营建之事。
㉕国是：治国的重大政策。
㉖华峰秦公：即秦鸣雷（1518—1594），字子豫，号华峰，

浙江临海县人。嘉靖二十三年（1544）进士，授翰林院修撰，官至南京礼部尚书。

㉗八闽：福建省的别称。王应时为侯官（今属福州市）人。

㉘以麟经魁天下：明清科举考试分五经取士，每科乡试及会试的前五名即分别于五经（诗经、尚书、礼记、周易、春秋）中各取其第一名，称为经魁。麟：指《春秋》。传说孔子作《春秋》，绝笔于获麟，故称《春秋》为麟经。

㉙纂洪志：王应时曾撰《吕梁洪志》。

㉚赞：辅助，帮助。

疏凿吕梁洪记 文征明书 （明）徐 阶

君（康熙《徐州府志》作"陈"）子之为政也，其必本诸万物一体之学乎！万物生而同出于天，其始也本一体也。惟夫自为之私胜，而又不知学以求（亦作"克"）之，于是其情日疏，其势日隔，忧喜好恶，漠乎不相关，而善政始日以废。盖昔颜子问仁，孔子告之：克己复礼①。及问为邦，孔子告之以四代之礼乐。说者曰：克己复礼，学也；四代之礼乐，政也。呜呼！政与学析而为二，则亦不知君子之所以为政者乎。今夫语治，至于虞、夏、商、周；语人，至于舜、禹、汤、武，其亦无以加矣。然而，孔子冒非圣之嫌，弃反古之惑，举其所谓礼乐者，去取之而不顾里巷之浮言②，其在士大夫之身，曾不足为损益；而世之君子恒至于畏且忌，而遂罢其所当为，何孔子之勇而世之君子其怯甚也。孔子之学以为万物一体，视天下之政有一不宜于民，不啻疾痛之在身（康熙府志无"身"字）也，惕然惟去之之为快。故虽前圣之制作不得而徇③，世之君子莫不有自为之私焉，故虽里巷之浮言，惟恐其足以为吾累，而不肯以易天下之安。夫其自为之私是则所谓己也，己克而礼复则能以万物为一体，而行四代之礼乐，四代之礼乐行，则化理洽④而天下归其仁，是则孔子所以告颜子之旨，而政与学未尝二者也。呜呼！斯义晦⑤而天下无善政矣。

我国家漕东南之粟，贮之京庾⑥，为石至四百万，其道涉江乱⑦淮，溯二洪而北，又沿卫以入白⑧，然后达于京师。为里数百而遥，而莫险于二洪。二洪之石其狞且利⑨，如剑戟之相向而虎豹象狮之相攫；犬牙交而蛇蚓蟠，舟不戒辄败，而莫甚于吕梁。吏或议凿之，其旁之人曰：是鬼神之所护也，则逡巡⑩而不敢。嘉靖甲辰都水主事陈君⑪往莅洪事，恻然⑫言曰："古之君子苟利于民则捐其身为之，矧⑬里巷之浮言其不足听，盖审而以罢吾所当为，是厚自为而为民薄也。"遂以二月二十六日率其徒凿焉。众亦闻君言，以为仁也，咸忾以奋⑭。阅三日怪石尽去，舟之行者如出坦途。于是洪之士民来请余记。

始君为诸生⑮，余幸识之，常与言万物一体之学，君欣然受焉，不意其果能行之也。今天下之政不宜于民者多矣，然而，论者知求之政而不知求之学，往往以自为之私为之，故其说愈长而善政卒不可见。其甚也，谓学不可以施诸政，而学校之设，六经之教，亦且为具文⑯，夫孰有知孔颜之授受者乎？余故因君推本而记之石。君名洪范，字锡卿，辛丑⑰进士，浙之仁和人。（清康熙《徐州志卷》、清乾隆《徐州府志》、清道光《铜山县志》）

注：又题名"吕梁洪碑记"。

文征明（1470—1559），原名壁（或作璧），字征明，亦字征仲，号衡山居士。长洲（今苏州市吴县）人。明代著名画家、书法家。曾任翰林院待诏。有《甫田集》。

徐阶（1503—1583），字子升，号少湖，一号存斋。松江府华亭县（今上海奉贤区）人。嘉靖二年（1523）进士，授翰林院编修。历官延平府推官、礼部尚书兼文渊阁大学士。有《世经堂集》《少湖文集》等。

【注释】

①克己复礼：即约束自己，使言行符合于礼。见《论语·颜渊》。

②浮言：无根据的话。

③徇（xùn）：谋求。

④化理洽：教化、治理得到普及，深入人心。

⑤晦：隐晦，不显著。

⑥京庾（yǔ）：大粮仓；京都粮仓。

⑦乱：横渡。

⑧卫：卫河。白：白河。卫、白皆属运河水系。

⑨狞且利：凶恶而锋利。

⑩逡巡（qūn xún）：因为有所顾虑而徘徊不前或退却。

⑪嘉靖甲辰：嘉靖二十三年（1544）。都水主事：官名，即工部都水司主事。掌管水利、沟渠等事。陈君：即陈洪范。清同治《徐州府志卷十一》："吕梁有上下二洪……嘉靖二十三年主事陈洪范凿石平之，自是舟行益便。"清同治《徐州府志卷六中》：陈洪范，仁和人，进士。吕梁洪工部分司主事。

⑫恻然：悲伤的样子。

⑬矧（shěn）：况且。

⑭咸忭以奋：都非常高兴奋起参加凿石。忭（biàn）：高兴，喜悦的样子。

⑮诸生：明清时期经考试录取而进入府、州、县各级学校学习的生员。生员有增生、附生、廪生、例生等，统称诸生。

⑯具文：空文，徒具形式而不符合实际。

⑰辛丑：即嘉靖二十年（1541）。

疏凿吕梁洪记略 　　（明）徐　阶

　　我国家漕东南之粟，贮之京庾，为石至四百万，其道涉江乱淮，溯二洪而北，又沿卫以入白，然后达于京师。为里三千而遥，而莫险于二洪。二洪之石，其狞且利，如剑戟之相向，虎豹象狮之相攫；犬牙交而蛇蚓蟠，舟不戒辄败，而莫甚于吕梁。吏或议凿之，其旁之人曰：是鬼神之所护也，则逡巡而不敢。嘉靖甲辰都水主事陈君往莅洪事，恻然言曰：古之君子苟利于民则捐其身为之。矧里巷之浮言，其不足听。盖审而以罢吾所当为，是厚自为而为民薄也。遂以二月二十六日率其徒凿焉。众亦闻君言，以为仁也。咸忻以奋。阅三日，怪石尽去，舟之行者如出坦途。于是洪之士民来请余记。

　　始君为诸生，余幸识之，常与言万物一体之学，君欣然受焉。不意其果能行之也。余故因君推本而记之。陈君名洪范，字锡卿，辛丑进士，浙之仁和人。今将洪内凿平狞石丈尺数目列于碑阴：

　　第一处：饮牛石。在洪上口北岸纳水去处，长七丈三尺，阔七尺，高三尺六寸；突出洪中，最碍洪口，凡下水船只少失回避，必然粉碎。今凿去石五百一十二块。

　　第二处：癞虾蟆石。其状甚恶，船只难避。原长五丈，阔一丈五尺，高五尺三寸。打去石四百三十二块。

　　第三处：垅子石。如覆釜状，逆流碍舟；长四丈九尺，阔一丈七尺，高三尺一寸。打去石三百二十五块。

　　第四处：放箍头石。长四丈八尺，阔一丈四尺，高三尺四寸。上水船到此，船缆必须先放籇头方不相碍，少迟多致重损。打去石二百八十七块。

第五处：飞檐石三处。如屋檐飞出之状，共长五丈八尺，阔七尺，厚三尺。下水遇有微风，船刮其上，必然粉碎。今已尽行凿平，去石三百一十二块。

第六处：门槛石。在洪咽口两涯，激水急溜，上水至此，稍有不慎，船即撞激冲淌。今南北口各打去石二尺，即今放船如履坦道。

第七处：杨家林上首狞石。共长七丈七尺，阔二丈，高五尺三寸。当洪湾曲回溜之处。下水船只但遇猛风扫湾，伤船实多。今打去石二百五十一块。

第八处：杨家林下首狞石。共长五丈三尺，阔二丈二尺，高四尺三寸。今打去石二百一十五块，今已悉平。

第九处：打舵石。在洪中心，碍洪伤舵，常被撞沉。今已打去围圆仞余，大石三处。

第十处：暖泉石三处。在洪东岸转湾之处，破舟避难。共长三丈二尺；围圆高五、七尺不等。今已打去石五十三块。

第十一处：磨盘石二处。在洪中心，致水旋转，名曰磨盘。若至此夫力少有不加，必致沉溺。今已尽行打讫。

第十二处：螃蟹窝石。三百余块，如群蟹聚窝之状。每块围圆数尺，高四、五尺不等。星分罗布，当洪之中，为害特甚。今分工打去大石九百三十九块。

第十三处：滑皮石四处。在洪心，每处约长八、九尺，阔六、七尺，高四、五尺不等。上下船只挽簹伤人溺水。今打去石四十八块。

第十四处：小毂轮石。狞利，长三丈，阔一丈，高三尺。今已打去。

第十五处：大毂轮石。在洪心东岸回溜之中，下水船只忽时遇风刮撞，无不沉没。石长五丈，阔一丈六尺，高五尺。今打去大小毂轮二处石，共九百八十三块。

第十六处：红石头。当洪之中，石极坚峻；围圆七尺，厚三尺七寸。一遇水漫，船户回避不及，擦损沉漏，无日无之。打去石五十七块。

第十七处：鱼石。峻峙参差，为害匪细。长五丈三尺，阔二丈，高四尺二寸。尽行打讫。

第十八处：溜沟石。在洪中，长三丈六尺，阔七尺六寸，高三尺五寸。此二石，水乘石溜，船若少不存意，难保冲激之患。今打去石九十三块。

第十九处：牛角稍石。在洪中迤南，长三丈二尺，阔八尺，高三尺八寸。下水稍有不慎，每每撞溺。今打去石八十五块。

第二十处：黄石头。在大洪下口，紧要兜水之石。仍留未凿。

第二十一处：夜叉石。取其耸峙水中之状。围圆约有二亩，尖高七尺，水落则突出洪中，水涨则湾漫为忒，石势险恶，横绝回避处所，少有不谨，日见破船，土人悲号痛楚，惨不可言。打去石尖四尺，其害悉平。

第二十二处：等船石三处。以其水势弥漫之日，舟必冲激至此沉没；有似等船之意，故以名也。共长五丈，阔七尺六寸，高五尺三寸。水势泛涨漫湾，船遇风抗，或回避不及，船货无踪。今打去石峰三尺，俱已悉平。

陈洪范记。

又查得大明会典亦载其略，人弗之考耳。

（《河防一览卷六》）

重修石堤记　　隆庆　（明）万　恭

　　黄河经流中国，故道大都三变焉。赵宋前自龙门而下，会沁水，历大伾①，或经大名、河间，或道修武，下卫河，皆东注青州之海；此北道也，时则患在河北。赵宋都汴，遵卫河为玉河，恐黄河伤之，遂堤大樊②，排沁入河，河势大炽③，乃南决穿宋郑，或出颍昌，或出寿春，会长淮而注于扬州之海；此南道也，时则患在河南。我朝饷道不藉之④，而徒以汶、泗、沂河之水灌而输艚⑤，故徐邳之间有清田浅、白浪浅，出清河特航河而达淮扬。正统⑥以后，条行⑦河南，条析⑧徐邳，而徐邳旧渠遂博，青田、白浪不虞⑨浅阻，饷道大利，然河身故在河南也。嘉靖⑩中，河南故道悉湮，而全河尽注徐邳，此东道也，时则患在徐邳。而吕梁夏秋黄水注荡，莫之谁何。梁王城⑪南至下邳，庐殚为河⑫，田殚成渊，治水使咸委之曰⑬："天灾流行"，直束手避之耳。

　　隆庆壬申⑭，余以总河⑮至，都水黄君猷吉⑯以治吕梁，至秋，河水大灌吕梁城。黄君以居民避入山麓，已乃循山林而望之。则吕梁者，徐方之门户，而下邳之头颅也。明年癸酉⑰，白余以洪夫锢石为堤五百丈，而城以南至下邳，百里悉为平陆，稼穑蔽野，岁以大稔⑱，皆德黄君而多石堤之功。又明年甲戌⑲，再白余：以洪夫锢城北石堤三百七十丈，又北联梁王城石堤而捷诸⑳凤冠山之麓七十丈，又锢城西旧堤三百丈，又议锢城南新堤三百八十丈。余以病返。初服舣金龙之祠㉑，憩九宫之台㉒，陟㉓梁王之城，登凤冠㉔之巅，以北望徐方，南睇㉕下邳，则黄河若带，石堤若埔㉖；熏风时来，麦秋㉗大至，如茨者，如梁者，如栉者，如坻与京者㉘，注吕梁城而下长亩㉙而登之。梁民曰：堵我洪涛，锡㉚我年丰，谁之功！邳民曰：蔽我头颅，成我稼穑，谁之力！余为之拊膺高蹈㉛，曰：固我上游，泽我下流，唯帝之休㉜。黄君曰：记诸。余因忆西汉故事：有凿山空洞引水灌田数万顷者，惧其久而湮也，则窍洞瘗钱百万缗㉝。历数百祀而洞湮，田无溉，乃修洞而得所瘗缗钱，用其半而洞成，溉田若故，而复瘗其半纳窍中，以待百世而下之修洞者。嗟古人惠人意深长乃尔哉！黄君为石堤绕城十余里，役夫为工，凿石为材，烧石为粉，梁民不烦负荷，不费瓶粟，不惊鸡犬，而坐享千百世平成㉞之利；波及下邳，而复纪诸贞珉㉟，以永千百世平成之业，此古惠人窍洞瘗钱意也。呜呼！我吕梁父老子弟，其绎思㊱之哉。（清康熙《徐州志》卷三十）

万恭（1515—1591），字肃卿，号两溪，江西南昌人，嘉靖二十三年（1544）进士。历官南京文选主事、考功郎中、大理寺少卿。嘉靖四十二年（1563）为兵部右侍郎，后兼右佥都御史，巡抚山西。隆庆六年（1572）河决邳州，运道大阻。作为总河督御史万恭与朱衡修长堤数百里，并修缮丰、沛大堤，使正河安流，运道大通。

【注释】

①大伾：即大伾山，位于河南省鹤壁浚县。

②樊：篱笆。

③炽：此指水势凶猛。

④饷道：运军粮的道路，亦泛指运送各种财物的道路。不藉：不能依靠、利用。藉，同借。

⑤输旃（zhān）：旃，文言助词，为之、焉二字的合读。输旃，即输之焉。

⑥正统：明英宗朱祁镇的年号（1436—1449）。

⑦条行：指航行通畅。

⑧条析：指分段通航。

⑨虞：担忧。

⑩嘉靖：明世宗朱厚熜的年号（1522—1566）。

⑪梁王城：在吕梁洪，彭越筑，相传彭越曾在此筑城驻扎。

⑫庐：房舍。殚：全部，全都。

⑬治水使：特派治水官员。委：推脱。

⑭隆庆壬申：即明穆宗（朱载垕）隆庆六年（1572）。

⑮总河：官名，掌总理河道事务。明设总河侍郎。

⑯都水：即都水监，掌管舟船及水运事务。黄献吉：字仕贞，山阴（今浙江绍兴）人。隆庆二年（1568）进士，官水利道佥事。

⑰癸酉：即明神宗万历元年（1573）。

⑱稔（rěn）：丰收。

⑲甲戌：即万历二年（1574）。

⑳捷（jiàn）：连接。诸："之于"的合音。

㉑服舣（yǐ）：乘船登岸。舣：船靠岸。金龙之祠：吕梁洪南岸房村有金龙庙。

㉒憩（qì）：休息。九宫之台：天文学家将天宫以井字划分干宫、坎宫、艮宫、震宫、中宫、巽宫、离宫、坤宫、兑宫九个

等份,在晚间从地上观天的七曜与星宿移动,可知方向。按照九宫修建的高台称九宫之台。

㉓陟(zhì):登高,登上。

㉔凤冠:凤冠山,亦名凤凰山。

㉕睇(dì):望。

㉖墉(yōng):城墙,高墙。

㉗麦秋:麦子成熟、收获。

㉘此句指到处都是收获的麦子。茨:(用茅草盖的)屋顶。梁:堰。栉:密集如梳齿。坻:山坡。京:高丘。

㉙长亩:指整片田地。

㉚锡:通"赐",赐予。

㉛抚膺高蹈:拍胸顿足。

㉜帝:上天。休:荫庇,恩赐。

㉝窍洞:凿洞。瘗(yì)钱:埋钱,藏钱。缗(mín):原义为穿铜钱用的绳子,用于钱的计量单位,如钱十缗,即十串铜钱。

㉞平成:指政治清明、天下太平。

㉟贞珉:对石刻碑铭的美称。

㊱绎思:推究思考。

筑吕梁洪石堤记　　（明）王世贞

余被召北上抵吕梁，望若千雉城者而异之，则其新堤也。盖诸曹署公私家以万计倚而宫焉。而内则捍数千顷之禾，登场栖亩，栉比相望，亡何①而诸生吏民！某子甲袭衣冠而来，谒曰：某辈幸藉使者之储胥②，我以毋鱼鳖敢一日而忘使者功，唯吾子之图之也。

盖使者至而徐邳属大水散溃，潴③城邑，使者从其大吏以南堤邳，而北堤徐，报成，赐玺书金帛矣。而使者所治堤则议委之。吏民曰：县官算缗钱④且尽，奈何！使者争之不得，则集诸生吏民而计曰：徐堤矣，而上束，邳堤矣，而下束，则吕梁其溃道也。少予缗必土堤，堤土而临河，必易决，以易决之堤而当溃道，是委缗水也。缓堤而筑之田，则公私室庐为水啮矣。是委公私室庐水也。乃议石堤费益伙，策之亡所出。

使者一夕喜而曰：吾得之矣。吾吕梁之为役夫者千有奇，而恒岁以杪秋⑤漕艘尽始毕役，今漕艘以首夏尽当毕，则远调役夫远役之，与即家役，其便否较然著也。大约夫岁人得六金，吾请预给之而籴萧砀之粟，萧砀故饶粟，石当赢钱二百，而量加大，夫多予之粟而即家役，其不以为厉我也。吾因石于山，因力于夫，而吾少加之剂则堤庶几其取寄囊⑥哉。议上诸大吏，俱报可。使者乃择其壮夫八百人采石旁山中，日往返四人可得石若干，余夫四百使辟址。石工百，其高为尺者十，使者以旦夕慰劳之，而稍挟⑦其惰人，人自奋厉。诸环堤而宫者，畎亩之，护于堤者咸相率捐钱缗，资犒费。使者不藉水衡⑧一金，其吕梁丝毫不以烦县官而堤且告筑矣。

诸生吏民迫欲得余之一言，以示永永而未果。寻会大司空⑨郭公，云：以吏民请留使者，且一岁益筑堤如初。而余出镇襄汉，复还道吕梁，甫维梢⑩而出，肃者益众，其伸前请益坚，余乃为之喟然曰：嗟嗟！嘉隆之际，人主委耳，而漕计之是徇至任事者，居恒⑪破坏，深论便宜，以相难极。然余以其人疑各自爱其才也。夫不自爱其才则何以无使者出而孰计之，必使大司农⑫之粟竭而水衡之金钱无见缗也。夫南北漕河之要地俱吕梁也，大司空之属俱使者也。人视国如其身，不自爱其才以与国谋如使者，而独易一吕梁哉！国家急漕计实用汉河平故事⑬，不爱黄金功爵以报若王延世者，而乃使大司农之粟竭而水衡之金钱无见缗也，则诚愧使者矣。余故不辞而为之记，以风后之君子。使者由都水郎⑭出，名猷吉，举戊辰进士⑮，浙之山阴人。其堤延袤里数，石工岁月资费，诸生吏民名氏，俱碑阴。（《弇州四部稿》）

王世贞：见前"诗类"部分注释。

【注释】

①亡何：无可奈何。

②储胥：开支、费用。

③潴（zhū）：水积聚，淹。

④缗钱：用绳穿连成串的钱。泛指钱、税金。

⑤杪秋：晚秋。

⑥寄橐（tuó）：意指有了保障。

⑦扶（chì）：用鞭、杖或竹板之类的东西打。

⑧水衡：指管理水利的官员。

⑨大司空：即工部尚书。

⑩维梢：系船停泊。梢通"艄"，船舵之尾，借指船。

⑪居恒：长时间，经常。

⑫大司农：即户部尚书。

⑬汉河平故事：公元前29年秋（汉成帝建始四年），天降滂沱大雨，连续10余日，河堤崩溃，造成极大灾害，人畜伤亡惨重。王延世带领军民昼夜操劳，奋战36天，河堤始成，终于堵住决口。为纪念治黄成功，汉成帝改"建始"五年为"河平"元年。

⑭都水郎：水利官名。

⑮戊辰进士：即隆庆二年（1568）进士。

吕梁洪堤记　　（明）余孟麟

余使齐鲁而南，则尝观禹迹，临尉城①，访韩彭之故墟，盖有感于皓皓旰旰②之歌焉。已乃循洪上下，环筑为堤，望若长虹绵亘然。噫乎！斯与古所称洪枋巨堰③奚异哉。余亟问水，亟从诸生、吏民闻说堤所从来，则知都水陈公之嘉勚④，谆⑤乎可纪而传也。

公自拜命至，见河水纵溢，迩来尤甚；日夕廪廪⑥，采群议，躬相度⑦，既得其概，则喟然曰：延道弛，故弥望无涯⑧；常流徙⑨，故淤陷为害，庶几水可以漕而民亩不数为败，舍治堤其无由来也。乃即前治水使者所筑垣堤，沿地形高下帮护以土，自大王庙起至禹王庙止，为丈凡一千四百，而其中加高以五六尺许者半之。下洪、大王庙以南至关庙，旧苦无堤，今接筑石堤，亦帮护以土，为丈凡五百。有旁堤面广四尺，底广二之，而其高则大都一丈五六尺许。既又以水口不塞，脱有⑩奔湍溃入，是以堤与撼也。则于禹王庙后连山石堤续筑一百三十丈，以御万家集一带之流。于安民集则横筑缕水土堤三百五丈，以障黄家桥诸水。于迁乔集、高岗集、王公集则夹筑缕水石堤三百六十丈，以束李家桥诸水。而又于石盘沟西南直至东门，加筑连山土堤八十余丈，或缵茂⑪前基，或径创新绪⑫。河堤适成，民田亦复盛哉。铄乎⑬！诸生吏民皆德公，而多其堤之功为不朽，乃数数向余言。

洪故有堤，屡修屡圮，以水大溢而岸善崩也。其堤有断续，则作者之人方发谋致法而以迁任去，以惜费阻；乃又因旧举事者第在便文养誉⑭,故费莫底定⑮,劳不臻逸⑯,而且以增修贻后人也。陈公独鳃鳃⑰为万全计,以期于有成。盖惟明计划,勤巡考,故工无敢窳⑱。酌留洪夫,不行役而为之作,乃两便,故力易办,尽地分⑲,役未尝假劝于里氓⑳,故调遣不扰。具医药,劳饮食,抚慰周至,故民用命。昔王海壑鄗㉑,河患息,而转运无与常;坚堰渭,运道便,而护耕之绩阙如㉒也。即今捍鸿涛以俾漕计㉓,而保有数千顷之禾,利赖一方,功尽兼之矣。赖史氏一言将镵㉔之石与斯堤岿然并峙,尚亦永有鉴哉。余按:《水经》云:吕梁之水,悬涛濉济㉕,实为泗岭㉖。以彼其时止泗水注之耳,兹黄河南徙,顾以洪束之,迫陬㉗其性,奈何不溃散也。堤防之作虽称救败术,乃约拦水势,俾流不他徙,治水使者往往惟是为务,宜矣。晋谢元于吕梁用工九万㉘,拥水立七拖㉙以利运漕。公今费省而公私利之,岂殆其垺耶㉚。噫乎!古有障大泽勤其官而受封国者,公行且以三年,考绩闻之上,将无表厥异能,增秩赐金㉛,如河堤谒者㉜故事乎。公名邦彦,池之青阳㉝人。与余同甲戌㉞进士。其在洪修公署、建书院,及龙神庙、惠民局、洪济仓,俱撤故易新,山水增壮。他如刷浅防决,修堡筑坝类,不可殚述㉟,而堤工其尤大者,乃撰次如左。夫惠流者路颂,功远者世思,是可以觇政㊱矣。故记。(清道光《铜山县志》卷十九)

余孟麟(1537—1620),字伯祥。江苏江宁人。万历二年(1574)进士,授翰林院编修。历官南京国子监司业、洗马,南京翰林院侍读学士,南京国子监祭酒。参与纂修《大明会典》。

【注释】

①尉城：在吕梁山，唐尉迟敬德疏凿吕梁二洪，因筑城以居。

②皓皓旰旰（hàn）：盛大的样子。

③洪枋巨堰：用大枋木筑的防洪堰。

④嘉勚（yì）：因劳苦受到嘉奖。勚：劳苦。

⑤逴（chuō）：超越寻常，突出。

⑥廪廪（lǐn lǐn）：忧虑不安貌。

⑦相度：考虑、分析，观察估量。

⑧延道：通道。弛：毁坏。弥望：放眼望去。

⑨常流：河流的正道。徙：变迁。

⑩脱有：或许有。

⑪缵茂（zuǎn mào）：指在原有基础上加固。

⑫径创：直接开创。新绪：新的功业。

⑬铄乎：多么辉煌啊！赞美词。

⑭第：仅，只。便文养誉：完全依照法令条文而不加更动去行事以获得好的声誉。

⑮底定：确定。

⑯臻逸：得到休息。

⑰鳃鳃（xǐ xǐ）：形容过于忧虑的样子。

⑱窳（yǔ）：粗劣，质量差。

⑲地分：地区，地段。

⑳里氓：乡村百姓。

㉑王诲垒鄣：王诲，东汉水利家，字孟坚，曾任河堤谒者，负责黄河防务。他改变以前用竹笼盛土堵塞决口的方法，令部下

辟山采石，在险要处垒石为障，使堤防巩固，河患减少，受到皇帝的嘉奖。鄣，同"障"。

㉒阙如：空缺。此句意指无护耕之绩。

㉓捍：抵御。俾：使得到益处。漕计：漕运总量，亦泛指漕运。

㉔镵（chán）：凿，刻。

㉕渊渀（pēng bēn）：指水流猛激貌。

㉖崄（xiǎn）：同"险"。

㉗迫陋（è）：狭隘；险阻。

㉘谢元：即谢玄，古时避讳，"玄"改用"元"。事见"大事记"。

㉙拕：亦作"埭（dài）"，土坝。

㉚殆（dài）：仅仅、只。埒（liè）：土坝，矮墙。

㉛增秩赐金：晋升官阶，赐予钱财。

㉜河堤谒者：主持河工的官员。此指王㧟。

㉝池之青阳：今安徽省池州市青阳县。

㉞甲戌：即明万历二年（1574）。

㉟殚述（dān shù）：详尽记述。

㊱觇政：察看政绩。觇，音 chān。

重修塔山观道亭记　　（清）邵大业

吕梁山稍南曰塔山，有亭曰观道，又曰川上奉孔子石刻司寇像。考之石，为前明嘉靖工部员外郎孔氏婿张镗分司洪上时所建，久就圮。由山而南至河滨，则有故宫三楹，亦奉孔子石刻像二，赭①壁颓然。每夏、秋水涨，没于惊涛啮浪②之中。志不载兴建之由，而称吕梁旧有城，意者庙随城立，城坏而庙与俱废欤？乾隆丙戌③，余过其地，登山临河，憖④焉伤之。越丁亥⑤，孔氏六十八代孙传洙巡检兹地，因与谋所以新之者。传洙曰：亭未尽圮也，请还其旧，奉司寇像而撤废宫之材，建堂于亭后，奉石刻像一，其一则并奉于亭；不构新材，不事丹黝⑥，朴固可久，费不烦而工易讫⑦，其可乎？余曰：可哉！于是，传洙踊跃兴事，而县令施君恩祖与一时绅士慕道者，醵金鸠工⑧，欣然乐从。不两月，有堂焕然，有亭翼然，石垣阶戺⑨，靡不具举，三石像咸得所位置。余率僚属仰而瞻，俯而拜，高望而远思，穆如肃如⑩也。

窃惟圣庙自郡县建立外，例不得私祀，而泐像⑪尤非制也。顾圣迹所到，后世荣之，往往张皇⑫其事，如石门、历下⑬。问津请见诸圣迹，铸像立石，所在都有，论者谓其希心圣贤，不悖于道。塔山近吕梁，旧说《庄子》所称观水吕梁事，即兹地，而附之者谓川上之叹⑭发于此，是不为无稽矣。彭城自汉、唐、宋以来，名胜罗列，如歌风、戏马之台，云梦、舞阳之城⑮，逍遥、秀楚之堂⑯，阳春⑰、放鹤之亭，以及大彭之馆⑱、燕子之楼，靡不夸诸志乘⑲；而名公硕彦⑳、吊古之徒，游其地者亦无不循文考迹，形诸诗歌，发为咏叹，如恨不及见者。矧夫尼山㉑之所经，道脉之所存，其倍蓰什伯㉒于前所称者，不待智者辨也，顾忍听其汩没于荒烟蔓草中哉！且兹固闵子、子张㉓之乡也，其于圣门为尤近，而风俗好尚近义知耻，昔人谓类于齐鲁，其于兹亭不更有系欤？传洙请伐石纪其事，乃为著其兴废本末而并发其义，以见此役之非徒为好古而已。是为记。（清道光《铜山县志》卷二十）

邵大业（1710—1771），字在中，号思余。顺天大兴（今属北京）人，旧籍浙江余姚。雍正十一年（1733）进士，历官黄陂知县、禹州知州、开封知府、徐州知府。有《谦受堂集》。《清史稿·邵大业传》："（乾隆）二十八年，授徐州知州，府城三面濒黄河，西北隅尤当冲，虽有重堤，恃韩家山埽为固。大业按视得苏公旧堤，起城西云龙山，迄城北月堤，长三里，湮为民居，复其旧。越岁，韩家山埽几溃，民恃此堤以无恐。复浚荆山桥河，于水利宣泄，规划尽善。治徐七年，间有水患，不病民。"

【注释】

①赭（zhě）：红色、赤红色。

②啮浪：凶猛之水浪。啮，音niè。

③乾隆丙戌：即乾隆三十一年（1766）。

④惄（nì）：悲伤的样子。

⑤丁亥：即乾隆三十二年（1767）。

⑥丹黝（dān yǒu）：丹，红色；黝，黑色。不事丹黝，指不

用涂饰彩色。

⑦烦：多，繁杂。讫（qì）：完成。

⑧醵金鸠工：凑钱招集工匠。醵：音jù。

⑨阶陛（shì）：台阶两旁所砌的斜石。

⑩穆如肃如：恭敬而肃静。

⑪泐像：石刻像。泐：音lè，雕刻，同"勒"。

⑫张皇：宣扬，夸耀。

⑬石门：春秋鲁国都城的外面。《论语·宪问》："子路宿于石门"。历下：春秋战国齐邑，因城在历山之下，故名。相传舜耕于历山之下。

⑭川上之叹：《论语·子罕》："子在川上，曰：逝者如斯夫！不舍昼夜。"

⑮云梦：云梦城，详见"吕梁古迹"。舞阳城：清道光《铜山县志·古迹》："在城西北五十里，旧州志谓汉封功臣樊哙为舞阳侯，城于此。"

⑯逍遥：乾隆《徐州府志》："逍遥堂在府治。后苏轼守徐时，与弟苏辙会宿此堂，各有诗。久废。康熙三十六年，知州孔毓珣重建。"秀楚堂：同治《徐州府志》卷十八："〔旧志〕在州治内。〔明一统志〕宋元祐中，知州杜纯建。久废。康熙十三年知州孙枝蕃建楼于故址。"

⑰阳春：即阳春亭，在徐州城内东南隅，唐薛能建。久毁。宋熙宁末李邦直持节徐州，即阳春亭故址构建，苏轼名曰快哉亭。

⑱大彭馆：同治《徐州府志》："大彭馆在城西，唐时邮传所经，亦为迎饯之地。"

⑲志乘：志，指志类的书，如地方志。乘，指史书。

⑳名公硕彦：指才智杰出的知名学者。

㉑尼山：原名尼丘山，孔子父母"祷于尼丘得孔子"，所以孔子名丘字仲尼，后人避孔子讳称为尼山。

㉒倍蓰：谓数倍。倍：一倍；蓰：五倍。什伯：指十倍、百倍。《孟子·滕文公上》："夫物之不齐，物之情也。或相倍蓰，或相什百，或相千万。"

㉓闵子、子张：皆为孔子弟子。闵子，名损，字子骞。春秋鲁国人。乾隆《徐州府志卷八》"闵子祠：在县东南闵子村，与宿州接界。明《一统志》：碑文断裂，遗址存焉。县志引《一统志》云，萧东南八十里有闵子村，骞山山南有祠，有浣絮沟，有地名摸儿寒，有晒书台，有赡墓地三百亩在祠前。今墓属萧，祠在宿口。"子张：姓颛孙，名师，字子张。春秋陈国人。明《一统志》：子张墓在萧县南三十里掘坊村。

吕梁石砚铭　　（清）鳌　图

宣圣①至此，更生②生此，韩昌黎判此③，苏东坡守此，此石之所以产此，而我得之。

其刚健秉刘项之余气，其秀润被韩苏之遗风，得之者歌文德而颂武功。

以水激石，以石捍水。山川之精，妙合而凝。以此为田，子孙流传。歌咏升平，亿万斯年。

吕梁石砚，价重端溪④，古人求之，我独得之。是盖造物者故秘其奇，待助老夫之文与诗。

坚凝具体，细润有情。端溪歙县⑤，愧负重名。携斯石而归去，不虚三至彭城。

吕梁洪，水如激箭声如钟，化作片石天地中。鼠须濡染双脊龙⑥，发为文章气如虹。

扣之有声，磨之有声，如洪涛白浪之震惊，如千军万马之奔鸣，如韩潮苏海⑦，歌庙堂而奏太平。是皆斯石从前之阅历，挥毫濡墨以发，见于我之聪明。（《习静轩文集》）

鳌图：见前"诗类"部分注释。

【注释】

①宣圣：汉平帝元始元年谥孔子为褒成宣尼公。此后诗文中多称孔子为"宣圣"。

②更生：刘向原名更生，字子政。今徐州沛县人。

③韩昌黎判此：韩愈曾在徐泗濠节度使张建封幕府任观察推官，掌管刑狱事务。

④端溪：溪名。在广东省高要县东南。产砚石，制成者称端溪砚或端砚。

⑤歙县：安徽歙县所产砚石制作的砚台，为中国四大名砚之一，称为歙砚。

⑥鼠须：以老鼠胡须制作的毛笔。濡染：指用笔沾墨书写。双脊龙：喻刚健有力的书法。

⑦韩潮苏海：指唐朝韩愈和宋朝苏轼的文章气势磅礴，如海如潮。

记　述

《庄子·达生》

孔子观于吕梁,县水三十仞,流沫四十里,鼋鼍鱼鳖之所不能游也。见一丈夫游之,以为有苦而欲死也,使弟子并流而拯之。数百步而出,被发行歌而游于塘下。孔子从而问焉,曰:"吾以子为鬼,察子则人也。请问蹈水有道乎?"曰:"亡,吾无道。吾始乎故,长乎性,成乎命;与齐俱入,与汩偕出,从水之道而不为私焉,此吾所以蹈之也。"孔子曰:"何谓始乎故,长乎性,成乎命?"曰:"吾生于陵而安于陵,故也;长于水而安于水,性也;不知吾所以然而然,命也。"

《列子·黄帝篇》

孔子观于吕梁,悬水三十仞,流沫三十里,鼋鼍鱼鳖之所不能游也;见一丈夫游之,以为有苦而欲死者也,使弟子并流而承之。数百步而出,被发行歌,而游于棠行。孔子从而问之,曰:"吕梁悬水三十仞,流沫三十里,鼋鼍鱼鳖所不能游,向吾见子道之,以为有苦而欲死者,使弟子并流将承子。子出而被发行歌,吾以子为鬼也。察子,则人也。请问蹈水有道乎?"曰:"亡,吾无道。吾始乎故,长乎性,成乎命。与赍俱入,与汩偕出,从水之道而不为私焉,此吾所以道之也。"孔子曰:"何谓始乎故，长乎性，成乎命也？"曰："吾生于陵而安于陵，故也；长于水而安于水，性也；不知吾所以然而然，命也。"

《史记·夏本纪》

"泗滨浮磬"注释，《史记正义》括地志云："泗水至彭城吕梁，出石磬。"

（汉）刘向《说苑·杂言》

孔子观于吕梁，悬水四十仞，环流九十里，鱼鳖不能过，鼋鼍不敢居；有一丈夫，方将涉之。孔子使人并崖而止之曰："此悬水四十仞，圜流九十里，鱼鳖不敢过，鼋鼍不敢居，意者难可济也！"丈夫不以错意，遂渡而出。孔子问："子巧乎？且有道术乎？所以能入而出者何也？"丈夫曰："始吾入，先以忠信，吾之出也，又从以忠信；忠信错吾躯于波流，而吾不敢用私。吾所以能入而复出也。"孔子谓弟子曰："水而尚可以忠信，义久而身亲之，况于人乎？"

（汉）刘向《说苑·善说》

雍门子周以琴见乎孟尝君。孟尝君曰："先生鼓琴亦能令文悲乎？"雍门子周曰："臣何独能令足下悲哉？臣之所能令悲者，有先贵而后贱，先富而后贫者也。不若身材高妙，适遭暴乱，无道之士，妄加不道之理焉；不若处势隐绝，不及四邻，诎折加厌，袭于穷巷，无所告诉；不若交欢相爱，无怨而任离，远赴绝国，无复相见之时；不若少失二亲，兄弟别离，家室不足，忧蹙盈匈。当是之时也，固不可以闻飞鸟疾风之声，穷穷焉固无乐已。凡若是者，臣一为之徽胶援琴而长太息，则流涕沾衿矣。今若足下千乘之君也，居则广厦邃房，下罗帷，来清风，倡优侏儒处前迭进而谄谀；燕则斗象棋而舞郑女，激楚之功风，彩色以淫目，流声以娱耳；水游则连方舟，载羽旗，鼓吹乎不测之渊；野游则驰骋弋猎乎平原广囿，格猛兽；入则撞钟击鼓乎深宫之中。方此之时，视天地曾不若一指，忘死与生，虽有善鼓琴者，固未能令足下悲也。"孟尝君曰："否！否！文固以为不然。"雍门子周曰："然臣之所为足下悲者事也。夫声敌帝而困秦者，君也；连五国之约，南面而伐楚者，又君也。天下未尝无事，不从则横，从成则楚王，横成则秦帝。楚王秦帝，必报雠于薛矣。夫以秦、楚之强而报雠于弱薛，譬之犹摩萧斧而伐朝菌也，必不留行矣。天下有识之士无不为足下寒心酸鼻者。千秋万岁之后，庙堂必不血食矣。高台既以坏，曲池既以渐，坟墓既以下而青廷矣。婴儿竖子樵采薪荛者，蹢躅其足而歌其上，众人见之，无不愁焉，为足下悲之曰：'夫以孟尝君尊贵乃可使若此乎？'"于是孟尝君泫然泣涕，承睫而未殒，雍门子周引琴而鼓之，徐动宫徵，微挥羽角，切终而成曲。孟尝君涕浪汗增，欷而就之曰："先生之鼓琴令文若破国亡邑之人也。"

（汉）桓谭《新论·琴道篇》

雍门周以琴见孟尝君曰："先生鼓琴，亦能令文悲乎？"对曰："臣之所能令足下悲哉，先贵而后贱，昔富而今贫，摈压穷巷，不交四邻，不若身材高妙，怀质抱真，逢谗罹谤，怨结而不得信，不若交欢而相爱，无怨而生离，远赴绝国，无相见期；不若幼无父母，壮无妻儿，出以野泽为邻，入用窟穴为家，因于朝夕，无所假贷。若此人者，但闻飞鸟之号，秋风鸣条，则伤心矣。臣一为之援琴而长太息，未有不凄恻而涕泣者也。今若足下，居则广厦高堂，连闼洞房，下罗帷，来清风，倡优在前，逸诙侍侧，扬激楚舞，郑妾流声以娱耳，练色以淫目；水戏则舫龙舟，建羽旗鼓，钓乎不测之渊，野游则登平原；驰广囿，强弩下高鸟，勇士格猛兽，置酒娱乐，沈醉亡归。方此之时，视天地曾不若一指，虽有善鼓琴，未能动足下也。"孟尝君曰："固然。"雍门周曰："然臣窃为足下有所常悲。夫角帝而困秦者，君也，连五国而伐楚者，又君也。天下未尝无事，不从即衡；从成则楚王，横成则秦帝。夫以秦楚之强，而报弱薛，犹磨萧斧而伐朝菌也。有识之士莫不为足下寒心。天道不常盛，寒暑更进退，千秋万岁之后，宗庙必不血食，高台既已倾，曲池又已平，坟墓生荆棘，狐狸穴其中，游儿牧竖，踯躅其足而歌其上曰：'孟尝君之尊贵，亦犹若是乎。'"于是孟尝君喟然太息，涕泪承睫而未下，雍门周引琴而鼓之，徐动宫徵，叩角羽，终而成曲。孟尝君遂欷歔而就之曰："先生鼓琴，令文立若亡国之人也。"

《汉书·地理志》

楚国……县七：彭城，留，梧，傅阳，吕，武原，甾丘。（编者注：吕，即吕梁。）

《汉书卷五十三·中山靖王刘胜传》

雍门子壹微吟，孟尝君为之於邑。"颜师古注引张晏曰："齐之贤者，居雍门，因以为号。"苏林曰："六国时人，名周，善鼓琴，母死无以葬，见孟尝君而微吟也。"如淳曰："雍门子以善鼓琴见孟尝君，先说万岁之后，高台既已颠，曲池又已平，坟墓生荆棘，牧竖游其上，孟尝君亦如是乎？孟尝君喟然叹息也。

《孔子家语》卷二

孔子自卫反鲁，息驾于河梁而观焉。有悬水三十仞，圜流九十里，鱼鳖不能导，鼋鼍不能居。有一丈夫方将厉之，孔子使人并涯止之，曰："悬水三十仞，圜流九十里，鱼鳖鼋鼍不能居也，意者难可济也。"丈夫不以措意，遂渡而出。孔子问之，曰："子乎有道术乎，所以能入而出者何也？"丈夫对曰："始吾之入也，先以忠信，及吾之出也，又从以忠信。忠信措吾躯于波流而吾不敢以用私，所以能入而复出也。"孔子谓弟子曰："二三子识之，水且犹可以忠信成身亲之，而况于人乎！"

《水经注》卷二十四

余按《阙子》，称宋景公使工人为弓，九年乃成。公曰：何其迟也？对曰：臣不复见君矣，臣之精尽于弓矣。献弓而归，三日而死。景公登虎圈之台，援弓东面而射之，矢逾于孟霜之山，集于彭城之东，余势逸劲，犹饮羽于石梁。然则蠡台即是虎圈台也，盖宋世牢虎所在矣。

《水经注》卷二十五

（泗水）又东南过吕县南。吕，宋邑也。《春秋·襄公元年》，晋师伐郑及陈，楚子辛救郑，侵宋吕留是也。县对泗水，汉景帝三年，有白颈乌与黑乌群斗于县，白颈乌不胜，堕泗水中，死者数千。京房《易传》曰：逆亲亲厥妖，白黑乌斗时，有吴、楚之反。泗水之上，有石梁焉，故曰吕梁也。昔宋景公以弓工之弓，弯弧东射，矢集彭城之东，饮羽于石梁，即斯梁也。悬涛漰渀，实为泗险。孔子所谓鱼鳖不能游。又云：悬水三十仞，流沫九十里，今则不能也。盖惟岳之喻，未便极天，明矣。《晋太康地记》曰：水出磬石，《书》所谓泗滨浮磬者也。泗水又东南流，丁溪水注之。溪水上承泗水于吕县东，南流，北带广隰山高而注于泗川。泗水冬春浅涩，常排沙通道，是以行者多从此溪，即陆赋所云：乘丁水之捷岸，排泗川之积沙者也。晋太元九年，左将军谢玄，于吕梁遣督护闻人奭，用工九万，拥水立七埭，以利运漕者。

《元和郡县图志·河南道五》

吕梁，在县东南五十七里。盖泗水至吕县，积石为梁，故号吕梁。陈将军吴明彻以舟师破下邳，进屯吕梁，堰泗水以灌徐州。周将军乌丸轨、达奚长儒率兵来援，轨取车轮数百，连锁贯之，横断水路，然后募壮士夜决堰。至明，陈兵始觉，溃乱争归，至连锁之处，生擒明彻。

《太平寰宇记卷十五·河南道十五》

吕梁，在县东南五十七里。《左传》："楚子辛侵宋吕、留。"杜注："彭城，吕县也。"汉为吕县。宋武帝北征，改为寿张。又《十道志》云："泗水吕县，积石为梁。"《庄子》曰："吕梁悬水三十仞，鱼鳖所不能过。"今则不然。又《陈书》曰："将军吴明彻以舟师北伐，破下邳，进屯吕梁，堰泗水，灌徐州。周乌丸轨、达奚长儒率兵来援，轨取车轮数百，连锁贯之，横断水路，然后募壮士夜决堰。至明，陈兵始觉，溃乱争归，至连锁之处，生擒明彻。"

（宋）罗泌《路史·国名纪·周世侯伯》

吕：徐之彭城东有吕梁城，五十九里，春秋为宋地，汉吕县。

（宋）王应麟《通鉴地理通释》

吕梁：郡县志吕梁故城在徐州彭城县东五十七里宋之吕邑，汉为吕县，城临泗水，高百四十尺，周回十七里。城东二里有三城，一在水南，一在水中潬（tān）上，一在水北，并高齐所筑，立镇以防陈寇。吕梁在彭城县东南五十七里，盖泗水至吕梁县，积石为梁，故号吕梁。陈将吴明彻以舟师北破下邳，进屯吕梁，堰泗水以灌徐州。周乌丸轨、达奚长儒率兵救援，轨取车轮数百连锁贯之，横断水路，募壮士夜决堰，至明，陈人始觉。《水经注》：吕，宋邑也，县对泗水，泗水之上有石梁，故曰吕梁。宋景公弯弧东射，矢集吕梁之东，饮羽于石梁，即斯梁也。悬涛濉涤，实为泗险。孔子谓"悬水三千仞，流沫九十里"，今则不能也。《晋太康地记》：水出磐石，《书》谓"泗滨浮磬"。晋太元九年，谢玄于吕梁遣督护闻人奭用功九万拥水立七拖，以利运漕（编者注：《九域志》：彭城县有吕梁洪镇。《隋志》：彭城有吕梁城。）

[韩国] 崔溥《漂海录》

过房村驿，是日少雨，大风，自新安驿过马家浅、双沟、丰沛萧砀四县夫厂及房村集，又过金龙显圣灵庙。至吕梁小洪，以竹索牵舟而上，过尼陀寺，西岸有关羽、尉迟公、赵昂之庙。又过房村驿至吕梁大洪。洪在吕梁山之间，洪之两旁水底乱石，巉岩峭立，有起而高耸者，有伏而森列者，河流盘折至此开岸，豁然奔放，怒气喷风，声如万雷，过者心悸神怖，间有覆舟之患。东岸筑石堤，凿龃龉以决水势。虽鼻居舮必用竹绚，须十牛之力，然后可挽而上。臣等自青山龙神祠前，逆洪水过形胜楼，夜过工部分司、王家桥、李家桥、老聃庙至水首庙前。水之湍急处可八九里。陈萱谓臣曰："此吕梁洪也。大禹疏凿以后，有秦叔宝者管修此洪。"云云。臣曰："《禹贡》'治梁及岐'，注云：'梁，吕梁山也'郦道元云：'吕梁之石崇竦，河流激荡，震动天地。'此洪无乃是乎？"萱曰："果若然也。"但《禹贡》吕梁载在冀州，此洪辖徐州为可疑耳。（编者注：此记写于明弘治元年（1488）三月初二日。）

[日本] 策产周良《入明记·初渡集下》（又名《策产和尚入明记》）

八日，寅刻鸣鼓解缆。辰刻著房村驿。舟行十五里。月色熙熙，可散吟步。余在吾邦西山之日，则必携诸友诣大泽心泾堂。今也云萍于天涯，久屈居于船中，乡念潜萌于怀。斋后同大光、钧云上岸，徐步极目，有名士之遗迹，榜以吕梁书院四大字。元有费公祠，有碑文镌于石。其略云：徐州有二洪，一以州名，一以山名，山名者曰吕梁。云云。有天妃娘娘菩萨祠。午时开船，船路五十七里而泊于中流。时已戌，盖以前程有百步洪。（编者注：此段文字记于嘉靖十九年庚子正月，公元1540年。）

[日本] 策产周良《入明记·再渡集下》（又名《策产和尚入明记》）

十五日，寅刻拨船，申刻著房村驿。

十六日，晴，今日，琇公设田乐侑中酒。巳刻开船，涉吕梁洪时方风暴，故四、五里许而泊矣。申刻开船，四、五里许而又泊于中流。

十七日，卯刻开船，午时著彭城驿。即刻同副使钧云上岸，经浮桥入城里。游卧佛、石佛、铁佛三寺。（编者注：此段文字记于嘉靖二十八年己酉二月，公元1549年。）

（明）陆蓉《菽园杂记》

初过吕梁洪、沽头闸、直沽，不知洪、沽字义。后考之，石阻河流为洪，方言也。（卷五）

徐州百步洪、吕梁上下二洪，皆石角巉岩，水势湍急，最为险恶。正统间，漕运参将汤节建议于洪旁造闸积水，以避其险。闸成而不能行，遂废。成化六年，工部主事郭升凿百步外洪，翻船石三百余块，又凿洪中河道，累石修砌外洪堤岸一百三十余丈，高一丈。八年，主事谢敬修砌吕梁上洪堤岸三十六丈，阔九尺，高五尺；下洪堤岸长三十五丈，阔一丈四尺，高五尺。二十一年，主事费瑄修砌吕梁上下牵缆路若干丈，皆便民美迹。而三人皆遭谤议，遂至坎坷。盖志于功名者，多不避小嫌；无所建立者，辄生妒忌，当道者不能察，则辄信不疑，而废弃及之。知巧者遂有所惩，而因循岁月，虽有当为之事，一切逊避，以免谤议矣。呜呼，仕道之难如此夫！（卷十）

（明）冯世雍《吕梁洪志》

吕梁洪为徐州之域，盖徐之封域甚广，东至海，南至淮，北至岱，吕梁洪则在东南五十里。洪有二，上下相距可七里。盖河之下流于济会于徐，以达于淮者。洪石森列如巨齿，而水为所束，则惊湍迅波，一瞬数里，舟逆流而上者则以尺寸计。古称悬水三十仞，流沫四十里者，信彭城之喉襟，而势轹淮宿者已。文山氏曰："吕梁贯当中"；颍滨氏曰："吕梁龃龉，横绝乎其前。"信夫！洪中有诸溜，乃激石而成者，曰卢家流，曰门限石，曰猫儿窝，曰黄石溜，曰侯家溜，曰虾蟆石，曰邀缂石，曰夜叉石，曰饮牛石，曰牛角硝，曰毂轮石。舟行经此，必以群力挽之而后济。观此可以知险矣。

吕梁山在洪东，连亘委蛇，周数十里。前有塔山，山上有寺，废矣；有浮图，堕矣。登而望则云龙诸峰蜿蜒在目下，视洪流带如也。旁有凤凰山，山有双翅，故名，有泉曰虎头。西南曰胜云山，山有石二孔，水光莹然，虽霖不溢，旱不枯。东北曰峰山，下有七十二泉，今或瞀，翳不食，相传张良厌气之所。上有翻白草，可入药。西北曰午山，曰读书山，不知何人读书处。

东南则有双井村，泉源出胜云山，东西二井相向。井有鲋，旱浚之则雨，上有龙王庙。雍尝登山而暍求浆，适有山人提壶至，乃泻而呷之，味甚甘，曰斯泉之汲也，民福之。南则房村，客舟辏集，居民富庶，亦乐土也。北则雍门村，即古雍门周善弹琴能使孟尝君悲者。东南则有悬水村。按：庄列孔子观于吕梁，悬水三十仞，流沫四十里，故名。今村或疑吕梁之水，今无此势。欲拟为石州之吕梁，及考《禹贡》治岐及梁，《尔雅》梁山晋望；吕不韦之龙门未辟，吕梁未凿；郦道元之吕梁崇竦，河流激荡；虽指石州之吕梁而言，俱未有悬水字。今独此洪有悬水村。信哉！宣父观澜之地也。又《史记》：孔子将西见赵简子，至河而返。则石州吕梁亦圣辄未问津之地。苏轼《赠吕梁仲屯田》诗曰："官居独往悬水村"，观此，亦可考矣。

尉城，唐尉迟恭疏治二洪筑城居之。吕城，吕布与曹瞒相拒而筑。云梦城、梁王城在洪西北，此韩彭之遗也。雍尝登二城之墟而望焉，乃喟然叹曰：嗟乎！地险山川丘陵也，王公设险以守其国。方二子之辅季鏖羽，沛彭相去数百里，尔乃据险筑城，以当要害，卒之羽挫汉兴，此险不为无少助者。历今数千祀而故垣遗垒犹与洪流争雄，二子其善用险者哉，奈何鸟尽弓弢，身族不庇，何明于用险而暗于习险也。《易》曰：习坎入坎，失道凶也。重有感于二子之城。

冯世雍曰：吕梁山水虽不及今之一乡，而险阻控持，环引上下，则隐然有虎豹重关之势。东连齐鲁，北属魏赵，南通江淮，西接梁楚，乃敌国必争之地，师行必据之险也。王玄谟曰：彭城南届大淮，捍接边境，则吕梁以北制南之要地也。尉元曰：彭城宋之要藩，南郡来侵莫不因之以凌诸夏，则吕梁以南入北之要地也。自汉以来未经疏凿，而其汹涌之流可以限敌高平之野，可以屯兵山林之薮，可以伏甲，故韩、彭、吕布之徒皆窃据于此，以固其势，而谢玄堰吕梁之水以利师行之漕。下至宋宣周武，皆据有此险，以取万全之胜，然犹未可以方舟济也。迨唐之尉迟蓺火攻石，修浚以杀之，而流稍缓矣。然犹未可以漕舟运也。至宋之元祐，乃修月河堤，置上下闸，而漕始利矣。我国家定鼎北部，东南贡赋悉由此道百五十年。王人拱极，方贡流通，漕舟客艘，舳舻不绝，诚要路之形胜，漕渠之会通也。回视汉唐未克人和，徒藉地势以自雄长者，真下风矣。夫在古则为必争之阻，在今则为裕国之渠，所谓伏至险于大顺，藏不测于至静之中者，经国者可不加之意哉！

赞曰：吕梁天成，洪流禹通。宣父兴叹，唐臣效忠。季世凭险，称干此雄。嗟嗟要津，鞠为战攻。漕渠载启，四方攸同。缵禹之绪，为皇之功。

明嘉靖《徐州志》卷四

陈太建中经略淮北，大破齐师于吕梁。后周将王轨破吴明彻于吕梁。并即此唐尉迟恭尝疏凿以杀其势。有尉城遗址。有吕梁堰，晋谢玄既败苻坚，率众次彭城，平兖州，用督护闻人奭谋堰吕梁水以利漕运。有悬水村。

（明）朱国桢《涌幢小品》

"金龙四大王"姓谢名绪，晋太傅安之后，元兵方炽，神以戚畹愤不乐仕，隐金龙山，椒筑望云亭以自娱，咸淳中浙大饥，捐家赀饭馁人，所全活甚众，元兵人临安，掳太后少主去，义不臣，赴江死，尸僵不坏，乡人义之，大明兵起，神示梦当佑圣主，时傅友德与元兵左丞李二战徐州吕梁洪上，士卒见空中有披甲者来助战，元兵大溃，遂著灵应。永乐间，凿会通渠，舟楫过洪涛无不应，于是建祠洪上。隆庆间，大司空潘季驯督书吏以事过洪，天将暮，遇伍伯擒以见神，神坐庙内，诘问书吏曰：若官人胡得无礼，河流塞亦天数也，岂吾为此厉民，为语司空，吾已得请于帝，河将以某日通矣，若掌书不敬当罚，书吏诉不得，受扑去，以告司空，已而河果以某日通。于是司空祗事神益虔。

（清）方文《金龙四大王歌》序

金龙四大王者，宋处士谢绪也。绪，会稽人，初为诸生，隐钱塘之金龙山。宋亡，日夜痛哭，阴结其徒为恢复计。寻知势去不可为，遂赴水死。题诗于石曰："立志平夷尚未酬，莫言心事付东流。沧胥天下凭谁救，一死千年恨不休。湘水不沉忠义气，淮淝自愧破秦谋。苕溪北去通关塞，留此丹心灭虏酋。"其徒问曰："先生之志决矣，然他日以何为验？"绪曰："黄河水北流，是吾报仇之日也。"后太祖高皇帝与蛮子海牙战于吕梁，不利，忽见云中有天将，挥戈驱河逆流，元兵大败。帝夜默祷，请其姓名，梦儒生素服前谒曰："臣谢绪也，愤宋祚移，沉渊而死。上帝怜我忠，命为河伯，今助真人破敌，吾愿毕矣。"次日即封为金龙四大王，盖绪兄弟四人纪、纲、统、绪，绪最少，又葬于金龙山，故名。今清江浦庙中有记甚详，予读之采以入诗。

《读史方舆纪要》卷二十九

吕城（州东五十里。春秋时宋邑，襄元年，晋以诸侯之师伐郑，楚子辛救郑，侵宋吕、留。杜预曰：彭城郡之吕城、留城也。汉为吕县，属楚国。后汉及晋皆属彭城国。宋属彭城郡，后魏因之。隋废。《志》云：吕城临泗水，高百四十尺，周十七里，城东二里又有三城，一在水南，一在水北，一在水中潬上。盖高齐所筑以防陈者。又泗水至吕城，积石为梁，故称吕梁。今吕城东十里吕梁洪上有二城，一曰云梦，一曰梁王。土人谓云梦即韩信，梁王即彭越。又洪西岸有尉迟城。唐尉迟敬德督徐州，尝凿吕梁洪，因筑此城。今吕梁城，中河分司驻焉。○吕布城，在州东南八十五里，相传布与曹操相拒时筑，城上有战台）。

吕梁洪（州东南六十里。有上下二洪，相距凡七里，巨石齿列，波流汹涌。《列子》称孔子观于吕梁，悬水三十仞，流沫四十里。《水经注》：泗水自彭城东南过吕县南，水上有石梁，谓之吕梁。晋太元九年，谢玄克苻坚，进平兖州，患水道险涩，粮运艰阻，用督获闻人奭谋，堰吕梁水植栅，立七埭为派，拥上岸之流，以利漕运，公私称便，遂进伐青州，时谓之青州派。宋泰始二年，徐州刺史薛安都以彭城降魏，宋将张永、沈攸之等讨之，进攻彭城，不克而还，会大雪，泗水冰合，永等弃船步走，魏将尉元与薛安都前后邀击，大破永等于吕梁之东。梁太清初，萧弄璋攻东魏磧泉、吕梁二戍，拔之。魏收《志》：吕县有吕梁城，磧泉盖在吕梁之东。陈大建七年，吴明彻攻彭城，大破齐军数万于吕梁。十年，明彻伐周，进屯吕梁，周徐州总管梁士彦拒战，为明彻所败，进围彭城，环列舟舰于城下，堰泗水以灌城，周遣王轨驰救，募壮士夜决堰，至明，陈人始觉，遂溃还。盖吕梁自晋宋间有之。或谓唐武德中，尉迟敬德开此洪，假龙门吕梁，以状此水之险，误矣。龙纪初，朱全忠将庞师古攻时溥于徐州，拔宿预军于吕梁，溥逆战，大败，退保彭城。光化二年，杨行密讨朱全忠，进攻彭城，军于吕梁，不克而还。宋元祐四年，京东转运使言：清河与江、浙、淮南诸路相通，因吕梁、百步两洪，湍浅险恶，商贾不行。乞度地势，穿凿开修月河石堤，上下置闸，以时启闭，通放舟船。从之。明初，傅友德奉命守徐州，未至元扩廓遣兵来寇，屯州东陵子村，友德引舟溯流至吕梁，舍舟登陆，击却之。宣德初，以漕舟艰阻，陈瑄议于旧河西岸凿渠，深二尺，阔五丈，夏秋有水，可以行舟。七年，复凿渠令深，并置石闸以节水，既而湍险如故。嘉靖二十三年，管河主事陈洪范复凿吕梁洪，平之，自是运道益便。旧有上下二闸，今废。又吕梁巡司亦置于此）。

（清）姜焯《徐州志》

吕梁洪在州城东南五十七里，上下二洪，绵亘七里。洪中诸石森列如齿；水脉劲疾，遇险怒号，白浪腾沸，一瞬数里，为南北至险焉。唐宋疏凿修治遗迹，并与徐洪同。明成化八年，主事张达修砌石堤，上洪长三十五丈，下洪长三十六丈。十六年主事费瑄修筑堤坝，有长沙李东阳记。嘉靖二十一年主事徐有让修砌石堤，有建安李默记。二十三年主事陈洪范凿去乱石，有华亭徐阶记。万历元年主事黄猷吉重建石堤一千三百丈，有都御史万恭记。

按：吕梁志：二洪中怪石嵯峨，皆有名目，其在上洪者曰虾蟆石、门限石、石坝、夜叉石、打船石、等船石、垅子石，乱次森列。近北岸则曰邀缠石、饮牛石、磨盘石、燧泉石、毂轮石、螃蟹窝、滑皮石、红石头。其南为外洪口，上有飞檐石、下乱石，多不可名。最险者曰青龙嘴，对岸为䲡鱼石、牛角稍、黄石头。又为双帮石、切牙石、勒簪石、滑皮石。至下洪口多乱石，无名。中有石坝。南岸为勒缠石、大花顶石。北岸又有双帮石。稍远，名侯家石，益险峻。诸石皆参差水际，舟触之，无不立碎。

《明史卷八十五·志第六十一·河渠三·运河上》

徐、吕二洪者，河漕咽喉也。自陈瑄凿石疏渠，正统初，复浚洪西小河。漕运参将汤节又以洪迅败舟，于上流筑堰，逼水归月河，河南建闸以蓄水势。成化四年，管河主簿郭升以大石筑两堤，锢以铁锭，凿外洪败船恶石三百，而平筑里洪堤岸，又甃石岸东西四百余丈。十六年增甃吕梁洪石堤、石坝二百余丈，以资牵挽。及是建闸，行者益便之。

清道光《铜山县志》卷二

吕梁洪：府志云在城东南五十里，《水经注》：泗水之上，有石梁焉，故曰吕梁，悬水湍洑，实为泗嶮。孔子所谓鱼鳖不能游，又云悬水三十仞，流沫九十里，今不能也。晋太元中，谢元既破苻坚，率众至彭城，平兖州，患水道险涩，粮运艰难，用督护闻人奭谋，堰吕梁水以利漕运。陈太建七年吴明彻攻彭城，大破齐军于吕梁。九年，诏明彻北伐，军至吕梁，周徐州总管梁士彦拒战，为明彻所败。进围彭城，堰泗水以灌城。周遣王轨救之。生擒明彻。《元和志》：吕梁在彭城县东南五十七里。旧志：有上下二洪，相距凡七里。水中巨石齿列，波涛汹涌，号为巨险。唐宋疏凿修治遗迹，并与徐洪同。明宣德初以漕舟艰阻，陈瑄议于旧河凿渠，深二丈、阔五丈以行舟；七年复凿渠，令深并置石闸，既而湍险如故。成化中管河主事张达、费瑄修筑堤坝。嘉靖二十三年主事陈洪范凿石平之，自是行舟益便。

清同治《徐州府志·山川考》

又东五十里有吕梁洪。《水经注》：泗水之上有石梁焉，故曰吕梁。悬涛漰湱，实为泗险。晋太元中谢元既破苻坚，率众至彭城，患水道险涩，堰吕梁水以利漕运。《元和志》：吕梁在彭城县东南五十七里（案：里数各志互异，此为得之旧志。），有上下二洪，相距凡七里，水中巨石齿列，波涛汹涌，号为至险。唐宋疏凿遗迹并与徐洪同。明宣德初以漕运艰阻，陈瑄议旧河凿渠深二丈、阔五丈以行舟。七年，复凿渠并置闸，既而湍险如故。成化中，管河主事张达、费瑄修筑堤坝。嘉靖二十三年，主事陈洪范凿石平之，自是舟行益便。

《续文献通考卷三百十二舆地考八·江苏省》

自明以来，川漕变迁，皆非故迹，逮咸丰中黄河北移，形势更殊，曩者中外二洪，吕梁悬溜著称湍险者已成浅渚平沙矣。

大事记

前651年　楚子辛侵宋吕
《春秋经传集解·襄·元第十四》：

秋，楚子辛救郑，侵宋吕、留（编者注：吕、留二县，今属彭城郡）。郑子然侵宋，取犬丘。

前516—前453年　宋景公射弓，矢饮羽于石梁
《太平御览卷三百四十七·兵部七十八》：

《阙子》曰："宋景公谓弓人曰：'为弓亦迟矣。'对曰：'臣不得见公矣。'公曰：'何也？''臣之精尽于弓矣。'献弓而归，三日而死。公张弓登虎圈之台，东面而射，矢逾西霜之山，集彭城之东，其余力逸劲，饮羽于石梁。夫尽精于一弓而身为夭死，况治天下，奈何其独也。"

前154年　白颈乌与黑乌群斗吕县
《汉书·五行志》：

景帝三年十一月，有白颈乌与黑乌群斗楚国吕县，白颈不胜，堕泗水中，死者数千。刘向以为近白黑祥也。

384年　谢玄堰吕梁水
《晋书·谢玄传》：

兖州既平，玄患水道险涩，粮运艰难，用督护闻人奭谋，堰

吕梁水，树栅，立七埭为派，拥二岸之流，以利运漕，自此公私利便。又进伐青州，故谓之青州派。

《通志》卷一百二十八：

兖州既平，元（琰）患水道险涩，粮运艰难，用督护闻人奭谋，堰吕梁水，树栅，立七埭为派，拥二岸之流，以利运漕，自此公私利便。

466年　刘宋与北魏争战

《魏书·尉元传》：

天安元年，（刘）彧遣将张永、沈攸之等率众讨安都，屯于下磕。永乃分前羽林监王穆之领卒五千，守辎重于武原，龙骧将军谢善居领卒二千据吕梁，散骑侍郎张引领卒二千守茱萸，督上租粮，供其军实。

467年　刘宋与北魏争战

《魏书·显祖纪第六》：

皇兴元年，春，正月癸巳，尉元大破张永、沈攸之于吕梁东，斩首数万级，冻死者甚众。

《魏书·尉元传》：

〔尉〕元以张永仍据险要，攻守势倍，惧伤士卒。乃命安都与璨等固守，身率精锐，扬兵于外，分击吕梁，绝其粮运。……伯恭、安都乘胜追击，时大雨雪，泗水冰合，永弃船而走。元豫测永必将奔亡，身率众军，邀其走路，南北奋击，大破于吕梁之东。斩首数万级，追北六十余里，死者相枕，手足冻断者十八九。

《通志》卷十五：

（北魏）皇兴元年春正月癸巳，镇南大将军尉元大破宋将张永、沈攸之于吕梁，宋人来聘。

《资治通鉴卷一百三十二·宋纪十四》：

宋明帝泰始三年丁未，春，正月，张永等弃城夜遁。会天大雪，泗水冰合，永等弃船步走，士卒冻死者太半，手足断者什七八。尉元邀其前，薛安都乘其后，大破永等于吕梁之东，死者以万数，枕尸六十余里，委弃军资器械不可胜计；永足指亦堕，与沈攸之仅以身免，梁、南秦二州刺史垣恭祖等为魏所虏。

《魏书·辛绍先传》：

刘彧将陈显达、萧道成、萧顺之来寇，道成谓顺之曰："辛绍先未易侵也，宜共慎之。"于是不历郡境，遂径屯吕梁。

525 年　南梁与北魏争战

《北齐书·徐之才传》：

豫章王综出镇江都，复除豫章王国左常侍，又转综镇北主簿。及综入魏，三军散走，之才退至吕梁，桥断路绝，遂为魏统军石茂孙所止。

547 年　南梁与东魏争战

《资治通鉴卷一百六十·梁纪十六》：

〔梁武帝〕太清元年丁卯……，戊子，武州刺史萧弄璋攻东魏碛泉、吕梁二戍，拔之。或告东魏大将军澄云："侯景有北归之志。"会景将蔡道遵北归，言"景颇知悔过"。

573 年　南陈与北齐、北周争战

《通典》卷一百五十一：

陈宣帝即位数年，遣吴明彻率师十万渡江，尽克淮南之地，息师不二三载，更攻后周之彭城，大败于吕梁，明彻并将卒并没，江左削弱，自此之由斯亦不量力而黩武穷兵之累也。

《通志》卷十四：

（陈）宣帝太建中，频年北伐，诸将累捷，尽复淮南之地（将吴明彻于寿春城斩高齐将王琳），更经略淮北，大破齐军于吕梁，及旋师属，高齐国亡。又总军北伐至吕梁，周军来拒，又大破之。

《隋书》卷二十三：

陈太建五年，衡州马生角。洪范五行传曰："马生角，兵之象，败亡之表也。"是时宣帝遣吴明彻出师吕梁，与周师拒。连兵数岁，众军覆没，明彻竟为周师所虏。

陈太建五年六月，西北有黑云属地，散如猪者十余。洪范五行传曰："当有兵起西北。"时后周将王轨，军于吕梁。明年，擒吴明彻，军皆覆没。

《资治通鉴卷一百七十一·陈纪五》：

高宗宣皇帝上之下，太建五年癸巳……辛酉，战于吕梁。将战，吴明彻谓巴山太守萧摩诃曰："若殪此胡，则彼军夺气，君才不减关羽矣。"摩诃曰："愿示其状，当为公取之。"

《通志》卷十六：

（北齐武平）四年五月，开府仪同三司尉破胡、长孙洪略等与陈将吴明彻战于吕梁南，大败。破胡走以免，洪略战殁，遂陷秦、泾二州，明彻进，陷和合二州。

575 年　陈与北齐争战

《陈书·宣帝纪》：

太建七年，"闰九月壬辰，都督吴明彻大败齐军于吕梁。"

《陈书·吴明彻传》：

七年，进攻彭城。军至吕梁，齐遣援兵前后至者数万，明彻又大破之。

《资治通鉴卷一百七十二·陈纪六》：

太建七年乙未……闰月，车骑大将军吴明彻将兵击齐彭城；壬辰，败齐兵数万于吕梁。

《通志》卷一百四十四：

七年进攻彭城，军至吕梁，齐遣援兵前后至者数万，明彻皆大破之。

577 年　陈与北齐、北周争战

《陈书·宣帝纪》：

〔太建〕九年，……冬十月戊午，司空吴明彻破周将梁士彦众数万于吕梁。

《陈书·吴明彻传》：

〔太建〕九年，诏明彻进军北伐，令其世子戎昭将军、员外散骑侍郎惠觉摄行州事。明彻军至吕梁，周徐州总管梁士彦率众拒战，明彻频破之，因退兵守城，不敢复出。明彻仍迮清水以灌其城，环列舟舰于城下，攻之甚急。

《陈书·萧摩诃传》：

〔太建〕九年，明彻进军吕梁，与齐人大战，摩诃率七骑先入，手夺齐军大旗，齐众大溃。以功授持节、武毅将军、谯州

《陈书·程文季传》：

〔太建〕九年，又随明彻北讨，于吕梁作堰，事见明彻传。

《陈书·戚衮传》：

敬帝承制，出为江州长史，仍随沈泰镇南豫州。泰之奔齐也，逼戚衮俱行，后自邺下遁还。又随程文季北伐，吕梁军败，戚衮没于周，久之得归。

《资治通鉴卷一百七十三·陈纪七》：

太建九年乙酉……冬，十月，戊申，北周国主去邺城。闻周人灭齐，欲争徐、兖，诏南兖州刺史、司空吴明彻督诸军伐之，以其世子戎昭、将军惠觉摄行州事。明彻军至吕梁，周徐州总管梁士彦帅众拒战，戊午，明彻击破之。士彦婴城自守，明彻围之。

《通志》卷一百四十四：

九年，诏明彻进军北伐，令其世子慧觉摄行州事。军至吕梁，周徐州总管梁士彦率众拒战，明彻频破之。

578 年　陈与北周争战

《陈书·宣帝纪》：

太建十年……二月甲子，北讨众军败绩于吕梁，司空吴明彻及将卒已下，并为周所获。

《隋书卷二十三·五行下》：

陈太建十年八月，陨霜，杀稻菽。是时，大兴师选众，遣将吴明彻，与周师相拒于吕梁。

889 年　庞师古败时溥

《新五代史·梁本纪第一》：

珍屯萧县，别遣庞师古攻徐州。龙纪元年正月，师古败溥于吕梁。淮西牙将申丛执秦宗权，折其足，将槛送京师；别将郭璠杀丛，篡宗权以来献。

《新五代史·梁臣传第九·庞师古传》：

太祖攻时溥未下，留兵属师古守之，师古取其宿迁，进屯吕梁。溥以兵二万出战，师古败之，斩首二千级。

《资治通鉴卷第二百五十八·唐纪七十四》：

龙纪元年己酉，春，正月……汴将庞师古拔宿迁，军于吕梁。（九域志：徐州彭城县有吕梁镇。）时溥逆战，大败，还保彭城。

《续通志》卷二百八十一：

秦宗权皆有功太祖，攻时溥未下，留兵属师古守之。师古取宿迁，进屯吕梁，败其兵二万。

899 年　杨行密战朱全忠军

《资治通鉴卷二百六十一·唐纪七十七》：

唐兴化二年己未……杨行密与朱瑾将兵数万攻徐州，军于吕梁，朱全忠遣骑将张归厚救之。

1219 年　大破红袄于狄山

《金史·宣宗纪中》：

金兴定三年，己卯，十一月……甲寅，徐州总领纳合六哥大破红袄于狄山。（编者注：狄山在吕梁东。）

1367 年　傅友德战于吕梁

《明史·傅友德传》：

〔(元)至正二十七年二月〕傅友德……同陆聚守徐州，扩廓遣将李二来攻，次陵子村。友德度兵寡不敌，遂坚壁不战，诇其众方散掠，以二千骑溯河至吕梁，登陆击之，单骑奋槊刺其将韩乙。敌败去。

《续通典》卷一百：

明傅友德守彭城，王保保遣将李二来，攻势甚张，友德度多寡不敌，诇其众方肆掠，率步骑自吕梁渡直趋击之，单骑奋槊，刺其骁将韩乙师，乘而进，敌大败。

1480 年　增甃吕梁洪石堤

《明史卷八十五·志第六十一·河渠三·运河上》：

管河主簿郭升……（成化）十六年增甃吕梁洪石堤、石坝二百余丈，以资牵挽。及是建闸，行者益便之。

1511 年　吕梁遭受兵火

民国《铜山县志·记事表》：

武宗正德六年二月……刘六等犯吕梁及房村驿，焚官署、民居并船舰，皆成煨烬。

1518 年　阐教王殴管洪主事

《明史·阐教王传》：

正德十三年遣番僧领占札巴等封其新王。札巴等乞马快船三十艘载食盐，为入番买路之资。户科、户部并疏争，不听。札巴等在途科索无厌，至吕梁，殴管洪主事李瑜几毙，恣横如此。迄嘉靖世，阐教王修贡不辍。

1537 年　河决房村

《明史卷八十四·志第六十·河渠二·黄河下》：

万历元年，河决茅村。筑堤洼子头至秦沟口……从淮而上，河流不迅，泥水愈淤。于是邳州浅，房村决，吕梁二洪平，茶城倒流，皆坐此也。

1623 年　吕梁城南隅陷

《明史卷八十四·志第六十·河渠二·黄河下》：

天启元年……三年，决徐州青田大龙口，徐、邳、灵、睢河并淤，吕梁城南隅陷，沙高平地丈许，双沟决口亦满，上下百五十里悉成平陆。

1637 年　房村遭受兵火

民国《铜山县志》卷四：

丁丑，崇祯十年八月二十六日，贼至徐州房村、胡山等处，官军与乡兵筑寨胡山，列阵御之。

1948 年 11 月　淮海战役吕梁狼山阻击战

淮海战役"徐州吕梁狼山阻击战"，从 11 月 11 日至月底，持续 20 天。79 名解放军战士牺牲。

古　迹

白鹤村

  清道光《铜山县志》卷八《古迹》

  在今五乡地,宋嘉祐七年,其地生麦。

白塔寺

  民国《铜山县志卷十九·古迹考》

  《魏书·释老志》:太和十九年四月,帝幸徐州白塔寺。案:今在城东南七十五里,清嘉庆十三年重修。

北岸主簿署

  民国《铜山县志卷十一·建置考》

  乾隆府志云:在县署东,后迁吕梁兴隆山,清道光末建。县人孙运锦有记。今废。

曹公故城

  《元和郡县图志卷九·河南道五》

  在县东南六十五里,在吕梁东岸。或言曹公筑此,以守吕布。西岸有城临水,时布之所固也,号曰吕布固。

川上书院

明张镗《川上书院祭田记》

然祀不可无亭,遂出廪余建书院于是山之巅,所以存古迹、崇圣道、报圣德也。

大观堂

清道光《铜山县志卷八·古迹》

在吕梁分司公署迤北,初名退省轩,弘治丁巳主事来天球建,嘉靖丙午主事曹英拓新之,都御史赵大佑易此名。

房村渡

明嘉靖《徐州志》卷四

五里为房村渡。

房村公署馆

清道光《铜山县志》卷七

在房村。明嘉靖三十一年都御史曾钧因治河建。国初尝为管堤判官公署。今废。

房村驿

明正统《彭城志》

去城东南六十里。

冯世雍《吕梁洪志》

在洪南,永乐十三年建。

房村镇

明弘治《重修徐州志》

在七乡，去城东南六十里。

费公祠

清同治《徐州府志》卷十四

在吕梁洪下洪，祀明工部主事费瑄。

恭襄侯祠

明姚应龙《徐州志》卷四

在河东水次，祀平江恭襄侯陈瑄，侯有功漕运，故祀之。成化十八年知州和鸾、指挥苏宽、千户刘显以总漕平江伯陈锐规划鼎建。万历元年重修。

关帝竹石刻

清道光《铜山县志卷八·古迹》

在吕梁凤凰山。

关尉祠

《南畿志》卷六十一

在吕梁洪上，元董恩建，以祀汉寿亭侯关羽、唐鄂国公尉迟恭。盖羽事汉昭烈，昭烈尝为徐州牧，恭尝治水吕梁，皆有遗迹。翰林侍讲赵孟頫撰碑铃。

明弘治《重修徐州志》

关尉神祠在吕梁洪上,元董恩建,以祀汉寿亭侯关羽、唐鄂国公尉迟恭。盖羽事汉昭烈,昭烈尝为徐州牧,恭尝治水吕梁,皆有遗迹,故庙祀之。翰林侍讲赵孟頫撰碑铭。宣德七年登载祀典,有司岁时致祭。成化四年,主事谢敬重修。

关尉二公庙

明正统《彭城志》

去城东南六十里,旧惟草房三间。宣德七年,刑部郎中王溥来督漕运,因旧基建正屋三间,中设二公神像,穿廊三间,前屋三间,库房二间。宣德七年奉行,在礼部勘合,命有司岁时致祭焉。事详前翰林承旨吴兴赵孟頫所撰记。

观道亭

清道光《铜山县志卷八·古迹》

在吕梁洪塔山巅,上有先圣石刻像,明嘉靖十四年主事张铠建,亦名川上书院,或谓即子在川上处。

清道光《铜山县志》卷二

明嘉靖十四年主事张铠建观道亭,祀石刻至圣孔子像。亦名川上书院,捐置祭田以奉春秋二祀。年久渐圮。本朝乾隆三十三年,知府事邵大业捐廉建大殿、两庑于道观亭后,置祭田七十亩零,招佃纳租,以供祭费。俱有碑记。五十六年,淮徐海道康基田捐俸重修。嘉靖四年,知府事鳌图任内,旧地变胰,廪生刘廷吉、赵世清等公请加租批准,遵行在案。世清同监生刘廷宾、李元珍等公捐祭田四十八亩,前任府学教授沈大吕为撰碑记。道光四年捐职州同刘允昭,又捐祭田五十五亩零,县学训导张汝谐为撰碑文。

同治《徐州府志》卷十八上

"旧志"在吕梁洪塔山巅上,有先圣石刻像。明嘉靖时主事张镗建,亦名吕梁书院。列子"孔子观乎吕梁",或谓即子在川上处。

民国《铜山县志卷十八·古迹考》（参见邵大业《重修塔山观道亭记》)

"旧志"在吕梁洪塔山巅上,有先圣石刻像。明嘉靖十四年主事张镗建,亦名川上书院,或谓即子在川上处。又有观澜亭,在洪之东浒（状元亭在大观堂北),聚益亭在大观堂东。又嘉靖十五年副使宋圭于厅事西建射圃。二十五年副使王梃益拓修之,复为观德亭。案:观道亭清乾隆三十三年知府邵大业,五十六年淮徐道康基田重修,今俱废。

观德亭

清道光《铜山县志卷八·古迹》

嘉靖十五年副使宋圭于厅事西建射圃,二十五年副使王梃益拓修之,为是亭较射其中。

观澜亭

明嘉靖《徐州志》

坊之左偏为观澜亭,主事日临攒运之所。

清道光《铜山县志卷八·古迹》

在洪之东浒。

观物亭

明方豪《吕梁洪作垣记》

余公干江南,及吕梁洪阻风,工部陈君伯度挐舟冒风波溯洪直诣予舟,延至观物亭,礼意周至。

含青馆

清道光《铜山县志卷八·古迹》

参议徐标建于厅事东南。

寒山堰

明嘉靖《徐州志》卷四

陈将吴明彻入吕梁,徐州总管梁士彦频战不利,退保州城,明彻遂堰清水以灌之,列战舰城下以图进取。又南九里受九里沟水。水由西岸入有桥下,有寒山堰,梁萧明尝于此拥泗水灌彭城。

黄家桥

民国《铜山县志卷十二·建置考》

在吕梁洪上洪,明郎中王溥建。后圮,主事张铠建石桥。

会墨堂

清道光《铜山县志卷八·古迹》

在吕梁下洪,嘉靖癸卯主事陈洪范建,有赵孟頫碑及诸刻。

同治《徐州府志》卷十八上

在吕梁下洪,明嘉靖二十三年主事陈洪范建,庋(guǐ)赵孟頫碑及诸石刻。故名。

民国《铜山县志卷十八·古迹考》

旧志：在吕梁下洪，明嘉靖二十三年主事陈洪范建，有赵孟頫碑及诸刻。故名。又有大观堂，在……吕梁分司公署迤北，初名退省轩，弘治十年主事来天球建。嘉靖二十五年主事曹英拓新之。都御史赵大佑易此名。今俱废。

火神庙

清道光《铜山县志》卷七

在下洪大堤西。

金龙庙

清乾隆《徐州府志》卷八

在房村。

金龙四大王庙

民国《铜山县志卷十二·建置考》

在吕梁洪上。

景福寺

明嘉靖《徐州志》卷九

在一乡吕梁洪境上，元大定二年建。

清道光《铜山县志》卷七

旧志：在吕梁洪。金大定三年建。

聚益亭

清道光《铜山县志卷八·古迹》

在大观堂东。

李家桥

清同治《徐州府志》卷十六

吕梁洪旁。河出吕梁,沙堙桥废。

醴泉书院

同治《徐州府志》卷十五

在吕梁北。康熙五十八年州人同建。

梁王城

明正统《彭城志》

梁王城去城东南六十里,汉高帝封彭越为梁王,因城北以居,其城现存。

清道光《铜山县志卷八·古迹》

梁王城,彭越筑。二城并在吕梁洪。相传韩信、彭越会于此,各筑城驻节焉。

梁王墓

明正统《彭城志》

去城东南六十里。旧志云汉封彭越为梁王,既死而葬于此。

吕布城

《太平寰宇记卷十五·河南道十五》

吕布城,在县东南五十里。按《魏·地形志》:"吕布自下邳与曹操相持,筑城于此。"

《南畿志》卷六十一

吕布城,在城东南八十五里,布与曹相拒,筑城于此。

冯世雍《吕梁洪志》

吕城,吕布与曹瞒相拒而筑。

明嘉靖《徐州志卷八·兵防》

吕布城,在吕梁南二十五里,布与曹操相持,筑城于此,一名战台。其堑犹有存焉。

清道光《铜山县志卷八·古迹》

在城东南。《元和志》:曹公故城在彭城县东南六十五里吕梁东岸。或言曹公筑此以图吕布。西岸有城临水,是布之所固也,号曰吕布固。《寰宇记》:吕布城在县东南五十里。按:《魏·地形志》:吕布自下邳与曹公相持,筑城于此。"旧志"在吕梁南二十五里,一名战台,堑垒犹存。按:《寰宇记》所引《地形志》今本无此文,不知何据。

吕城(吕梁故城)

《元和郡县图志卷九·河南道五》

吕梁故城,在彭城县东五十七里。春秋时,宋之吕邑,至汉以为吕县。城临泗水,高一百四十尺,周回十七里。此城东二里有三城:一在水南,一在水中潭上,一在水北,并高齐所筑,立镇以防陈寇。

《太平寰宇记卷十五·河南道十五》

吕梁城，在县东南五十里。按《左氏传》云："楚子辛救郑侵宋吕、留。"杜注"吕、留二县，今属彭城郡。城临泗水，高百四十尺，周十七里。此城东二里有三城，一在水南，一在水中潬上，一在水北，并高齐所筑，立镇以防陈寇。"

乾隆《徐州府志》卷八

在城东南，春秋时宋邑。《左传·襄公·襄公元年》晋韩厥、荀偃帅诸侯之师伐郑，楚子辛救宋吕、留。杜预曰：吕、留二县今属彭城郡。汉置吕县，属楚国。后汉、晋皆属彭城国，宋属彭城郡，后魏因之。隋废。《元和志》：吕梁故城在彭城县东五十七里，汉为吕县。城临泗水，高百四十尺，周回十七里，此城东二里有三城：一在水南，一在水中潬（tān）上，一在水北，并高齐所筑，立镇以防陈寇。旧志：吕梁城在州东南吕梁洪东岸，明嘉靖四十三年筑城，周五百余丈，工部分司署在焉。又：吕梁洪上有二城，一曰云梦，一曰梁王，土人谓云梦为韩信，梁王即彭越。又：洪西岸有尉迟城，唐尉迟敬德督徐州尝凿吕梁洪，因筑此城。

清道光《铜山县志卷八·古迹》

吕梁城在城东南。春秋时宋邑。《左传·襄公·襄公元年》：晋韩厥、荀偃帅诸侯之师伐郑，楚子辛救郑侵宋吕、留。杜预曰：吕、留二县今属彭城郡，汉置吕县，属楚国。后汉、晋皆属彭城国。宋属彭城郡，后魏因之，隋废。《元和志》：吕梁故城在彭城县东五十七里，汉为吕县，城临泗水，高百四十尺，周回十七里。此城东二里有三城，一在水南，一在水中潬上，一在水北，并高齐所筑，立镇以防陈寇。《旧州志》：吕梁城在州东南吕梁洪东岸。明嘉靖四十三年筑，城周五百余丈，工部分司署在此。

清同治《徐州府志》卷十八上

府东南五十里。汉县隋废。《元和志》：吕城临泗水，高百四十尺，周十七里。城东二里又有三城，一在水南，一在水北，一在水中潭上。并高齐所筑，立镇以防陈寇。旧州志：吕梁城在州东南吕梁洪东岸。明嘉靖四十三年筑城，周五百余丈，工部分司署在焉。又《方舆纪要》：吕梁洪上有二城，一曰云梦，一曰梁王，土人谓云梦为韩信，梁王即彭越。又洪西岸有尉迟城，旧志本《方舆纪要》：吕梁城下注谓为尉迟敬德所筑。盖始于赵孟頫关尉庙碑，而"纪要"于吕梁洪下又有或谓唐武德中尉迟敬德开此洪，假龙门吕梁以状此水之险，误矣。云云。案：敬德未尝督徐州，惟魏尉元用兵吕梁，疑是尉城后人讹为尉迟附会敬德。

《读史方舆纪要》卷二十九

吕城，州东五十里。春秋时宋邑，襄元年，晋以诸侯之师伐郑，楚子辛救郑，侵宋吕、留。杜预曰：彭城郡之吕城、留城也。汉为吕县，属楚国。后汉及晋皆属彭城国。宋属彭城郡，后魏因之。隋废。《志》云：吕城临泗水，高百四十尺，周十七里，城东二里又有三城，一在水南，一在水北，一在水中潭上。盖高齐所筑以防陈者。又泗水至吕城，积石为梁，故称吕梁。今吕城东十里吕梁洪上有二城，一曰云梦，一曰梁王。土人谓云梦即韩信，梁王即彭越。又洪西岸有尉迟城。唐尉迟敬德督徐州，尝凿吕梁洪，因筑此城。今吕梁城，中河分司驻焉。

民国《铜山县志卷十八·古迹考》

在城东南五十七里，春秋宋邑，汉县隋废。《元和郡县志》：

吕城故城临泗水，高百四十尺，周十七里。此城东二里有三城，一在水南，一在水中潭上，一在水北，并高齐所筑，立镇以防陈寇。（案：后文下磕、磕泉、吕梁三戍事见宋梁，而地皆在州东南，与吕城相近。疑元和志所云三城即其三戍。至谓并高齐所筑无据。故《方舆纪要》但云盖高齐所筑也。）旧州志：吕梁城在州东南吕梁洪东岸。明嘉靖四十三年筑城，周五百余丈，工部分司署在焉。又《方舆纪要》：吕梁洪上有二城，一曰云梦，一曰梁王，土人谓云梦为韩信，梁王即彭越。又洪西岸有尉迟城。同治府志云：旧志本《方舆纪要》，吕梁城下注谓为尉迟敬德所筑。盖始于赵孟頫关尉庙碑。案：敬德未尝督徐州，惟魏尉元用兵吕梁，疑是尉城后人讹为尉迟附会敬德。

《嘉庆重修一统志》卷九十九至一百一

吕县故城：在铜山县北。本春秋时宋邑。《左传·襄公·襄公元年》晋伐郑，楚子辛救郑，侵宋吕、留。杜预注：吕、留二县，今属彭城郡。汉置吕县，属楚国。后汉及晋皆属彭城国。宋属彭城郡，后魏因之。《魏书·地形志》：吕县有吕梁城，盖非一城也。隋县废。《元和志》：吕梁故城，在彭城县东五十七里，即古吕县也。城临泗水，高百四十尺，周十七里。此城东二里有三城，一在水南，一在水中潭上，一在水北，并高齐所筑，立镇以防陈寇。旧志：吕梁在州东五十里，明时有分司住焉。又吕城东十里吕梁洪上有二城，一曰云梦，一曰梁王。又洪西岸有尉迟城，唐尉迟敬德督徐州时筑。

吕梁[1]

《元和郡县图志卷九·河南道五》

在县东南五十七里。盖泗水至吕县,积石为梁,故号吕梁。陈将吴明彻以舟师破下邳,进屯吕梁,堰泗水以灌徐州。周将军乌丸轨、达奚长孺率兵救援,轨取车轮数百,连锁贯之,横断水路,然后募壮士夜决堰。至明,陈人始觉,溃乱争归,至连锁之处,生擒明彻。

吕梁渡

明弘治《重修徐州志》

在城东南六十里。

民国《铜山县志卷十二·建置考》

在城东南吕梁洪。

吕梁洪

《南畿志》卷六十一

去百步洪南六十里,有上下二洪,巨石齿列,波涛汹涌。庄子悬水三十仞流沫四十里即此。陈太建中经略淮北,大破齐师,周将王轨破吴明彻皆于此。唐尉迟恭尝疏凿以杀水势,旁有尉城,盖其遗址。成化间主事费瑄迭石为堤,归水于洪,吕梁之险十去五六矣。

---

[1] "吕梁"常用来泛指吕梁地区。历史文献上使用"吕梁"一词都不很确切。吕梁山,指吕梁地区的山。实际上没有哪座山称吕梁山。吕城只是吕梁的一部分。

吕梁洪分司公署

冯世雍《吕梁洪志》

在洪之东浒,旧署甚隘,弘治十一年主事来天球创建。坐东朝西,屹立洪荒而泰然当之。外为前门,左右为钟鼓楼,中为牌坊,扁曰"运河通济"。内进为二门,巍然中峙者为正堂,堂后左为仪仗库,右为小轩;迤北为后轩,轩后为状元亭,主事来天球为大学士费公建。亭后为望云楼,主事伍全建,迤北为退轩。公署之四周为垣,中为石门,左右通衢为二门,门有楼,扁曰通裕,曰澄清,则为雍所建。而垣周六里,有樊圃之势焉,则主事陈宪之力也。

吕梁洪工部分司署

明嘉靖《徐州志》卷六

在洪东岸向西,提督本洪主事莅政之所。中为正厅,左为仪仗库,右为轩,后为穿堂(扁曰自公),由正厅迤北为大观堂(主事曹英建),后为状元亭(状元及第费文宪公宏读书处),亭后为望云楼(主事伍全建)。

清道光《铜山县志》卷七

在吕梁洪东岸向西。明弘治十年主事来天球建,为本洪主事莅政之所。外为前门,左右为钟鼓楼,中有坊曰:漕河通济。又内为仪门,为正厅,左为仪仗库,右为小轩,后为穿堂,后堂由厅迤北为大观堂,主事曹英建。后为状元亭,乃费宏读书处。亭后为望云楼,主事伍全建。大观堂西为宅正厅。正德中主事陈宪于公署四周为石垣,计六里,中为石门,左右通衢为二门,各有楼,又后立三门,以便出入。岁久圮坏。嘉靖四十三年主事王应时因旧增筑为城，延袤五百余丈，高二丈五尺，下广八尺。门四，东曰迎和，西曰广济，南曰通裕，北曰澄清。又于署西催运厅前，因高为楼，匾曰吕梁洪。其门曰正洪门。署左为观澜亭，右为养正书院，主事陈洪范建。北为社仓二区，主事郭持平建。万历二年主事黄猷吉重修本署，于城南建万石仓夫厂二区，砖厂、药局各一区，具久废。

民国《铜山县志卷十一·建置考》

在吕梁洪东岸，明弘治十年主事来天球建。久废。

吕梁洪关尉庙碑

同治《徐州府志》卷十四

在吕梁上洪。祀汉关侯、唐鄂国公尉迟敬德。元皇庆间建。

民国《铜山县志卷十二·建置考》

在吕梁上洪。祀汉关侯、唐鄂国公尉迟敬德。元皇庆间建。旧有关尉庙碑，赵孟頫撰文并书。今碑没于河。

《嘉庆重修一统志》卷九十九

在铜山县两洪上。元董恩建，以祀汉关忠义、唐尉迟敬德忠义，尝官徐州。命有司岁时祭祀。

吕梁洪庙

明正统《彭城志》

去城东南六十里，元时董恩建。

吕梁洪桥

明弘治《重修徐州志》

在城东南五十里。

吕梁洪神庙

明嘉靖《徐州志》卷八

亦称龙祠、龙神庙。有二:一在上洪旧城,河平王明永乐初建,宣德十年知州杨秘重修。一在下洪,旧称龙神,元皇庆间建,明天顺元年知州宋诚、判官潘东重修。

吕梁洪巡检署

民国《铜山县志卷十一·建置考》

在吕梁洪镇。久废。

吕梁洪巡检司

明正统《彭城志》

去城东南六十里。洪武六年建。

冯世雍《吕梁洪志》

在洪南,洪武六年建。

明嘉靖《徐州志卷八·兵防》

在州城南吕梁,洪武六年建。

吕梁洪闸

冯世雍《吕梁洪志》

有二,吕梁洪上闸在洪之北,下闸在洪之南,俱永乐十六年建。

明正统《彭城志》

吕梁上闸去城东南六十里。永乐十六年造,次年设官吏。吕梁下闸在城东南，去下闸二里许，永乐十七年造，设官吏。

《漕河图志》

吕梁上下闸在吕梁洪之南北，俱正统年间参将汤节建，议接，后坏。

吕梁洪在州治东南六十里，上下相距七里余，其险如百步洪而过之。成化八年，工部主事张达修砌上洪石堤长三十六丈，阔九尺，下洪石堤长三十五丈，阔一丈四尺。成化十六年，工部主事费瑄因洪北障水，土坝易坏，改为石堤，长一百六十五丈，复于坝西筑堤二十余丈。十九年又于洪东用石甃砌牵路长四百二十丈。

吕梁上闸洪夫一千五十名，徐州人。稍水一百二十三名。吕梁下闸洪夫五百名，稍水九十名。

明唐龙《渔石集》

吕梁上下闸在吕梁洪之南北，俱正统年间参将汤节建，议接，后坏。

吕梁上洪

明正统《彭城志》

在城东南六十里。

吕梁上洪庙

《南畿志》卷六十一

旧河平王建，在吕梁上洪，宣德七年载祀典，有司岁祭。

明弘治《重修徐州志》

吕梁上洪神庙，在城东南六十里吕梁洪上，元有庙□，永乐初庙祝孙珪建，十年知州□□□□□□建，旧额无稽。今正之。

吕梁神庙碑

见前"文类"元袁桷文《徐州吕梁神庙碑》。

吕梁书院

明嘉靖《徐州志》卷六
在吕梁洪,嘉靖癸巳工部主事郭持平建。

冯世雍《吕梁洪志》
主事郭持平建,内有社仓二区。

吕梁戍

民国《铜山县志》卷十八
《通鉴》:梁武帝太清元年,萧弄璋攻东魏吕梁、碛泉二戍,拔之。《方舆纪要》:碛泉在吕梁东。

吕梁税课局

明正统《彭城志》
去城东南六十里。洪武六年大吏张让建。正统元年裁革。今仍开设。

吕梁司巡检

清道光《铜山县志》卷七
在吕梁。

吕梁下洪

《南畿志》卷六十一

主事王儼治石之交牙者断之,起者夷之,患亦免矣。

明正统《彭城志》

吕梁下洪去上洪二里许。

吕梁下洪庙

《南畿志》卷六十一

旧曰龙神庙,在吕梁下洪,宣德七年载祀典。

明弘治《重修徐州志》

吕梁下洪神庙在吕梁下洪,元驿丞董恩建,宣德七年登载祀典,有司岁时致祭。天顺元年知州宋诚、判官潘采重修。旧额无稽,今更之。

吕梁悬水

明弘治《重修徐州志》

彭城八景:汴泗交流、吕梁悬水、丁塘异泉、黄楼胜迹、石佛朝云、留城夕照、亭鹤清风、苏堤遗爱。

吕梁镇

明正统《彭城志》

吕梁镇去城东南六十里,在吕梁洪上,今巡检司在焉。

明弘治《重修徐州志》

吕梁镇在七乡,去城东南五十里,吕梁巡检司在焉。

南岸主簿署

民国《铜山县志卷十一·建置考》

在房村旧州判署,今久废。

彭越庙

见前"诗类"元张宪诗《吕梁洪彭越庙》。

平江庙

见前"诗类"明徐祯卿诗《下洪》。

栖云洞

清道光《铜山县志》卷二

凤凰山,在塔山旁,一名凤冠山,双峰如翅相连,中有栖云洞,游览称胜。

碛(qì)泉戍

《资治通鉴》卷一百六十

八月,戊子(二十四日),武州刺史萧弄璋攻东魏碛泉、吕梁二戍,拔之。

同治《徐州府志》卷十八上

在州东南吕梁山东。《通鉴》:梁将萧弄璋伐魏取吕梁、碛泉二戍。《方舆纪要》:碛泉在吕梁东是也。

青山龙神碑

见前"文类"明宋骥文《青山龙神碑记》。

庆真观

同治《徐州府志》卷十八上

在府东南。元吴善《吕梁庆真观记》:"彭城吕梁有庆真观者,道士贾君师弟子所自建也。"

庆真观碑

同治《徐州府志》卷二十

右庆真观碑,吴善撰文,赵孟頫书并篆额。今碑在铜山县东南凤冠山书院,裂为两截,题额已亡。碑长八尺,广三尺。行楷书,凡十九行,行五十二字。书末延祐六年立,是为仁宗即位之八年也。

民国《铜山县志》卷十九

姜州志:在州治东南,废。同治"府志":元延祐六年吴善撰《庆真观碑记》,赵孟頫书并篆额,今碑在城东南凤冠山书院,裂为两截,题额已亡。

双井村

清道光《铜山县志卷八·古迹》

在洪之东南,泉源出胜云山,东西二井相向。井有鲋,旱浚之则雨。

民国《铜山县志卷十八·古迹考》

旧志在洪之东南,泉源出胜云山,东西二井相向。井有鲋,旱浚之则雨。

天妃庙　天妃娘娘菩萨祠

冯世雍《吕梁洪志》

天妃庙、金龙庙皆水神也，亦祀之。

〔日本〕策产周良《初渡集》

徐州有二洪，一以州名，一以山名。山名者曰吕梁。云云。有天妃娘娘菩萨祠。

望云楼

清道光《铜山县志卷八·古迹》（参见"吕梁洪工部分司署"条）

在吕梁洪分司署内状元亭北，明主事伍全建，为屋三层，缭以周垣，巍峨巩固，有捍御之助焉。

尉城

冯世雍《吕梁洪志》

尉城，唐尉迟恭疏治二洪，筑城居之。云梦城、梁王城在洪西北，此韩彭之遗也。雍尝登二城之墟，而望焉。

明正统《彭城志》

尉城去东南六十里，唐尉迟恭开吕梁二洪，因筑是城，以居民洪上。今有尉公庙。

明嘉靖《徐州志卷八·兵防》

在吕梁山，唐尉迟敬德疏吕梁二洪，因筑城以居。今有尉公庙。

> **清道光《铜山县志卷八·古迹》**
>
> 在吕梁山。唐尉迟恭督徐州,凿吕梁洪,因筑此城。

尉公庙

> **明嘉靖《徐州志卷八·兵防》**
>
> 在吕梁山,唐尉迟敬德疏吕梁二洪,因筑城以居。今有尉公庙。

文征明碑

> **清道光《铜山县志卷八·古迹》**
>
> 并在吕梁洪。
>
> 编者注:即"疏凿吕梁洪记"碑,立于嘉靖二十四年(1545),由吏部侍郎、国子监祭酒徐阶撰文,刑部右侍郎、河道总督韩邦奇篆额,翰林院侍诏将仕佐郎兼修国史文征明书写。见前"文类"明徐阶文《疏凿吕梁洪记》。

下磕戍

> **清道光《铜山县志卷八·古迹》**
>
> 在州东南。刘宋泰始二年,薛安都以彭城降魏,诏,涨水攻之,军于下磕,即此。
>
> **《魏书·尉元传》**
>
> 天安元年,(刘)彧遣将张永,刘攸之等率众讨安都,屯于下磕。

显济庙

民国《铜山县志卷十二·建置考》

一在房村,一在庞家山。

新桥

民国《铜山县志卷十二·建置考》

主事温濡建。案:"同治府志"新桥在吕梁洪旁。

悬水村

《南畿志》卷六十一

悬水村:吕梁地名。庄子云:吕梁悬水三十仞,故名吕梁为悬水村也。

明弘治《重修徐州志》

悬水村在吕梁,苏轼《答吕梁仲屯田》诗:"官居独在悬水村"注六:吕梁,地名,庄子吕梁"悬水三十仞",故今言吕梁为悬水村也。

明正统《彭城志》

一乡古名隆德,在城之东南,凡十村,有悬水村。

明万历姚应龙《徐州志》

村九十八,一乡十村,有悬水村。

冯世雍《吕梁洪志》

东南有悬水村。按:庄列孔子观于吕梁,悬水三十仞,流沫四十里,故名。

清道光《铜山县志卷八·古迹》

吕梁洪。苏轼《答吕梁仲屯田》诗："乱山合沓围彭城，官居独在悬水村。"自注悬水村吕梁地名。

同治《徐州府志》卷十八上

在吕梁洪。苏轼《答吕梁仲屯田》诗："乱山合沓围彭城，官居独在悬水村。"自注悬水村吕梁地名。

民国《铜山县志卷十八·古迹考》

姜州志：在吕梁洪东南，宋苏轼《答吕梁仲屯田》诗："乱山合沓围彭城，官居独在悬水村。"自注悬水村吕梁地名。案：庄子、列子并云孔子观于吕梁，悬水三十仞，流沫四十里。清《一统志》：吕梁洪下引之庄列寓言非必实事，悬水村盖即附会得名。

养素轩

清道光《铜山县志卷八·古迹》

嘉靖十七年吕梁洪分司张珍因自公堂而增修之，铅山费寀为记。

养正书院

同治《徐州府志》卷十五

在吕梁分司之南，明主事王应时建。

雍门村　雍门城　雍门

《太平寰宇记卷十五·河南道十五》

雍门城，在县东南五十里，按桓谭《新论》云："雍门周弹琴见孟尝君。"

冯世雍《吕梁洪志》

北则雍门村,即古雍门周善弹琴能使孟尝君悲者。

《南畿志》卷六十一

雍门:在城东南五十里,昔雍门周善琴能使孟尝君悲者居此。

明弘治《重修徐州志》

雍门在州东南五十里,即雍门周善弹琴能使孟尝君悲者。

明嘉靖《徐州志卷四·地理志》

吕梁山,下临二洪……其境有雍门,古雍门周善弹琴,能使孟尝君悲者居此。

《嘉庆重修一统志》卷九十九

雍门城:在铜山县东南。《寰宇记》:在彭城县东南五十里,昔雍门周弹琴见孟尝君,盖其所居也。

同治《徐州府志》卷十八上

《寰宇记》:雍门城在彭城县东南五十里。桓谭《新论》:雍门周弹琴见孟尝君是也。"州志"作雍门村,在吕梁洪北。

民国《铜山县志卷十八·古迹考》

《太平寰宇记》:雍门城在县东南五十里。桓谭《新论》云雍门周弹琴见孟尝君。〔姜州志〕吕梁洪北即古雍门,故以名村。

永济桥

民国《铜山县志卷十二·建置考》

在吕梁下洪,明永乐间州人居敬建,后圮,主事陈洪范改甃以石。

与同轩

清道光《铜山县志卷八·古迹》

兵备副使王梃既建观德亭于厅事西,又于亭东建轩,榜曰与同。

禹王庙

明姚应龙《徐州志》卷四

在吕梁上洪东崖。嘉靖十五年主事张镗建。

元昭惠灵显真人祠碑

清同治《徐州府志》卷二十

右昭惠灵显真人祠碑记,元曹元用撰文(见《河祀考》),在吕梁东。文称皇庆壬子秋重构,知碑立于仁宗皇庆元年也。姜州志云:此记与吴善元武殿记并赵孟頫书,石为世所重。今碑汩没,不可复睹,良可惜也。

民国《铜山县志卷十二·建置考》

昭惠灵显真人祠,在吕梁东,有昭惠灵显真人祠碑。姜州志云:此记与吴善玄武殿记并赵孟頫书,石为世所重,今没。

岳飞诗碑

嘉靖乙未(1535)员外郎张镗重勒;万历丁丑(1577)主事陈邦彦重立。诗碑下款署"绍兴五年秋日,岳飞拜"。

云梦城

明嘉靖《徐州志卷八·兵防》

云梦城、梁王城并在吕梁山,云梦谓韩信,梁王谓彭越。相传二人会于此,各筑城驻节焉。

清道光《铜山县志卷八·古迹》

云梦城,韩信筑。

云梦村

见前"诗类"明王衡诗《渡黄河》。

赵孟𫖯碑

清道光《铜山县志卷八·古迹》

在吕梁下洪会墨堂。

正谊书院

民国《铜山县志》卷十六

又名泗上书院,一名川上书院,在城东南凤冠山,明嘉靖十四年主事张镗建观道亭,祀石刻像,捐置祭田。清乾隆三十三年,知府邵大业捐建大殿两庑,置祭田七十亩有奇。土人亦有文庙之称。五十六年,淮徐道康基田重修。嘉庆四年,县人赵世清、刘廷实、李元珍等公捐祭田四十八亩。道光四年,县人刘允昭捐置祭田五十五亩有奇。咸丰五年,知县王检心即其地改设正谊书院,又设保育蒙学一堂,先后详拨吴邵湖官地四十七顷以作书院义学课试经费。以上并同治府志。

朱子书易系辞石四枚

清道光《铜山县志卷八·古迹》

并在吕梁凤凰山上。

《宝铁斋金石文跋尾》

朱文公书系辞：易有太极至是故易逆数也。文公书，蔡元定刻，在徐州吕梁洪川上书院。字大五寸，十四行，行八字。蔡元定元刻。在常德府学、嘉定县学亦有明人重刻本。此碑虽刻手不精，远逊原石刻，为文公书当悬诸座右为仰止之一助。

状元楼

清道光《铜山县志卷八·古迹》

在大观堂北，主事来天球为鹅湖费宏建。宏初从伯父瑄读书于此，后以状元作相，故名。嘉靖丙午主事曹英重建。

自公堂

清道光《铜山县志卷八·古迹》

吕梁分司厅事后，嘉靖间主事公跻奎建。

山　川

《水经注》卷二十五

泗水又东南流，丁溪水注之，溪水上承泗水于吕县东，南流……。（详见前"记述"部分"《水经注》卷二十五"）

明正统《彭城志》

吕梁山在城东南六十里，正居吕梁洪上，凡石之布列于洪中者其根也。

（明）冯世雍《吕梁洪志》

吕梁下洪：主事王俨治石之交牙者断之，起者夷之，患亦免矣。

吕梁山在洪东，连亘委蛇，周数十里。前有塔山……。（详见前"记述"部分"冯世雍《吕梁洪志》"）

明《南畿志》卷六十一

吕梁山：在城东南五十里。《隋书》：彭城郡有吕梁山，即此。下有二洪，洪上有云梦、梁王二城；土人谓云梦即韩王信，梁王即彭越。宋人有诗云："楚汉旧歌留俚耳，韩彭遗迹付丘墟。"

圣龙山：在城东八十里，上有二石孔如龙眼，虽霖雨不溢，久旱不枯。

明嘉靖《徐州志·地理志》

土山东南四十里为吕梁山（下临二洪，有云梦、梁王二城，又有尉迟。并详兵防。其境有雍门，古雍门周善弹琴，能使孟尝君悲者居此）；稍南为塔山，旁有凤凰山（山有两翼，故名）；稍东北为峰山（下旧有七十二泉，今悉湮。相传张良厌气之所，出翻白草，入药）；稍西北为午山、读书山（旧志载吕梁东南二十里有岠山，山有元徐国公墓。今故老云岠山在邳州境，非徐山。及考神道碑亦云在徐邳岠山之阳，旧志误，今削之），有泉二，曰双井，曰白塔，由响水沟以达于泗；有湖三，曰青冢，曰成山（二湖相连，凡四十余里，水泄于邳州沂河），曰泥沟。惟泥沟湖水由双沟达于泗。

……三十里为吕梁洪，五里为吕梁渡，又五里至房村集，有沟（源出欧家泉流至此入），三里受响水沟水（源出东南乡双井、白塔二泉流至此东岸入，旧有石桥，久废，新建有闸），三十里至双沟（有泥沟湖水由此达）出州境。

《读史方舆纪要》卷二十九

吕梁山：州东南六十里。其下即吕梁洪也。又东南曰凤冠山，山有双翼如凤翅。其相接者，曰塔山，曰峰山，皆与吕梁相望。

清道光《铜山县志·山川》

吕梁山：在城东五十里，下临二洪，有云梦、梁王城。明

《一统志》云：土人谓云梦即韩信，梁王即彭越，又有尉城，雍门、悬水二村。

塔山：吕梁山稍南。凤凰山：在塔山旁，一名凤冠山，双峰如翅相连，中有栖云洞，游览称胜。

峰山：在城东南五十三里，凤冠山稍东北，相传汉子房厌气处。下有七十二泉，今皆湮。山产翻白草，可入药。

午山：凤凰山稍西北，群峦环簇，一峰如刀圭，四面望之皆然。

读书山：与午山相连，旧有二泉：曰双井，曰白塔，并由响水沟以达于泗。有湖三：曰青冢，曰成山，曰泥沟；清、成二湖相连四十余里，水泄于邳州沂河。泥沟湖水由双沟达于泗。旧道皆失，何人读书处亦失考。

清道光《铜山县志·河防》

自关王庙起至大坝上坝头止，民修堤长五百九十五丈。

自凤凰山关帝庙起至王家山止缕堤长二欠四百四十丈。

茅家山至狄山头缕堤一道长一千六百三十四丈。

自董家山起至卢家山止遥堤二百八十二丈。康熙十九年创筑。

董家山至陆家山土堤一道长二百四十丈，康熙十九年建，四面抱碎石。

陆家山至庞家山缕堤一道，长五十五丈，道光三年建。

自卢家山起至邳州界止遥堤一千四百八十二丈，康熙十九年创筑。

庞家山至邳州北厅属交界止，缕堤长一千五百三十七丈，康熙十九年建。

清同治《徐州府志》卷十一

又东为吕梁山，又南为塔山，旁为凤冠山，山西北为午山，午山相连为读书山。又茅家山（"县志"：在城东南六十里）、狄山（"县志"：城东南六十五里）。又东南为董家山，又南为陆家山，又南为庞家山。

（编者注：据民国《铜山县志》注：茅家山、狄山、董家山、陆家山、庞家山本无名，以居人氏名之。）

县东又有房村河（近双沟合牛市屯河东注峰山引河。乾隆二十三年侍郎梦龄奏浚。）

南岸有房村沟、双沟（今湮）。泗之经行以洪名者……东南五十里有吕梁洪。

吕梁山东有薛家湖。

参考文献

《春秋经传集解·襄·元第十四》上海人民出版社　1984
《史记·夏本纪》
《汉书·地理志》
《汉书·五行志》
《汉书卷五十三·中山靖王刘胜传》上海人民出版社　1984
《庄子·达生》
《孔子家语》卷二　上海人民出版社　1984
《列子·黄帝篇》
（汉）刘向《说苑·杂言》
（汉）刘向《说苑·善说》
《新辑本桓谭新论》中华书局　2009
王国维校《水经注校》上海人民出版社　1984
《元和郡县图志·河南道五》
《太平寰宇记卷十五·河南道十五》
（宋）王应麟《通鉴地理通释》
[韩国]崔溥《漂海录》
[日本]策产周良《入明记·初渡集下》
[日本]策产周良《入明记·再渡集下》
（宋）罗泌《路史·国名纪·周世侯伯》
（明）冯世雍《吕梁洪志》　《四库全书存目丛书》本

（明）朱国桢《涌幢小品》上海古籍出版社　2012

（唐）杜佑撰《通典》

（宋）郑樵撰《通志》

（清）乾隆时官修《续通典》

（清）乾隆时官修《续通志》

《魏书·显祖纪》

《魏书·尉元传》

《魏书·辛绍先传》

《资治通鉴·宋纪》

《资治通鉴·唐纪》

《资治通鉴·梁纪》

《资治通鉴·陈纪》

《陈书·宣帝纪》

《陈书·吴明彻传》

《陈书·萧摩诃传》

《陈书·程文季传》

《陈书·戚衮传》

《北齐书·徐之才传》

《晋书·谢玄传》

《新五代史·梁本纪》

《新五代史·梁臣传第九·庞师古传》

《新五代史·闽教王传》

《金史·宣宗纪》

《明史·傅友德传》

刘锦藻撰《清朝续文献通考卷三百十二》

《读史方舆纪要》卷二十九

（明）马骥《彭城志》正统三年（1438）

（明）马曒《重修彭城志》弘治七年（1494）

（明）梅守德《徐州志》嘉靖二十六年（1547）

（明）闻人诠《南畿志》嘉靖十三年（1534）

（明）马应龙《徐州志》万历五年（1577）

《琴轩集》 文渊阁《四库全书》本

（清）余志明《徐州志》顺治十一年（1653）

（清）姜焯《徐州志》康熙六一年（1722）

（清）石杰《徐州府志》清乾隆七年（1742）

（清）崔志元《铜山县志》清道光十一年（1831）

（清）吴世熊、朱忻《徐州府志》清同治十三年（1874）

（清）袁国钧《徐州府铜山县乡土志》光绪三十年（1904）

余家谟《铜山县志》民国十五年（1926）

赵明奇主编《徐州府志》（新千年本）中华书局 2001

赵明奇《徐州地方志通考》中国文史出版社 1991

《增订注释全唐诗》文化艺术出版社 2001

《全宋诗》北京大学出版社 1998

《苏轼诗集合注》上海古籍出版社 2009

《苏辙集》中华书局 1990

《后山诗注补笺》中华书局 1995

《全元诗》中华书局 2013

《全元文》凤凰出版社 2004

《赵孟頫文集》上海书画出版社 2010

《袁桷集》吉林文史出版社 2010

《翠屏集卷》　文渊阁《四库全书》本
《皇甫司勋集》　文渊阁《四库全书》本
《胡仲子集》　文渊阁《四库全书》本
《胡奎诗集》浙江古籍出版社　2012
《槎翁诗集》　文渊阁《四库全书》本
《荥阳外史集》　文渊阁《四库全书》本
《密庵集》　文渊阁《四库全书》本
《逃虚子诗集》　《四库全书存目丛书》本
《毅斋集卷四》　文渊阁《四库全书》本
《敬轩文集卷五》　文渊阁《四库全书》本
《岁寒集下》　《四库全书存目丛书》本
《西庵集》　文渊阁《四库全书》本
《瞿佑全集校注·乐全诗集》浙江古籍出版社　2010
《唐愚士诗》　文渊阁《四库全书》本
《王舍人诗集》　文渊阁《四库全书》本
《颐庵文选》　文渊阁《四库全书》本
《东里诗集》　文渊阁《四库全书》本
《洞麓堂集》　文渊阁《四库全书》本
《少室山房集》　文渊阁《四库全书》本
《省愆集》　文渊阁《四库全书》本
《古穰文集》　文渊阁《四库全书》本
《贞白遗稿》　文渊阁《四库全书》本
《文简集》　文渊阁《四库全书》本
《觉非斋文集》　《续修四库全书》本
《西墅集》　《四库全书存目丛书》本

《运甓漫稿》　文渊阁《四库全书》本
《毅斋集》　文渊阁《四库全书》本
《敬轩文集》　文渊阁《四库全书》本
《芳洲诗集》　《续修四库全书》本
《桂轩稿》　《续修四库全书》本
《古穰集》　文渊阁《四库全书》本
《古城集》　文渊阁《四库全书》本
《文涞水诗》　《四库全书存目丛书》本
《家藏集》　文渊阁《四库全书》本
《东江家藏集》　文渊阁《四库全书》本
《庄定山集》　文渊阁《四库全书》本
《篁墩集》　文渊阁《四库全书》本
《怀麓堂集》　文渊阁《四库全书》本
《曹文贞公诗集》　文渊阁《四库全书》本
《夏赤城先生文集》　《四库全书存目丛书》本
《怀星堂集》西泠印社出版社　2012
《钱临江先生集》　《四库全书存目丛书》本
《柴墟文集》　《四库全书存目丛书》本
《阳峰家藏集》　《四库全书存目丛书》本
《周恭肃公集》　《四库全书存目丛书》本
《环碧斋诗》　《四库全书存目丛书》本
《夏赤城先生文集》　《四库全书存目丛书》本
《南川漫游稿·南川集》　《四库全书存目丛书》本
《霞城集》　《四库全书存目丛书》本
《黄丹岩先生集》　《四库全书存目丛书》本

《执斋先生文集》 《四库全书存目丛书》本
《钱临江集》 《四库全书存目丛书》本
《俨山集》 文渊阁《四库全书》本
《徐祯卿全集编年校注》 人民文学出版社 2009
《弘艺录》 《四库全书存目丛书》本
《梅岩小稿》 《四库全书存目丛书》本
《费文通公文集》 《四库全书存目丛书》本
《黼庵遗稿》 《四库全书存目丛书》本
《寒村集》 《四库全书存目丛书》本
《程文恭遗稿》 《四库全书存目丛书》本
《铃山堂集》 《续修四库全书》本
《桂洲集》 《续修四库全书》本
《东塘集》 《四库全书存目丛书》本
《蓉川集南征纪行》 《四库全书存目丛书》本
《蒋南泠集》 《四库全书存目丛书》本
《嵩渚文集》 《北京图书馆古籍珍本丛刊》本
《张龙湖先生文集》 《四库全书存目丛书》本
《兰舟漫稿》 《四库全书存目丛书》本
《飞鸿亭集》 《四库全书存目丛书》本
《谷原诗集》 《四库全书存目丛书》本
《胥台先生集》 《四库全书存目丛书》本
《王仲山先生诗选》 文渊阁《四库全书》本
《玉华游艺集》 《北京图书馆古籍珍本丛刊》本
《西野先生遗稿》 《四库全书存目丛书》本
《午塘先生集》 《四库全书存目丛书》本

《震川别集》 文渊阁《四库全书》本
《归先生文集》 《四库全书存目丛书》本
《董学士沁园集》 《四库全书存目丛书》本
《东岱山房诗录》 《四库全书存目丛书》本
《周叔夜先生集》 《四库全书存目丛书》本
《华阳洞稿》 《四库全书存目丛书》本
《沁园集》 《四库全书存目丛书》本
《渔石集》 《四库全书存目丛书》本
《李攀龙集》 齐鲁书社 1993
《宗子相集》 文渊阁《四库全书》本
《弇州四部稿卷》 文渊阁《四库全书》本
《王世周集》 《四库全书存目丛书》本
《处实堂集》 《四库全书存目丛书》本
《天池草》 《四库全书存目丛书》本
《岁寒集》 《四库全书存目丛书》本
《列朝诗集》 上海三联书店 1989
《占星堂集》 《四库全书存目丛书》本
《幔亭集》 文渊阁《四库全书》本
《小草斋集》 福建人民出版社 2009
《丽崎轩诗集》 《四库禁毁书丛刊》本
《缑山先生集》 《四库全书存目丛书》本
《钟伯敬全集》 《续修四库全书》本
《隰西草堂集》 《四库全书存目丛书》本
《方盉山诗集》 黄山书社 2011
《安雅堂全集》 上海古籍出版社 2007

《陈维崧诗》广陵书社　2006

《渔洋山人精华录》　文渊阁《四库全书》本

《敬业堂诗集》上海古籍出版社　1986

《樊榭山房集》上海古籍出版社　1992

《四焉斋诗集》　《四库全书存目丛书》本

《袁枚全集·红豆村人诗稿》江苏古籍出版社　1993

《潜研堂文集诗集》　《四部丛刊初编》本

《习静轩诗文集》　《清代诗文集汇编》本

徐世昌编《晚晴簃诗汇》北京出版社　1996

（清）桂中行编《徐州诗征》光绪辛卯年（1891）刊

张柏英编《徐州续诗征》北平文岚簃印书局　乙亥（1935）

薛以伟点校《徐州诗征·徐州续诗征》广陵书社　2014